Manifestes et programmes littéraires aux Caraïbes francophones

Francopolyphonies

Collection dirigée par / Series Editors

Kathleen Gyssels
Christa Stevens

VOLUME 19

The titles published in this series are listed at *brill.com/fpph*

Manifestes et programmes littéraires aux Caraïbes francophones

En/jeux idéologiques et poétiques

By

Michał Obszyński

BRILL

RODOPI

LEIDEN | BOSTON

Illustration de couverture: Abraham Ortelius, Theatrum orbis terrarum (Antwerpen, Jan Moretus, 1601). Reproduite avec l'aimable autorisation de l'Université d'Anvers, Collections spéciales, MAG-P 15.101, fol. 8.

Library of Congress Control Number: 2015953943

ISSN 1574-2032
ISBN 978-90-04-30912-8 (paperback)
ISBN 978-90-04-30986-9 (e-book)

Remerciements

Je tiens à saluer ici les personnes qui m'ont aidé à la concrétisation de cet ouvrage.

Tout d'abord, je remercie le professeur Józef Kwaterko pour m'avoir conseillé, encouragé et soutenu tout au long de mes recherches.

Je suis très reconnaissant aux personnes que j'ai pu rencontrer et consulter : Kathleen Gyssels, Yves Chemla, Hans-Jurgen Lüsebrink, Pierre Zoberman, Xavier Garnier ainsi que Piotr Sadkowski et Tomasz Swoboda.

Je remercie aussi les institutions pour leur soutien : l'Association académique des romanistes polonais Plejada, le Conseil Régional de l'Île-de-France, l'Association Polonaise des Études Canadiennes et l'Association Internationale des Études Québécoises.

Je clos enfin ces remerciements en évoquant ma femme, ma famille et quelques amis qui m'ont encouragé à mener à bien mon projet.

Introduction

La colonisation a provoqué aux Antilles françaises et en Haïti une profonde fracture sociale et culturelle qui s'est traduite par des tensions politiques et des clivages entre différentes positions identitaires, ces dernières oscillant entre l'assimilation à la culture européenne et la volonté d'appartenir à une communauté culturelle distincte.

Dans le domaine de la littérature, cette quête identitaire se montre particulièrement favorable à l'apparition de manifestes littéraires et de textes à caractère programmatique. En effet, en tant qu'écrivains périphériques ou mineurs, les auteurs de la Caraïbe francophone produisent un discours critique sur la littérature à travers lequel ils cherchent à se définir à la fois comme membres d'une communauté nationale ou ethnique et comme artistes. Les textes manifestaires qu'ils publient ont pour objectif de conceptualiser les différents projets sociaux et esthétiques ainsi que de mettre en évidence les liens entre l'affirmation identitaire et la littérature. Danielle Dumontet constate à ce sujet :

> Le discours manifestaire constitue le pouls de l'institution littéraire et transmet un diagnostic à la fois de la vie littéraire et de la littérature. Les nombreuses études sur l'émergence des petites littératures ont montré la validité de ces manifestes destinés à formuler de manière prégnante les difficultés pour ces littératures à prendre pied dans le tourbillon des questionnements divers : la relation du même à l'Autre, la relation Centre-Périphérie, et enfin la question de la langue, question politique et esthétique toujours au-devant de la scène, chaque fois que nous sommes en Francophonie.[1]

Les textes manifestaires et programmatiques de la Caraïbe francophone révèlent la complexité des rapports (de rivalité, d'alliance, de récupération, etc.) qui se tissent entre différents groupes ou écoles littéraires de cette région. Des courants esthétiques y émergent, s'imposent et se voient éclipsés

---

[1] Danielle Dumontet, « La Difficile Réception de la littérature des Antilles françaises : entre périphérie, régionalisme et littérature-monde », *Romanitas : langues et littératures romanes*, vol. 3, n° 2, avril 2009. En ligne : humanidades.uprrp.edu/romanitas/francais/volumen3/dumontet.html (visité le 12 janvier 2013).

par d'autres qui, à leur tour, se définissent et se cristallisent à travers les débats et les polémiques engagés contre les idées et les postulats de leurs prédécesseurs. Ce caractère interdiscursif des manifestes et des programmes esthétiques antillais et haïtiens va de pair avec le besoin de nommer tel ou tel projet et, de ce fait, de lui donner vie et lui assurer une place à part sur la scène littéraire. D'où le foisonnement de dénominations lancées dans les manifestes caribéens francophones, telles que l'indigénisme, la négritude, l'antillanité ou la créolité dont chacune porte en soi une prise de position, à la fois idéologique et esthétique.

L'objet de notre étude est l'analyse des écrits à caractère manifestaire des écrivains antillais et haïtiens afin d'observer les rapports de continuité ou de rupture entre les conceptions esthétiques avancées dans ces textes ainsi que les différentes revendications identitaires et politiques qui y sont articulées. Il s'agira de mesurer la prégnance des idéologies sur le discours critique portant sur la littérature à travers des « textes phares » qui se présentent comme des maillons forts de l'évolution des lettres antillaises et haïtiennes. Nous verrons également comment les réorientations idéologiques trouvent leur assise à même les changements de forme des manifestes.

Le choix des textes étudiés est dicté par l'influence majeure qu'ils ont exercée sur l'évolution des littératures antillaise et haïtienne. Toutefois, lors du classement d'un texte comme manifestaire, la présence de la mention générique de « manifeste » ne saurait être exclusive. Comme le constate Anne Tomiche, « […] la dimension manifestaire d'un texte serait un effet de lecture autant que d'écriture. »[2] Les discussions, les polémiques ou les scandales qui accompagnent ou suivent un texte (même longtemps après sa parution) peuvent le hisser au rang de manifeste, phénomène que José-Luis Diaz appelle l'« assignation à manifeste »[3]. Ainsi, à côté des textes manifestaires qui se reconnaissent ouvertement comme tels, il faut ranger des écrits critiques et parfois des œuvres littéraires, qui ont joué le rôle de manifeste ou qui ont eu, lors de leur réception, un impact similaire au manifeste proprement dit. C'est pourquoi ont été retenus pour analyse les textes que la critique littéraire, les historiens de la littérature et les écrivains eux-mêmes ont jugés les plus marquants pour telle ou telle période et qui, de ce fait, ont acquis la

---

[2] Anne Tomiche, « 'Manifestes' et 'avant-gardes' au XXe siècle ». En ligne : *Revue silène*, /www.revue-silene.com/images/30/extrait_150.pdf, p. 6 (visité le 24 avril 2012).
[3] José-Luis Diaz, « 'Manifestes' romantiques », *Revue des Sciences humaines*, n° 3 (295), 2009, p. 91.

valeur d'ouvrage fondateur, mettant en place un programme ou un mouvement littéraire.

Par ailleurs, certaines définitions récentes du manifeste littéraire permettront de dégager ses caractéristiques essentielles ainsi que de marquer sa différence par rapport à un « quasi-manifeste ». Si le manifeste littéraire possède des marques « génériques » spécifiques[4], le terme de « quasi-manifeste » regroupe des écrits divers, tels que préfaces, articles de revue, déclarations ou anthologies, auxquels on attribue la valeur manifestaire en raison de leur intention de conceptualiser et légitimer une pratique littéraire ou bien à cause des effets qu'ils provoquent auprès des lecteurs, notamment les effets de prise de connaissance d'une nouvelle esthétique et d'adhésion à ses principes[5]. Le « quasi-manifeste » se rapporte également à certaines œuvres poétiques éloignées de la forme canonique du manifeste, mais classées comme manifestaires en raison de leur impact sur la production littéraire postérieure. Sur ce point, nous suivons la démarche de Lise Gauvin qui met sur un pied d'égalité, d'une part, l'un des textes les plus fidèles à l'esthétique manifestaire « canonique », à savoir *Éloge de la créolité* (1989) de Jean Bernabé, Patrick Chamoiseau et Raphaël Confiant, et, d'autre part, des poèmes, comme *Speak White* (1974) de Michèle Lalonde et *Speak What* (1989) de Marco Micone[6].

Le premier chapitre sera consacré à la discussion des formes des textes manifestaires et des approches méthodologiques sur lesquelles prendra appui l'analyse ultérieure du corpus. Du point de vue historique, le manifeste littéraire émerge comme forme générique distincte en se détachant du manifeste politique tout en héritant de ce dernier certains traits discursifs importants. Un survol sur l'histoire du genre nous permettra d'observer son évolution et aboutira à la présentation détaillée de la distinction entre le manifeste littéraire proprement dit et le « quasi-manifeste » ainsi qu'à une réflexion approfondie sur les effets de la réception des textes manifestaires. Les modalités formelles et discursives qui caractérisent ces derniers peuvent être analysées selon deux axes : esthétique et sociodiscursif. Nous verrons que le discours manifestaire possède ses spécificités stylistiques et rhéto-

---

[4] *Cf.* Claude Abastado, « Introduction », *Littérature*, n° 39, octobre 1980, pp. 9-11.

[5] José-Luis Diaz, « Préfaces et manifestes au XIXe siècle : la réflexion critique comme 'agir communicationnel' », *Revue des Sciences humaines*, n° 3 (295), 2009, p. 15.

[6] *Cf.* Lise Gauvin, « Manifester la différence : place et fonction des manifestes dans les littératures francophones », *Globe : revue internationale d'études québécoises*, vol. 6, n° 1, 2003, pp. 23-42.

riques tout en restant ouvert à l'interpénétration des formes et des registres langagiers. Nous observerons également le statut occupé par ce discours au sein du champ littéraire et son rôle face à l'institution littéraire.

Le deuxième chapitre portera sur les textes manifestaires et programmatiques haïtiens et antillais de la première moitié du XXe siècle. Témoins ou déclencheurs de la prise de conscience identitaire des Noirs, les écrivains haïtiens et antillais participent à cette époque à la lutte des peuples opprimés par la colonisation qui cherchent à s'émanciper et entrer dans l'Histoire. Dans leurs manifestes et leurs programmes, les écrivains de la Caraïbe francophone en appellent à une littérature militante, investie dans la cause de la réhabilitation et de l'émancipation des Noirs, notamment sous la bannière de la négritude ou, dans le cas d'Haïti, de l'indigénisme. Ils y montrent des aspirations qui dépassent le domaine de l'esthétique pour s'immiscer dans une action politique. Or, à cette époque, l'écriture manifestaire des auteurs haïtiens et antillais reste, sur le plan stylistique, proche des canons européens car elle cherche son efficacité dans une tonalité délibérément agressive et iconoclaste qui réfère surtout aux manifestes français d'avant 1945.

Le troisième chapitre sera consacré aux textes de la deuxième moitié du XXe siècle et du début du XXIe siècle. Dans un premier temps, face à l'essoufflement de la négritude, les programmes littéraires haïtiens et antillais de cette période tentent de réorienter les recherches esthétiques vers l'articulation de la spécificité haïtienne (le « réalisme merveilleux » de Jacques-Stephen Alexis) et antillaise (l'« antillanité » d'Édouard Glissant). Dans un second temps, de nouveaux enjeux sociopolitiques comme la mondialisation et, en Haïti, l'exil forcé de certains écrivains suite à la dictature de François Duvalier, s'imposent aux textes manifestaires. La mise en question de concepts tels que « nation », « origine » ou « ethnie » aboutit dans ces textes à l'émergence de projets littéraires novateurs qui s'inspirent de l'idée de transculturalité et qui rompent avec la dimension communautaire de la littérature pour favoriser l'individualisation de la création artistique. Ces revalorisations exercent une influence majeure sur le discours manifestaire qui perd de sa radicalité et devient une composante stylistique parmi d'autres au sein de textes qui vont épouser des formes hybrides se rapprochant de l'essai. Enfin, le dernier grand texte manifestaire en date, *Pour une littérature-monde* (2007), se tourne résolument contre la Francophonie institutionnelle et postule une liberté totale de l'écrivain, hors de toute emprise nationale, ethnique ou idéologique.

La conclusion générale propose une synthèse des analyses présentées dans les trois chapitres. Elle est également l'occasion de s'interroger sur le rôle de l'esthétique manifestaire à l'époque contemporaine où de nouveaux enjeux sociopolitiques et culturels redéfinissent la place de l'écrivain et de la littérature face à la société.

Au cours de nos recherches, nous avons opté pour une approche sociocritique, qui nous semble le mieux adaptée à l'analyse des aspects sociaux et esthétiques des manifestes littéraires. Pour cerner la dimension sociale des textes à caractère manifestaire, nous allons également profiter de l'analyse sociologique, celle du « champ littéraire » et celle de l'« institution littéraire ». La diversité de formes que peuvent épouser un manifeste ou un écrit programmatique de même que leur aspect discursif nous conduisent aussi à utiliser certains concepts propres à la stylistique, la rhétorique et l'analyse du discours.

I

L'écrit manifestaire : théorie et axes d'analyse

L'analyse des textes classés par la critique littéraire comme manifestes littéraires relève de plusieurs facteurs souvent éloignés entre eux. Il est par exemple difficile d'analyser selon les mêmes critères un article de journal ou une préface à une œuvre littéraire, formes résolument empruntées par certains manifestes, et un poème en forme d'« art poétique » qui, sans afficher sa valeur de manifeste, relève comme celui-ci du registre didactique et polémique, et traduit souvent les positions et les normes esthétiques d'un groupe d'artistes ou d'écrivains.

Il s'agit donc de textes qui tant au niveau de la forme que du contenu se présentent, compte tenu du contexte sociohistorique de leur apparition, comme extrêmement variés et, par conséquent, rendent douteuse toute définition trop rigoureuse du « manifeste littéraire ». C'est pourquoi nous aurons recours dans le présent travail à deux termes distincts : le « manifeste littéraire » et le « quasi-manifeste », c'est-à-dire un texte programmatique à connotation manifestaire[1]. Pour prendre la mesure de la différence entre ces deux formes et, du même coup, étudier le degré de proximité entre elles, il convient d'étudier en premier lieu l'historique de la définition du manifeste littéraire ainsi que la réflexion critique qui accompagne la conception des notions annexes.

La généalogie du manifeste littéraire

Dans son analyse de différentes formes de textes manifestaires, José-Luis Diaz rappelle que le manifeste littéraire dérive directement du manifeste

---

[1] José-Luis Diaz, « Préfaces et manifestes au XIXe siècle », *op. cit.*, p. 15.

politique[2]. Selon la définition donnée au XVIIe siècle par le *Dictionnaire universel* d'Antoine Furetière, ce dernier constitue « une déclaration que font les Princes par un écrit public, des intentions qu'ils ont en commençant quelque guerre, ou autres entreprises, & qui contient les raisons & moyens sur lesquels ils fondent leur droit & prétentions. On le dit aussi de pareils écrits que font pour la défense de leur bien, ou de leur innocence, les grands Seigneurs [...] »[3]. Ainsi, dès son origine, le manifeste se présente comme un texte argumentatif qui explique et défend une action. Il sert à justifier des actes entrepris ou planifiés par une personne influente qui détient un certain pouvoir politique[4]. Ce n'est qu'au XIXe siècle, grâce à l'œuvre de Sainte-Beuve, que la notion de manifeste étend sa portée au domaine littéraire. Dans son *Tableau de la poésie française au XVIème siècle*, Sainte-Beuve, afin de qualifier *La défense et illustration de la langue française* (1549) de Joachim du Bellay, place pour la première fois le mot « manifeste » dans le contexte de production littéraire :

> Tout enfin semble promettre à Marot une postérité d'admirateurs encore plus que de rivaux, et à la poésie un perfectionnement paisible et continu, lorsqu'à l'improviste la génération nouvelle réclame contre une admiration jusque-là unanime, et, se détachant brusquement du passé, déclare qu'il est temps de s'ouvrir par d'autres voies un avenir de gloire. L'*Illustration de la langue française* par Joachim Du Bellay est comme le manifeste de cette insurrection soudaine, qu'on peut dater de 1549 ou 1550.[5]

La valeur littéraire assignée au « manifeste » sera légitimée plus tard par Littré dans son *Dictionnaire de la langue française* (1863) : « Par extension, écrit, publication qui annonce de nouvelles manières de voir dans la littérature, dans les arts [...] »[6]. La domination de l'aspect esthétique différencie le manifeste littéraire de son prédécesseur, le manifeste politique. Or, au niveau formel, cette différence s'atténue car, répondant au même besoin d'exposer et de justifier/légitimer une action, et donc jouant le même rôle que le manifeste politique, mais dans l'univers de l'art, le manifeste

---

[2] José-Luis Diaz, « 'Manifestes' romantiques », *op. cit.*, p. 83.

[3] Cité dans Rod S. Heimpel, *Généalogie du manifeste littéraire*, New Orléans, University Press of the South, 2001, p. 17.

[4] Sur cette acception et l'historique des définitions attestées par les dictionnaires voir : Daniel Chouinard, « Sur la préhistoire du manifeste littéraire (1500-1828) », *Études françaises*, vol. 16, n° 3-4, octobre 1980, pp. 21-29.

[5] Cité dans Rod S. Heimpel, *Généalogie du manifeste littéraire*, *op. cit.*, p. 79.

[6] Rod S. Heimpel, *Généalogie du manifeste littéraire*, *op. cit.*, p. 78.

littéraire transpose sur le terrain du discours artistique les stratégies propres au discours politique et social. Placé du côté du discours de combat, le manifeste littéraire met à son profit les procédés stylistiques et rhétoriques régis par l'esprit polémique. Il s'agit donc d'une forme d'expression qui s'est assuré une autonomie générique par rapport au manifeste politique, tout en conservant de ce dernier l'aspect de confrontation ainsi que certains traits formels.

Le manifeste littéraire « canonique »

En 2005, le *Dictionnaire des termes littéraires*, publié chez Champion, propose une définition du manifeste littéraire qui met en relief son caractère spécifiquement artistique ainsi que sa nature polémique :

> Écrit programmatique dans lequel un auteur ou un groupe d'écrivains qui partagent les mêmes opinions font connaître leurs idées et leurs intentions. Un tel écrit peut prendre la forme d'une brochure séparée ou d'un article de périodique (par exemple lors de la fondation d'une nouvelle revue). […] Un manifeste rend sensible une rupture, une opposition souvent polémique – vis-à-vis de formes littéraires considérées comme dépassées. Il arrive souvent qu'en exposant ses ambitions propres, le manifeste se réclame d'autres modèles – étrangers ou plus anciens –, dont il s'approprie l'autorité.[7]

Plusieurs traits importants sont ici signalés : la fonction communicative/pragmatique du manifeste littéraire, la pluralité de formes qu'il peut emprunter et son attitude souvent critique envers le passé littéraire qui le fait entrer en relation intertextuelle avec d'autres écrits du même type. Par ailleurs, cette dernière définition présente le manifeste littéraire comme une forme discursive qui cherche à expliciter une prise de position d'un ou de plusieurs signataires face à l'univers des valeurs esthétiques. L'enjeu de cette prise de position consiste à rendre les opinions des auteurs visibles, claires, « manifestes ». Proche de l'étymologie du mot manifeste (du latin « manu-festus = bien en main, évident, clair, explicite »[8]), cette acception de la fonction primordiale du manifeste rejoint celle de Nicole Boulestrau qui note à l'endroit du manifeste surréaliste que : « si l'on cherche à préciser l'acte ou

---

[7] Hendrik van Gorp, Dirk Delabastita, Lieven D'hulst, Rita Ghesquiere, Rainier Grutman et Georges Legros, éds, *Dictionnaire des termes littéraires*, Paris, Honoré Champion, 2005, p. 293.
[8] *Ibid.*, p. 293.

les actes qui spécifient un manifeste, on doit sans doute poser d'abord l'urgence d'une épiphanie : *faire voir* ou *se faire voir* [...] »[9]. Assurer la visibilité d'un projet esthétique sur la scène littéraire grâce à une bonne exposition de ses principes : telle ressort la fonction principale du manifeste littéraire.

Enfin, la définition du *Dictionnaire des termes littéraires* identifie les manifestes littéraires aux textes où l'acte d'exposer clairement les opinions et les aspirations des auteurs relève d'une intention préexistante. Sur le plan formel, cette intention se laisse observer par la domination de la réflexion théorique (allant de pair avec l'usage d'un métalangage artistique) étayée par une exposition des idées bien agencée. Dans *la Parole pamphlétaire*, Marc Angenot présente ce trait structural comme immanent au discours du manifeste :

> [...] ce qui semble caractériser le genre du manifeste – politique ou littéraire – dans son axiome formel, c'est justement le caractère « manifeste » de sa structuration démonstrative. Sans doute tout discours idéologique repose sur un impensé, des forclusions et de l'implicite, mais, formellement au moins, la rhétorique du manifeste est une rhétorique de la continuité explicite [...].[10]

Ainsi, les traits fondamentaux du manifeste semblent être étroitement liés à son objectif – inaugurer, légitimer, défendre un projet esthétique –, ainsi qu'à un message clairement articulé et structuré afin de favoriser sa réception sans risques d'ambigüité.

Les « quasi-manifestes »

Il existe pourtant un groupe de textes qui ne correspondent que partiellement à cette caractéristique générale. Sans se mouler pleinement dans le paradigme du manifeste littéraire canonique, ils restent proches du discours manifestaire par leur volonté d'exposer une pratique esthétique nouvelle, produisant ce que Claude Abastado appelle un « effet-manifeste »[11], celui de rallier les artistes autour d'un principe esthétique fédérateur et, en même temps, de garantir au projet nouveau une résonance dans le milieu littéraire et

---

[9] Nicole Boulestrau, « L'Épreuve de la nomination dans le premier 'Manifeste du surréalisme' », *Littérature*, n° 39, octobre 1980, p. 47.

[10] Marc Angenot, *La Parole pamphlétaire : typologie des discours modernes*, Paris, Payot, coll. « Langues et société », 1982, p. 61.

[11] *Cf.* Claude Abastado, « Introduction », *op. cit.*, p. 4.

artistique. Pour identifier ces textes, José-Luis Diaz emploie le terme de « quasi-manifeste » qui rend bien compte du caractère approximatif ou incomplet de certains écrits par rapport au modèle « pur » du manifeste, tout en soulignant le rôle similaire qu'ils jouent dans l'univers littéraire.

Comme exemples de « quasi-manifeste », Diaz évoque différentes préfaces romantiques, notamment la « Préface » de *Cromwell* de Victor Hugo. Paru en 1827, ce texte est considéré par les historiens de la littérature comme un manifeste de l'esthétique romantique, résolument tourné contre le classicisme. Małgorzata Tomicka constate à ce propos que « [l]a *Préface* est une expression du libéralisme dans le domaine de la littérature ; elle est aussi un manifeste revendiquant la liberté créatrice, sociale et politique même. »[12] Selon Diaz, cette « assignation à manifeste »[13] du texte de Victor Hugo par la critique est tout à fait légitime, étant donné qu'il correspond à la plupart des traits caractéristiques du manifeste. Cela est vrai, avant tout, parce que Hugo prend la parole au nom de plusieurs poètes et écrivains qui partagent son point de vue et luttent pour imposer une nouvelle esthétique. En effet, le préfacier est une des figures de proue du Cénacle. Il réunit dans la Bibliothèque de l'Arsenal et dans sa maison privée des écrivains tels que Nodier, Lamartine, Musset ou de Vigny. Hugo s'exprime donc au nom d'un groupe littéraire lié par une forte affinité des opinions de ses membres, gravitant autour d'une personne charismatique (en l'occurrence deux : Nodier et Hugo) et disposant d'un journal, *La Muse française*, qui sert de tribune aux membres de cette nouvelle école.

De plus, le texte de Victor Hugo réalise la volonté majeure sous-tendant le manifeste, à savoir sa visée contestatrice et son ambition programmatique. Car, par la contestation des unités de temps et de lieu dans le domaine théâtral ainsi que par la mise en valeur du grotesque comme élément légitime de la création artistique, Hugo met en doute les règles esthétiques de son époque et ouvre la voie au développement du drame. Par ailleurs, tout en affichant l'ambition de présenter des idées inédites, *La Préface de Cromwell* puise largement dans les courants d'idées ambiants, à l'œuvre dans les

---

[12] Małgorzata Tomicka, *Programmes et manifestes littéraires en France au XIXe siècle*, Wrocław, Éditions de l'Université de Wrocław, 1990, p. 8 (en italique dans le texte).

[13] Le terme proposé par José-Luis Diaz se rapporte au fait de classer un texte comme manifeste en lui octroyant cette appellation. Cette catégorisation peut relever de l'auteur lui-même, mais aussi des autres acteurs de la scène littéraire comme les critiques ou les chercheurs. *Cf.* José-Luis Diaz, « 'Manifestes' romantiques », *op. cit.*, p. 91.

cultures allemande et anglaise, en particulier chez Lessing et Schlegel, qui, dans le sillage de Shakespeare, mettent en question les principes du théâtre et de la poésie de leur époque[14]. Hugo s'inscrit donc dans une tradition qui, quoique diffuse et non avouée, n'en alimente pas moins les principes qu'il expose.

Enfin, la *Préface de Cromwell* correspond au modèle du manifeste littéraire par son impact extralittéraire : elle provoque un des premiers « scandales littéraires », qui ne sera que renforcé par la suite par les incidents et les querelles accompagnant la représentation de *Hernani* en 1830. Elle inaugurera désormais une période où les écrivains vont rechercher, avec une détermination grandissante, une autonomie esthétique face aux goûts de la bourgeoisie qui constitue alors la couche sociale dominante. Ce faisant, *La Préface de Cromwell* prépare le milieu artistique et le grand public aux batailles esthétiques de la seconde moitié du XIXe siècle et du début du XXe siècle qui aboutiront à la naissance de la modernité littéraire en France[15].

En ce sens, le texte de Victor Hugo correspond aux traits essentiels du manifeste littéraire précédemment indiqués : il expose un projet esthétique novateur et tente de le légitimer face aux canons esthétiques du moment en adoptant une démarche ouvertement polémique ainsi qu'en intégrant dans son discours d'autres idées critiques et artistiques dont la reconnaissance donne un appui supplémentaire aux arguments avancés dans le texte. Pourtant, Hugo ne présente pas *La Préface de Cromwell* comme un « manifeste ». D'autant plus que le texte apparaît à une époque où la notion même de manifeste littéraire n'est pas encore en usage et où le discours manifestaire est à peine en train de se cristalliser. Ainsi, le terme de « quasi-

---

[14] *Cf.* Michel Cambien, « Notice », dans Victor Hugo, *Préface de Cromwell*, Paris, Larousse, coll. « Nouveaux Classiques Larousse », 1972, pp. 11-26.

[15] Nous comprenons ici le terme de « modernité » au sens général proposé par Barbara Havercroft : « […] les œuvres modernes rassemblent plusieurs traits : la rupture par rapport aux traditions ; le thème récurrent de la crise du sens ; l'accent sur le présent, le nouveau et le sujet ; la non-unité dans l'unité (le collage, le montage) ; le rapport avec la ville, l'industrie et la technologie. ». *Cf.* Barbara Hovercroft, « Modernités », dans Paul Aron, Denis Saint-Jacques et Alain Viala, éds, *Dictionnaire du littéraire*, Paris, Presses Universitaires de France, coll. « Quadrige/Dicos Poche », 2006, pp. 392-394. Pascale Casanova, de son côté, définit de la manière suivante la stratégie d'insertion dans la modernité littéraire : « La seule façon, dans l'espace littéraire, d'être moderne, c'est de contester le présent comme dépassé, par un présent plus présent, c'est-à-dire inconnu, et de devenir ainsi le dernier moderne certifié ». *Cf.* Pascale Casanova, *La République mondiale des lettres*, Paris, Seuil, (1999) 2008, p. 139.

manifeste » permet de bien identifier un certain type de textes à valeur programmatique qui ne se désignent pas immédiatement comme manifestes.

En somme, par comparaison au manifeste littéraire en tant que tel, la notion de quasi-manifeste englobe différentes formes d'expression : prologues, introductions, préfaces, postfaces, éditoriaux ou liminaires de journaux, articles de revue, les *ars poetica*, voire des poèmes auxquels la critique va ultérieurement conférer le statut de manifeste. Ces diverses formes partagent un même objectif : marquer la prise de position de leurs auteurs sur la scène littéraire pour exposer et légitimer une pratique esthétique, sans emprunter pour autant la posture du manifeste. Il s'agit de textes où le projet esthétique ou idéologique n'est pas nécessairement articulé sous la forme de postulats précis, et dont le programme reste diffus, c'est-à-dire perceptible à travers une réflexion encore abstraite ou générale, mais qui tente de tracer une nouvelle voie. Moins rigoureux dans leur structure, sans obligatoirement recourir à des « énoncés belliqueux »[16], les « quasi-manifestes » formulent un certain « programme » littéraire et indiquent des perspectives nouvelles.

Généraux, les critères présentés ci-dessus limitent le champ d'application des termes « manifeste » et « quasi-manifeste » aux écrits d'idées. Or, cette restriction est loin d'être rigoureuse. Claude Abastado souligne en effet l'importance de certains textes littéraires et de certaines œuvres d'art qui, sans s'articuler sur un mode démonstratif ou didactique, marqué par une rhétorique plus ou moins interventionniste, n'en constituent pas moins des manifestes : « S'il [le manifeste] est une œuvre littéraire ou musicale, un tableau ou un film, il s'offre comme une expérimentation, il actualise un projet : il met en pratique une nouvelle écriture, une nouvelle forme d'art [...] »[17]. Dans le même ordre d'idées, Gabriel Bauret propose d'envisager *Les Demoiselles d'Avignon* comme une œuvre-manifeste du cubisme[18]. Par analogie, *Art poétique* (1874) de Verlaine peut être perçu comme un manifeste de la pratique artistique personnelle du poète et un des écrits programmatiques du symbolisme, avant même que le programme proprement dit trouve son expression en 1886 dans l'article-manifeste « Le symbolisme » de Jean Moréas. Il importe donc d'ouvrir la définition du manifeste à certains textes programmatiques qui acquièrent le statut de manifeste au moment où

---

[16] *Cf.* José-Luis Diaz, « Préfaces et manifestes au XIXe siècle », *op. cit.*, p. 10.

[17] Claude Abastado, « Introduction », *op. cit.*, p. 5.

[18] Gabiel Bauret, « Les Manifestes dans l'histoire de la peinture », *Littérature*, n° 39, octobre 1980, p. 100.

ils s'offrent comme une réalisation inaugurale et « emblématique » d'une pratique esthétique et deviennent, pour le milieu artistique, des modèles de référence majeurs.

L'impact de la réception

Claude Abastado attire l'attention sur ces rapports étroits entre la réception et le classement de certains textes parmi les manifestes : « L'accueil du public désigne parfois comme manifestes des œuvres qui, à l'origine, n'impliquaient pas cette intention »[19]. Ainsi, de nombreux textes polémiques, journalistiques, essayistiques ou des œuvres littéraires elles-mêmes sont baptisés comme manifestes non pas par leurs auteurs, mais par leurs lecteurs ou par la critique (comme, par exemple, *La défense et illustration de la langue française* de du Bellay ou l'article « Le Symbolisme » de Jean Moréas). De son côté, José-Luis Diaz parle à propos des préfaces romantiques de l'« assignation à manifeste »[20] par des critiques, ce qui permet à certains textes d'être reconnus comme les « manifestes » d'un courant ou d'une école esthétique émergeants. Dans *Généalogie du manifeste littéraire*, Rod S. Heimpel constate à juste titre que « […] la majorité des manifestes littéraires ne sont pas nés en tant que tels, mais les deviennent, tardivement, grâce à l'historien de la littérature qui s'en empare et qui, par le biais de son discours sur le texte, les transforme en manifestes littéraires. »[21]

Heimpel analyse en détail les différents modes de l'« assignation à manifeste » et propose une typologie qui permet de tenir compte de l'impact de la réception sur le sens « manifestaire » attribué à certains textes. Selon lui, il est possible de distinguer le manifeste comme un genre spécifique grâce à deux phénomènes corrélés. D'une part, il s'agit de l'assignation d'un texte au genre manifestaire par son titre, son contenu ou encore par les différentes formes de commentaires qui lui sont consacrées. D'autre part, il faut prendre en considération l'auteur de cette assignation. Ces deux éléments permettent à Heimpel de distinguer deux groupes. Dans le premier, il place les manifestes « purs », ceux qui emploient le nom de manifeste et qui sont signés comme tels par leurs auteurs au moment de leur parution –, Heimpel les appelle « manifestes auctoriaux »[22]. Le second groupe réunit quant à lui

---

[19] Claude Abastado, « Introduction », *op. cit.*, p. 4.
[20] José-Luis Diaz, « 'Manifestes' romantiques », *op. cit.*, pp. 91-92.
[21] Rod. S. Heimpel, *Généalogie du manifeste littéraire, op. cit.*, p. 75.
[22] *Ibid.*, p. 86.

les manifestes classés comme tels par d'autres acteurs : journalistes, critiques ou auteurs des préfaces ; ce groupe, Heimpel l'identifie comme « manifestes allographes »[23].

À cette première distinction qui se rapporte à la réception, Heimpel en ajoute d'autres, plus détaillées, qui prennent en compte le lieu et le moment où s'opère l'assignation à manifeste. Suivant cette perspective, il distingue d'une part les « périmanifestes » (auctoriaux / allographes) – classés comme tels dans le péritexte, c'est-à-dire par exemple sur la couverture, dans une préface ou une postface ; et, d'autre part, les « épimanifestes » (auctoriaux / allographes) dont le classement comme manifestes apparaît dans l'épitexte, c'est-à-dire à l'intérieur des commentaires hors-textuels, par exemple dans une anthologie ou une étude critique[24]. Enfin, sur le plan chronologique, les manifestes peuvent être selon Heimpel « originaux » (classés dès la première parution), « ultérieurs » (classés dans un délai relativement court après la parution) et « tardifs » (classés longtemps après la parution)[25].

La typologie de Heimpel semble utile dans la mesure où la notion de manifeste « allographe » permet de prendre en ligne de compte non seulement des textes « purement » littéraires (signés et nommés comme manifestes), mais aussi les écrits d'idées qui n'ont pas reçu le label de « manifeste » de la part de leurs auteurs, mais qui, de par leur importance esthétique et sociale, deviennent de « vrais » textes manifestaires.

En somme, deux ensembles formels se présentent à l'horizon comme objets d'étude. Premièrement, les textes désignés d'emblée ou ultérieurement comme manifestes littéraires, caractérisés par les ambitions à réaliser, les postures adoptées et par une rigueur formelle plus ou moins grande. Deuxièmement, des « quasi-manifestes », marqués par un discours polémique plus diffus, et qui ne sont pas désignés d'emblée comme manifestes – quoique ultérieurement ils puissent l'être – et qui n'en ont pas la rigueur formelle.

Distincts au point de vue formel, ces deux ensembles sont similaires par l'objectif principal qu'ils partagent : exposer une pratique esthétique novatrice et lui assurer une place sur la scène littéraire. Pour ce faire, les manifestes et les « quasi-manifestes » mettent en place divers modes d'articulation qui confortent un discours que l'on peut appeler « manifestaire ».

---

[23] *Ibid.*, p. 86.
[24] *Ibid.*, p. 91.
[25] *Ibid.*, p. 86.

Les axes d'analyse

Qu'il s'agisse des manifestes ou des « quasi-manifestes », la réflexion sur leur valeur esthétique doit tenir compte de la visée polémique de chaque écrit. Le texte manifestaire ne surgit pas de façon isolée, mais relève d'un échange d'idées. Comme le constate Paolo Tortonese, « [u]n manifeste est une prise de position ; il se situe explicitement par rapport à d'autres points de vue : il n'y a pas de manifeste qui ne présuppose pas la présence active d'autres thèses, qu'il approuve ou qu'il combat, déployant une stratégie d'alliances et un programme de conquête. »[26] Le sens de l'écrit manifestaire se construit ainsi en interaction avec un réseau de textes écrits (constituant ses intertextes) et de discours en circulation (constituant ses interdiscours) qui forment la matrice conceptuelle des postulats posés par les signataires du texte. La portée du manifeste est également conditionnée par les facteurs sociopolitiques et socioculturels concrets qui marquent le moment de son apparition. De ce fait, les textes manifestaires se situent au croisement du littéraire, du discursif et de l'idéologique (relevant de la vision du monde de l'auteur et du groupe). Leur étude doit donc tenir compte de deux points de vue corrélés entre eux : esthétique et sociodiscursif. Le premier englobe l'analyse des projets ou programmes de transformation vis-à-vis des genres tenus pour dominants, des choix thématiques et stylistiques, des critères d'originalité artistique avancés comme légitimes ainsi que des éléments constitutifs de nouvelles valeurs littéraires prescrites par un manifeste donné. Le second concerne l'impact des idées, opinions et intentions des énonciateurs et du contexte d'énonciation sur la forme des textes. Il permet d'observer comment l'argumentation et les enjeux discursifs (plus ou moins subversifs) s'investissent dans le tissu textuel. L'attention portée à l'aspect sociodiscursif est également justifiée si l'on veut étudier la transmission et la lisibilité du message manifestaire par ses destinataires. Car en tant que texte prescriptif, souvent à visée polémique, le manifeste veut répandre une vérité claire et chasser toute ambiguïté entre lui et son public[27]. En ce sens, les conditions sociohistoriques de l'émergence du texte manifestaire et sa portée idéologique aident à la compréhension de son sens.

---

[26] Paolo Tortonese, « La préface de *Mademoiselle de Maupin* : entre manifeste et pamphlet », *Revue des Sciences humaines*, n° 3 (295), 2009, p. 117.
[27] Il arrive cependant, comme dans le cas de la revue *Tel Quel* (1960-1982), que ce souci n'ait pas vraiment d'importance.

Le manifeste en tant que discours persuasif

Le manifeste étant habituellement un écrit interventionniste destiné à susciter une réaction, il convient d'éclairer ses articulations discursives sur le plan de la pragmatique textuelle. À cet égard, on peut dire que, suscitant leur légitimation par le destinataire (le public), les actes manifestaires peuvent se ranger du côté de ce que John Austin appelle les « actes perlocutoires ». Pour Austin, l'acte perlocutoire consiste à produire un effet psychologique ou actantiel chez l'interlocuteur, l'auditoire ou le locuteur lui-même. En même temps, ce sont tous les « [...] actes que nous provoquons ou accomplissons *par* le fait de dire une chose. »[28] D'après Pascale Fautrier, l'aspect performatif du manifeste le distingue au niveau discursif des autres écrits, tels que pamphlet, essai ou proclamation, car « [...] il modifie par lui-même les pratiques littéraires, soit par la critique, soit par l'exemple, soit par les deux, et bouleverse de fait la définition des genres, telle qu'elle est établie à l'époque de sa publication. »[29]

Dans *L'enjeu du manifeste : le manifeste en jeu* (1986), Jeanne Demers et Line Mc Murray soulignent que la fonction persuasive est celle qui influence le plus la forme du manifeste. Selon leur définition « [...] est manifeste toute intervention-choc écrite et / ou agie faite par un ou des destinateurs minoritaires auprès d'une majorité réelle ou fantasmée dont il(s) cherche(nt) à forcer l'adhésion à quelque projet esthétique, éthique et / ou politique qui, dans une dialectique de pouvoir centre fort / périphérie – périphérie / centre fort, confirme ou infirme l'institution. »[30] D'après Demers et Mc Murray, le texte manifestaire sert non seulement à exposer un projet mais avant tout à « forcer l'adhésion » de ses récepteurs. Par conséquent, sa charge persuasive peut être destinée à défendre et renforcer les canons esthétiques dominants ou, au contraire, à les affaiblir. Selon Demers et Mc Murray, cette relation aux normes et canons préexistants permet de distinguer deux grands types de manifestes : d'un côté, les « manifestes d'imposition » qui, tel *L'Art poétique* (1674) de Boileau, consacrent les conceptions artistiques promues par les institutions littéraires officielles, et, de l'autre, les « manifestes d'oppo-

---

[28] John Austin, *Quand dire c'est faire*, Paris, Seuil, coll. « Ordre philosophique », 1970, p. 114 (souligné dans le texte).
[29] Pascale Fautrier, *Les Grands Manifestes littéraires : anthologie*, Paris, Gallimard, coll. « Folioplus classiques », 2009, p. 233.
[30] Jeanne Demers et Line Mc Murray, *L'enjeu du manifeste : le manifeste en jeu*, Longueuil, Éditions du Préambule, coll. « L'univers des discours », 1986, p. 68.

sition » qui s'insurgent contre les canons et cherchent à renverser l'ordre établi pour en introduire un nouveau[31].

Une telle typologie ne signifie pas une alternative radicale – « [...] l'imposition attire toujours l'opposition à plus ou moins brève échéance »[32] –, mais elle entraîne des « poétiques » différentes. Puisqu'il tend à reconduire ses rapports avec l'institution littéraire, le manifeste d'imposition reste plus conservateur dans le choix de ses modes d'expression (registre stylistique univoque, recours à la subjectivité, tonalité plutôt posée, évitant la violence). Le manifeste d'opposition exprime en revanche une crise au sein de l'institution, et tend à provoquer un choc, comme on le voit dans le cas des lectures publiques des manifestes dadaïstes[33]. Par ailleurs, le manifeste d'opposition veut user et abuser d'une rhétorique iconoclaste et injurieuse, à l'instar du *Manifeste du futurisme* (1909), ou, plus tard, du manifeste des automatistes québécois, *Refus global*, paru en 1948.

Le discours d'opposition caractérise la plupart des manifestes littéraires, notamment les grands classiques du genre que sont les manifestes des premières avant-gardes du XXe siècle. Puisque le manifeste d'opposition s'énonce à partir d'une périphérie et reste en marge du système littéraire dominant, il revêt un registre volontairement frondeur, souvent agressif et violent, apte à créer une atmosphère de combat d'écoles ou de chapelles. En cela, il se rapproche parfois du pamphlet, en mettant en scène une vision crépusculaire du monde (la chute des valeurs, la mort de l'art, etc.)[34]. Se réclamant de la rupture, il « dramatise [sa] position d'énonciation »[35] et, par conséquent, renforce la nécessite d'un changement urgent. Claude Abastado note les procédés stylistiques qui correspondent à cette visée du texte manifestaire : « Une dominante de l'écriture manifestaire est la fréquence des énoncés injonctifs ; d'où la place qu'y occupent les auxiliaires modaux (« il faut », « on doit »), les modes verbaux de l'ordre et du souhait

---

[31] La notion de « manifeste d'opposition » rejoint le sens donné au manifeste littéraire par Claude Abastado : « Un manifeste *affiche* un savoir, théorique ou pratique. Il proclame un credo philosophique, une esthétique, une ligne politique [...] L'écriture manifestaire déconstruit les modèles canoniques ». *Cf.* Claude Abastado, « Introduction », *op.cit.*, p. 5 (souligné dans le texte).

[32] Jeanne Demers et Line Mc Murray, *L'enjeu du manifeste, op. cit.*, p.66.

[33] *Cf.* Jean Paul Bier, « Le Dadaïsme : Zurich et le domaine allemand : Berlin, Cologne, Hanovre », dans Jean Weisgerber, éd., *Les Avant-gardes littéraires au XXe siècle : histoire*, Budapest, John Benjamins Publishing Company, 1986, pp. 337-344.

[34] Benoît Denis, *Littérature et engagement : de Pascal à Sartre*, Paris, Seuil, coll. « Points. Essais », 2000, p. 92.

[35] Claude Abastado, « Introduction », *op. cit.*, p. 6.

(impératif et subjonctif) [...] »[36]. Le discours oppositionnel du manifeste est aussi marqué par la focalisation sur le réel immédiat avec lequel le texte entretient un rapport référentiel étroit. Cette proximité se laisse observer dans l'usage des modes et des temps du discours ainsi que dans le renforcement de la fonction phatique des pronoms personnels.

Dans leur analyse des aspects pragmatiques des textes manifestaires, Demers et Mc Murray définissent le schéma structurel du « manifeste d'opposition » qui peut être utile pour l'analyse des différents écrits manifestaires. Il s'agit en particulier du recours au registre polémique, critique et parfois blasphématoire. Tourné contre les générations d'artistes précédentes, il prédispose le manifeste d'opposition à gagner l'adhésion des destinataires aux idées exposées. Ainsi, la structure rhétorique du manifeste peut correspondre à « [un] double projet de remettre en question la littérature d'une époque et d'en annoncer une nouvelle [...] »[37]. Cette finalité complémentaire organise le manifeste jusque dans sa couche textuelle car elle « implique [...] trois gestes essentiels : rejeter radicalement le passé, claironner un avenir comme seul acceptable, exposer/expliquer les rouages du nouveau système. »[38]

Observée dans cette perspective, la structure discursive canonique du texte manifestaire repose, selon Demers et Mc Murray, sur trois gestes constitutifs − déclaratif, explicatif et démonstratif − qui s'offrent comme des phases du manifeste. La phase déclarative correspond à la prise de position envers les autres écrivains. Mue par la volonté d'autonomisation ou de rupture qui suppose le rejet du passé littéraire, elle mobilise les unités structurelles suivantes : « JE/NOUS qui sommes, REFUSONS l'institution littéraire actuelle » et « JE/NOUS imposerons un changement »[39]. D'après Jean Nicolas Illouz, l'essence de l'acte manifestaire réside précisément dans la première séquence de la formule citée : « JE/NOUS qui sommes [...] ». Ainsi, voulant fédérer les pratiques artistiques personnelles des signataires sous un « label » commun, cette séquence vise à donner naissance à une communauté artistique dont l'existence devient concrète et palpable. Citant comme exemple « Le symbolisme » de Jean Moréas, Illouz constate : « La fonction la plus essentielle du manifeste est toute entière dans ce pouvoir de nomination : non pas seulement parce que le nom a fait (et va faire encore)

---

[36] *Ibid.*, p. 10.
[37] Jeanne Demers et Line Mc. Murray, *L'enjeu du manifeste, op. cit.*, p. 79.
[38] *Ibid.*, p. 80.
[39] *Ibid.*, p. 80.

l'objet de polémiques, mais parce qu'il recèle, à lui seul, une force d'*appel* particulière, qui est véritablement constitutive de l'identité des groupes littéraires. »[40] Le geste rhétorique de nommer un projet esthétique nouveau (comme le « symbolisme », le « surréalisme », le « dada » dans l'espace hexagonal, et l'« indigénisme », la « négritude », la « créolité » dans l'espace franco-caribéen) consolide les liens entre ses partisans, tandis que le rejet du passé littéraire permet de préciser cette nouvelle identité fraîchement acquise dans une logique de démarcation négative (le rejet de l'Autre).

La phase explicative donne lieu à l'exposition sommaire de la nouvelle pratique esthétique dans la séquence : « JE/NOUS QUI REFUSONS| PRO-POSONS »[41]. Quant à la phase démonstrative, qui correspond à la formule : « JE/NOUS QUI REFUSONS|PROPOSONS|CECI/COMME CELA »[42], elle met en relief le dernier chaînon de la structure et apporte des préceptes précis concernant les différents modes d'application pratique des principes ou des thèses présentés au préalable. Les éléments de ces trois phases ou composantes (déclarative, explicative, démonstrative) peuvent apparaître dans le texte manifestaire à des degrés divers ; ils peuvent rester tous les trois en équilibre, mais aussi marquer une situation de renforcement réciproque ou d'absence de l'un d'eux. Ils peuvent également être repartis sur différents textes postérieurs au manifeste, et, par la même, se compléter mutuellement.

Le manifeste de la Pléiade de du Bellay fournit l'exemple qui contient presque tous les éléments d'une telle structure[43]. Comme l'observe Pascale Casanova, la fondation de la littérature de langue française par la Pléiade résulte d'une double opposition. D'une part, la publication du texte correspond à la première tentative de laïciser la littérature, donc de la rendre autonome à l'égard de la domination ecclésiastique : en se tournant vers la tradition antique des auteurs comme Cicéron ou Quintilien, les poètes de la Pléiade veulent rompre avec l'hégémonie du latin « scolastique », rempart du pouvoir culturel de l'Église catholique. D'autre part, le postulat de privilégier le français relève d'une concurrence entre les jeunes poètes français et leurs confrères italiens : ces premiers misent sur la langue française pour

---

[40] Jean-Nicolas Illouz, « Les Manifestes symbolistes », *Revue des Sciences humaines*, n° 3 (295), 2009, p. 174 (souligné dans le texte).
[41] Jeanne Demers et Line Mc Murray, *L'enjeu du manifeste, op. cit.*, p. 80.
[42] *Ibid.*, p. 80.
[43] En effet, la « défense » éponyme ne fait que voiler une rhétorique de révolte qui, bien qu'exprimée dans un style retenu et élégant, n'en est pas moins tangible. L'écrit de du Belley peut donc être perçu comme un « manifeste d'opposition ».

s'émanciper des canons littéraires imposés par les auteurs italiens (Dante, Pétrarque ou Boccace)[44].

Cette stratégie oppositionnelle est bien visible au niveau de la structure discursive adoptée dans ce manifeste. L'auteur de *La défense et illustration de la langue française* définit d'abord sa position, qui est également celle de ses amis au nom desquels il prend la parole. Dans la première partie du texte qui correspond à la composante déclarative du schéma proposé par Demers et Mc Murray, du Bellay s'oppose à la dépréciation du français au profit du grec, du latin et du toscan. Il ne récuse point le recours au patrimoine littéraire antique, grec et romain, mais il tend à les nationaliser en quelque sorte pour mettre en valeur la littérature française avec ses ressources rhétoriques et poétiques propres (composante explicative) et d'« illustrer » par la même la diversité et la richesse stylistique de la langue française en vue d'instaurer son prestige en Europe (composante démonstrative). Selon Pascale Casanova, du Bellay parvient ainsi à formuler et rendre publique un programme littéraire, apte à renouveler la littérature française et à lui assurer ses lettres de noblesse :

> Ainsi prendre parti, comme le fait Du Bellay dans *La Défense et Illustration*, contre les genres poétiques reconnus et pratiqués dans les puissantes cours féodales du royaume de France ('me laisse toutes ces vieilles poësies Françoyses aux Jeux Floraux de Thoulouze & au Puy de Rouan : comme rondeaux, ballades, vyrelaiz, chantz royaux, chansons, & autres telles episseries, qui corrumpent le goust de nostre Langue, & ne servent sinon à porter temoingnaige de notre ignorance'), c'est se déclarer explicitement, à la fois sur le plan politique, contre les particularismes féodaux, et sur le plan littéraire, contre les tenants de la « seconde rhétorique », eux aussi partisans de l'usage de la langue vulgaire mais conçu comme un ensemble de formes poétiques codifiées.[45]

Vue dans sa structure argumentative, *La défense et illustration de la langue française* correspond en gros à la structure du manifeste « d'opposition ». Quant à son registre stylistique, on est évidemment loin de la violence verbale des manifestes modernistes du XXe siècle. Néanmoins, la visée contestatrice de du Bellay, de même que l'influence ultérieure des idées qu'il exprime, permettent de considérer *La défense et illustration de la*

---

[44] *Cf.* Pascale Casanova, *La République mondiale des lettres, op. cit.*, pp. 76-89.
[45] *Ibid.*, p. 84.

langue française comme le premier manifeste d'opposition dans l'histoire de la littérature française.

Si le manifeste d'imposition use d'une rhétorique plus consensuelle en défendant une esthétique dominante, il ne faut pas croire que le manifeste d'opposition s'appuie uniquement sur un langage adverse et sur la rupture comme matrice discursive. « Le symbolisme » (1886) de Jean Moréas, qui légitime la naissance de l'école symboliste, ainsi que les trois manifestes du surréalisme d'André Breton (*Manifeste du surréalisme*, 1924 ; *Second manifeste du surréalisme*, 1930 ; *Prolégomènes à un troisième manifeste du Surréalisme ou non*, 1942), sont des manifestes d'opposition où la rupture d'avec le passé n'apparaît pas comme premier enjeu discursif. Le texte de Moréas, publié dans *le Figaro* le 18 septembre 1886, se présente comme une défense et une justification de l'apparition d'une nouvelle école tendant à récupérer certaines pratiques artistiques antérieures. En effet, la légitimation du symbolisme s'appuie sur la recherche d'une filiation avec les « grands auteurs » du passé. Si le texte de Moréas commence par le rejet du romantisme, de l'esthétique du Parnasse et du naturalisme, il renoue par la suite stratégiquement avec l'histoire littéraire afin de la détourner à son profit. Les références aux grands maîtres comme Shakespeare, Wagner, Alfred de Vigny et Baudelaire foisonnent dans le texte de Moréas, ce qui permet de se prévaloir d'un capital symbolique qui faisait défaut aux adeptes du symbolisme. En associant la nouvelle esthétique aux œuvres des écrivains légitimes, Moréas espère réduire au silence les critiques qui voient dans le symbolisme une esthétique étrange et dérangeante. Il réussit de la sorte à faire d'une pierre deux coups : d'un côté, il proclame la nouveauté et l'innovation des poètes symbolistes face aux autres courants littéraires de l'époque, et, de l'autre, il tente d'apprivoiser cette originalité afin de lui assurer une meilleure réception par les lecteurs. Autrement dit, la mise en relief des filiations qui unissent le symbolisme avec les pratiques artistiques du passé situe le nouveau courant dans l'horizon d'attente des lecteurs de son époque. Rupture et rattachement à la sensibilité critique de l'époque, dissidence et recherche des alliés dans les cénacles parisiens – telles sont les stratégies développées dans le manifeste de la nouvelle école symboliste[46].

Les textes de Breton, quoique nourris par une attitude de révolte, restent très proches de l'argumentaire scientifique en proposant des analyses détaillées de la société bourgeoise en France du début du XXe siècle. Ainsi,

---

[46] *Cf.* Jean-Nicolas Illouz, « Les Manifestes symbolistes », *op. cit.*, pp. 165-188.

les textes manifestaires de Breton font fusionner la rhétorique criarde des manifestes d'avant-garde (du futurisme et du dada) avec la démarche discursive proche du registre cognitif de l'essai[47]. Nous sommes là en présence de textes-amalgames où se côtoient les accents blasphématoires et les procédés de style propres au registre sérieux et réflexif. Dans le premier manifeste de Breton, cette présence de nombreux détours et digressions est particulièrement forte. Elle permet à l'auteur de multiplier les justifications de son raisonnement et d'exprimer ses idées selon une diversité de perspectives. Celles-ci vont d'une réflexion d'ordre psychologique et philosophique sur la nature du rêve à la défense du mouvement surréaliste contre ses détracteurs, en passant par la présentation des principes de l'esthétique surréaliste et l'analyse critique de la société occidentale. C'est pourquoi chez Breton, les passages purement théoriques peuvent voisiner avec l'invective et tout un arsenal de violence que l'on trouve dans les manifestes de Marinetti ou de Tzara. Le glissement d'un mode d'expression à l'autre se faisant de façon imperceptible, avec Breton nous sommes en présence d'une forme manifestaire hybride qui favorise la mutation du genre[48]. Pareillement aux alliances avec les prédécesseurs respectueux signalées par Moréas, le style recherché et érudit employé par Breton atténue les vitupérations et le pathos insurrectionnel propre au style du manifeste canonique, là où s'énonce la parole collective (le « nous » du groupe).

Malgré leur classement parmi les classiques du genre, les textes de Moréas et de Breton illustrent bien la pluralité des procédés esthétiques propre à la poétique manifestaire[49]. En pratique, les différentes modalités discursives esquissées ici en grandes lignes se déclinent sur une multitude de

---

[47] *Cf.* Robert Vigneault, *L'Écriture de l'essai : essais*, Montréal, L'Hexagone, coll. « Essais littéraires », 1994, p. 96 et Marc Angenot, « Remarques sur l'essai littéraire », dans François Dumont, éd., *Approches de l'essai : anthologie*, Québec, Éditions Nota Bene, coll. « Visées critiques », 2003, pp. 137-164.

[48] Dans le premier manifeste de Breton, cet aspect se laisse observer jusqu'au niveau de l'emploi des pronoms : les passages écrits à la première personne du singulier (propre à la subjectivité ouvertement affichée dans l'essai) et ceux où prévaut le style impersonnel (caractéristique des textes analytiques ou de l'essai de type scientifique) cohabitent avec les parties écrites à la première personne du pluriel, comme dans la forme classique du manifeste. *Cf.* Marc Angenot, *La Parole pamphlétaire*, *op. cit.*, p. 256.

[49] Cette pluralité permet de classer comme manifestaires un texte théorique, *Le Degré zéro de l'écriture* (1953) de Roland Barthes qui inaugure la « nouvelle critique », et un texte programmatique comme *Pour un nouveau roman* (1962) d'Alain Robbe-Grillet.

variantes et de registres qu'on constate au sein des textes. La réalisation d'un « modèle » n'est jamais orthodoxe. Pascale Fautrier note à juste titre que « […] certains manifestes, plus théoriques, sont proches de l'essai (par exemple les *Manifestes du surréalisme*) ; d'autres, plus offensifs que programmatiques, sont des pamphlets utilisant toutes les ressources de la rhétorique négative jusqu'à se contester eux-mêmes (*Manifestes Dada*) ; d'autres, enfin, tiennent davantage de la proclamation – constatant une évolution ou la naissance d'un mouvement littéraire déjà attesté. »[50] Tant au niveau des intentions d'énonciation (défendre une thèse, inaugurer, légitimer, imposer une opinion), qu'à celui de la rhétorique (démonstrative, polémique, belliqueuse), le discours manifestaire reste ouvert aux mélanges et aux contaminations. Selon Anne Tomiche, le manifeste joue à volonté avec les catégories génériques instituées ; il « mêle les genres et les registres – théorique, politique et poético-narratif. »[51]

Le texte manifestaire et son contexte social

L'épaisseur discursive des textes manifestaires amène à envisager le manifeste dans sa dimension sociale et idéologique. En effet, selon les principes de l'analyse du discours, il faut prendre en compte non seulement l'énoncé lui-même mais aussi l'énonciateur et le contexte de l'énonciation[52]. Aussi les textes manifestaires doivent-ils être interprétés du point de vue de la dynamique interne du milieu littéraire où ils apparaissent et des enjeux sociaux et politiques qui définissent l'horizon idéologique des programmes esthétiques. Dans une perspective synchronique, il s'agira de préciser le statut des auteurs des textes manifestaires et le rôle qu'ils jouent sur la scène littéraire au moment de la rédaction et de la publication de leurs écrits. Dans une perspective diachronique, il faudra tenir compte du moment historique où un groupe littéraire donne naissance à un texte manifestaire. Il s'agit ici d'analyser moins des données purement sociologiques que le réseau d'inter-

---

[50] Pascale Fautrier, *Les Grands Manifestes littéraires*, *op. cit.*, p. 233.
[51] Anne Tomiche, « Manifestes artistiques : art manifestaire », *Itinéraires et contacts de cultures*, vol. 43, 2008, p. 25.
[52] *Cf.* Dominique Maingueneau, *Le Contexte de l'œuvre littéraire : énonciation, écrivain, société*, Paris, Dunod, coll. « Lettres supérieures », 1993 et Ruth Amossy, « La Dimension sociale du discours littéraire : l'analyse du discours et le projet sociocritique », dans Dominique Maingueneau et Ruth Amossy, éds, *L'Analyse du discours dans les études littéraires*, Toulouse, Presses Universitaires du Mirail, coll. « Cribles », 2004, pp. 63-74.

dépendances qui, au sein d'un milieu artistique ou littéraire, conditionnent les postulats des textes analysés. Pour bien appréhender ce contexte social, il faut se référer aux notions de champ littéraire, de sociabilité littéraire et d'institution littéraire.

La question du champ littéraire

La notion de « champ littéraire », proposée par Pierre Bourdieu[53], permet de rendre compte du caractère fondamentalement conflictuel des relations entretenues par les écrivains dans l'espace social et politique selon la position qu'ils occupent au sein du milieu littéraire et artistique lui-même. Sans entrer dans les détails, rappelons que d'après Bourdieu le fonctionnement de chaque milieu social peut être perçu à travers le principe d'un échange permanent des capitaux économiques, culturels et symboliques. La circulation des capitaux aboutit à l'instauration de différents rapports de force (de domination ou de subordination) entre les participants de cet échange, appelés « agents » (les écrivains, les éditeurs, les critiques, et les lecteurs) et, par conséquent, à l'apparition d'un réseau d'interdépendances et de relations hiérarchiques qui structurent le champ de l'intérieur. La nature du capital en circulation ainsi que chaque catégorie socioprofessionnelle permettent de distinguer différents types de champ. Par exemple, à l'intérieur du champ social de la France du XIXe siècle, Bourdieu distingue, à côté du champ du pouvoir, le champ de la production culturelle (celui-ci divisé en « sous-champs : littéraire, philoso-phique, artistique). Le champ du pouvoir et celui de la production culturelle sont dans une relation de tension où se joue la question de l'autonomie. Les agents du champ de production culturelle (groupes d'intellectuels, d'artistes, d'écrivains, maisons d'édition), dotés d'un certain capital symbolique, luttent pour accroître leur indépendance par rapport au champ du pouvoir (représenté par la bourgeoisie) qui détient un fort capital économique.

En analysant le champ littéraire en France de la seconde moitié du XIXe siècle, sa spécificité et son accès vers une autonomie relative, Bourdieu relève quelques composantes qui, comme des points de gravitation, per-mettent l'organisation et la hiérarchisation de l'espace littéraire. Il s'agit du centre de pouvoir au sein du champ politique qui, sous Napoléon III, étend

---

[53] *Cf.* Pierre Bourdieu, « Champ littéraire », *Actes de la recherche en sciences sociales*, vol. 89, septembre 1991. pp. 3-46 et Rémy Ponton, « Champ littéraire », dans Paul Aron, Denis Saint-Jacques et Alain Viala, éds, *Dictionnaire du littéraire*, *op. cit.*, pp. 84-85.

son influence jusqu'au sein du champ littéraire, du pôle de l'édition et de la presse qui exerce son influence à travers les stratégies éditoriales et promotionnelles[54], et du pôle des écrivains eux-mêmes, constitué par les salons et les cénacles. Ces derniers, en renforçant les liens directs entre les artistes, facilitent les échanges d'idées et mènent à la formation d'un milieu littéraire, de plus en plus autonome et spécialisé, c'est-à-dire préoccupé par des questions d'ordre esthétique et de plus en plus éloigné des autres pôles d'influence[55]. Les batailles entre les propagateurs de l'art pour l'art (tels que les parnassiens) et les tenants de l'art engagé, servant la société sont des exemples typiques des conflits d'écoles et de programmes dans cette période.

Conditionné par les rapports avec les autres pôles, le milieu des écrivains se stratifie à son tour en différentes fractions qui restent en relation de concurrence constante. Selon Pierre Bourdieu, dans la seconde moitié du XIXe siècle le milieu littéraire français se scinde en deux entités opposées : celle de « production restreinte » et celle de « grande production »[56]. La première est représentée par les avant-gardes, qui privilégient le capital symbolique étroitement lié à la valeur artistique et non au succès commercial. Le second sous-champ, celui « de la grande production », moins pourvu de capital symbolique, prime au niveau économique en exploitant les genres en vogue tels que le vaudeville et le feuilleton. La complexité du schéma ne s'arrête pas là. Le sous-champ de production restreinte est en effet soumis à d'autres diffractions : une fois consacrées, les avant-gardes sont, à leur tour, en prise avec les avant-gardes montantes qui cherchent à se tailler une place sur la scène littéraire en redéfinissant les critères esthétiques en vigueur.

Dès lors, on comprend mieux l'importance du rôle du manifeste, non seulement comme quête du capital symbolique par un texte publié, mais surtout comme prise de position active, c'est-à-dire comme remise en cause (ou rejet) d'un système établi de valeurs artistiques et revendication de nouveaux choix artistiques. Le concept d'« institution littéraire » proposé par Jacques Dubois peut lui aussi éclairer la force d'une prise de position « manifestaire » dans un jeu spécifique de médiations entre le littéraire et le social. Il permet surtout de cerner l'impact qu'ont, à l'intérieur du champ

---

[54] Les maisons d'édition peuvent contribuer à la popularité d'une esthétique par le choix de textes admis à l'édition. Les éditeurs ainsi que les critiques de grande presse peuvent promouvoir ou, au contraire, essayer d'affaiblir un courant ou une école littéraire selon les convictions idéologiques qu'ils privilégient.

[55] Pierre Bourdieu, *Les Règles de l'art : genèse et structure du champ littéraire*, Paris, Seuil, coll. « Libre examen », 1992, pp. 86-95 et 206.

[56] *Cf.* Pierre Bourdieu, « Champ littéraire », *op. cit.*, p. 7.

littéraire, certains agents et certaines structures organisatrices, sur le succès ou la faillite des projets esthétiques. Selon Dubois, l'institution littéraire est régie par plusieurs « instances » par lesquelles il entend des « rouages institutionnels » qui servent à remplir les fonctions de production (les écrivains, les éditeurs), de légitimation (la critique littéraire, la presse spécialisée) et de consécration des œuvres (les prix littéraires, la promotion médiatique et le système d'enseignement)[57]. Dans un champ littéraire relativement bien développé, ces instances constituent des éléments organisateurs et définissent l'activité des écrivains. Grâce à leur pouvoir de promotion ou, au contraire, d'invalidation critique, ces instances établissent des hiérarchies parmi les auteurs et les formes légitimes ou canoniques du discours littéraire et, de cette manière, orientent le travail des écrivains.

Vue dans cette optique, toute prise de position de la part de l'écrivain suppose un choix (peu ou prou conscient) d'obéir ou non aux mécanismes imposés par l'institution littéraire et ses instances légitimantes. Au niveau esthétique, ce choix s'exprimera dans les œuvres par l'adoption de différentes stratégies qui permettront à l'écrivain de jouer avec les conventions établies dans le but de les affirmer, de les subvertir ou de les contester ouvertement.

Ces stratégies, présentes de façon particulièrement intense dans le discours manifestaire, reflètent la complexité des prises de position et du jeu des instances au sein de l'institution littéraire. Les « rapports de pouvoir, d'alliance et de concurrence [...] »[58] qui sous-tendent l'apparition des manifestes ainsi que les tensions engendrées par la publication de tel ou tel programme sont des indices d'une rivalité pour la consécration critique ou académique des œuvres et des esthétiques qui s'y expriment.

La théorie du champ littéraire et l'analyse des enjeux institutionnels semblent très utiles pour l'étude des manifestes. Elles mettent bien en relief le principe de concurrence constante entre ses différents agents qui luttent pour le capital symbolique et la domination au sein du champ. Chaque écrivain, confronté à cette réalité, tente de s'imposer sur la scène littéraire en adoptant des stratégies appropriées pour vaincre ses « adversaires ». Son activité créatrice se signale alors comme une « prise de position » à l'intérieur du champ. Suivant ce schéma, le caractère polémique, contestataire et prescriptif des écrits manifestaires ne résulte pas d'une simple évolution des goûts

---

[57] *Cf.* Jacques Dubois, *L'Institution de la littérature : introduction à une sociologie*, Bruxelles/Paris, Labor/Nathan, coll. « Dossiers media », 1978, p. 82.

[58] Jacques Dubois, « Introduction », *Littérature*, n° 44, décembre 1981, p. 5.

littéraires et artistiques, mais aussi d'une logique de concurrence pour le capital symbolique à l'intérieur du champ littéraire.

Le programme de l'école naturaliste illustre bien ce phénomène. Conçue en réaction au réalisme, l'esthétique naturaliste est présentée pour la première fois en 1868 par Émile Zola dans la préface à la deuxième édition de son roman *Thérèse Raquin*[59]. Dans ce texte programmatique, le chef de fil de la future école naturaliste prend la parole contre les opinions défavorables qui ont suivi la première édition du roman. En accusant les critiques littéraires d'incompétence et de sensibilité puérile, Zola s'oppose à la primauté du principe de bienséance dans le jugement des œuvres romanesques pour privilégier l'étude sérieuse et scientifique du milieu social. Il va reprendre plus tard ses postulats sous forme de programme dans l'avant-propos du *Roman expérimental* (1880)[60]. Or, le projet esthétique de Zola s'inscrit dans une logique de lutte pour le capital symbolique qui structure le champ littéraire français des années 1870-1880. Le même mécanisme se reproduit quand le « groupe des cinq » (Paul Bonnetain, J.-H. Rosny, Lucien Descaves, Paul Margueritte et Gustave Guiches) exprime son opposition à Zola et au naturalisme dans son *Manifeste des Cinq*, paru le 18 août 1887 dans *le Figaro*. Les signataires de ce manifeste reprochent à Zola de tomber dans la routine, de s'appuyer sur des données scientifiques douteuses et, surtout, de privilégier des sujets obscènes qui montrent la « dégénérescence » de l'esthétique naturaliste[61]. Cette prise de position contre Zola fait alors figure d'un « putsch » organisé par une jeune génération de romanciers qui essaie de se frayer un chemin vers l'existence littéraire en rompant avec la doctrine de leur maître et en défiant sa renommée.

L'exemple du programme naturaliste et de ses détracteurs permet de mesurer le rôle des groupes littéraires comme véritables catalyseurs de l'émergence des nouvelles esthétiques. C'est pourquoi l'analyse des textes manifestaires doit être attentive aux relations et contacts entre différents groupes et aux regroupements stratégiques des écrivains (y compris aux tensions et scissions internes). Un groupe littéraire constitue un pôle d'attraction pour les écrivains, leur permettant souvent d'exprimer une prise

---

[59] *Cf.* Jacques Noiray, « Manifestes de l'âge naturaliste », *Revue des Sciences humaines*, n° 3 (295), 2009, pp. 149-164.

[60] *Ibid.*, p. 150.

[61] *Cf.* Paul Bonnetain, J.-H. Rosny, Lucien Descaves, Paul Margueritte et Gustave Guiches, « Le Manifeste des Cinq », *Le Figaro*, n° du 18 août 1887. En ligne : siecle19.freeservers.com/Manifeste_Cinq.html (visité le 23 juin 2010).

de position particulière en faveur d'un principe ou d'un programme esthétique élaboré en coopération avec leurs pairs. Constanze Baethge explique ainsi le motif principal de la formation d'un groupe littéraire : « [...] constitués en groupes, en petites communautés souvent unies par de mêmes positions polémiques, les écrivains visent à cumuler tout le capital symbolique possible dans leur lutte pour accéder à la légitimité. Ils s'affirment à travers un 'chef de file' et un appareil de diffusion de leurs idées. »[62]

Plusieurs facteurs unificateurs sont nécessaires à la constitution du groupe : une relative communauté d'opinions esthétiques, sociales ou idéologiques entre ses membres ; l'organisation autour d'un leader souvent charismatique, qui, doté d'une autorité particulière, aide à formuler et à présenter (souvent sous forme d'un manifeste) le programme du groupe ; un médium (le plus souvent une revue) qui sert de tribune à l'exposition des idées du groupe, surtout lorsqu'on assiste au regroupement des écrivains dans une « école littéraire » qui vise à imposer sa domination[63]. Songeons à quelques exemples notoires dans l'espace littéraire français : le grand cénacle de Victor Hugo, le groupe formé autour de Théophile Gautier ou des frères Goncourt, le cercle des naturalistes et le rituel de leurs rencontres lors des soirées de Médan, celui des symbolistes avec les mardis littéraires chez Mallarmé − toutes ces manifestations d'appartenance à des groupes d'écrivains (« cénacles », « chapelles », « écoles ») constituent de grands centres de gravitation du champ littéraire en France au XIXe siècle. Quant au XXe siècle, à côté des groupes les plus marquants (les futuristes, les dadaïstes, les surréalistes) il existe quelques groupements dont la nature plus relâchée ne permet pas une classification tranchée sous le nom de « groupe » au sens strict du terme, tels que les écrivains de l'Oulipo, les partisans ou adeptes du Nouveau Roman ou encore les théoriciens « militants » de la Nouvelle Critique réunis autour de la revue *Tel Quel*.

L'analyse des groupes littéraires montre que l'existence de chaque groupe littéraire est fortement liée à l'adhésion des écrivains à un certain nombre d'idées et de valeurs partagées. En effet, les groupes littéraires qui se disputent la légitimité le plus souvent par rapport à d'autres pôles esthétiques cherchent à former un réseau de sociabilité littéraire, c'est-à-dire « [...] un groupement permanent ou temporaire, quel que soit son degré d'institution-

---

[62] Constance Baethge, « Écoles littéraires », dans Paul Aron, Denis Saint-Jacques et Alain Viala, éds, *Dictionnaire du littéraire, op.cit.*, p. 171.
[63] *Ibid.*, p. 171.

nalisation, auquel on choisit de participer. »[64] En ce sens, le groupe littéraire, en tant que lieu de rencontres, d'échanges, mais aussi de disputes ou de scissions internes constitue une « communauté émotionnelle »[65]. La sociabilité littéraire conforte les « affinités électives »[66] qui se tissent entre les artistes ainsi que leurs relations professionnelles, et, *a fortiori*, leur collaboration à la conception des programmes et des manifestes. Dès lors, on comprend bien que les concepts et les programmes esthétiques et sociaux d'un Hugo ou d'un Zola bénéficient d'une ambiance d'ébullition intellectuelle créée lors des rencontres informelles, débats et échanges quotidiens entre artistes qui se côtoient au sein des cénacles et des groupes ou lors de soirées artistiques souvent improvisées. Toutefois, les rencontres « émotionnelles » qui unissent les écrivains et renforcent les liens entre maîtres (ou « chefs de file ») et disciples (dont les épigones qui n'accèdent pas à la reconnaissance) peuvent occasionner également des dissensions internes qui mettent fin aux projets communs et aboutissent à la dissolution du groupe[67].

L'internationalisation du champ littéraire

Le champ littéraire, les réseaux de sociabilité littéraire ainsi que la médiation institutionnelle fournissent des outils critiques qui s'appliquent non seulement à l'espace littéraire national, mais aussi à l'univers littéraire international, à ce que Pascale Casanova appelle « la République mondiale des lettres »[68]. Il s'agit des « aires linguistico-culturelles », telles que les pays et régions du Commonwealth ou les espaces francophones qui perdurent de

---

[64] *Cf.* Michel Trebitsch, « Avant-propos : la chapelle, le clan et le microcosme », *Cahiers de l'Institut d'Histoire du Temps Présent*, n° 20, mars 1992, p. 15.

[65] Jacques Dubois, *L'Institution de la littérature, op. cit.*, p. 91.

[66] Michel Trebitsch définit l'affinité élective comme un « [...] type spécifique de rapport réciproque entre deux configurations sociales ou culturelles qui ne relève ni de la détermination structurelle ni de l'influence. Il s'agit, à partir d'une certaine analogie structurelle, d'un mouvement de convergence, d'attirance réciproque, de confluence active, de combinaison pouvant aller jusqu'à la fusion. ». *Cf.* Michel Trebitsch, « Avant-propos : la chapelle, le clan et le microcosme », *op. cit.*, pp. 11-21.

[67] Jacques Dubois, *L'Institution de la littérature, op. cit.*, pp. 47-52.

[68] *Cf.* Pascale Casanova, *La République mondiale des lettres, op. cit.* Sur l'internationalisation de la littérature, voir aussi Joseph Jurt, « La Théorie du champ littéraire et l'internationalisation de la littérature », dans Bart Keunen et Bart Eeckhout, éds, *Literature and Society : the Function of Literary Sociology in Comparative Literature*, New York, Oxford, Bern, Bruxelles, Francfort sur le Main, Viennes, Peter Lang, 2001, pp. 43-55.

nos jours après la conquête coloniale et l'imposition des valeurs eurocentrées aux peuples dominés. Ces zones d'interaction constituent des champs littéraires étendus où se tissent différentes relations de confrontation et d'interdépendance entre le « centre », c'est-à-dire les métropoles, et la périphérie, c'est-à-dire les pays anciennement colonisés ou manquant de ressources littéraires suffisantes et dépendants de l'autorité et de la légitimité du « centre ». Les anciennes métropoles, dotées d'une plus grande force économique, politique et culturelle, jouissent traditionnellement d'une position privilégiée et les périphéries sont amenées à se définir par rapport aux normes et canons culturels imposés par le centre. Grâce à son potentiel de diffusion des œuvres (le marché littéraire et la presse), de consécration (les prix littéraires, le « parrainage » d'auteurs périphériques par les « grands » écrivains de la métropole), l'institution littéraire centrale peut exercer une grande influence sur les champs littéraires locaux (dans des pays culturellement ou politiquement dominés). Les écrivains issus de ces derniers doivent alors se positionner à la fois par rapport au pôle littéraire local et par rapport au pôle international représenté par l'aire linguistico-culturelle centrale[69].

Or, il ne faut pas réduire cette bipolarité à une domination inconditionnelle du centre sur les périphéries. Comme le souligne Casanova, à l'époque de la mondialisation des biens symboliques facilitée par les nouvelles technologies, la structure centre/périphérie se complexifie. On assiste progressivement à l'apparition de nouvelles relations où le centre abandonne sa domination au profit d'autres pôles, constitués non seulement par ses périphéries, mais aussi par d'autres espaces linguistiques et culturels. C'est précisément le cas de la Caraïbe francophone où la prééminence hiérarchique de Paris (comme la ville dotée du prestige littéraire et intellectuel le plus grand dans l'espace francophone) se voit en permanence disputée par la proximité des cultures américaines, aussi bien latino-américaine qu'états-unienne, dont le patrimoine dans le domaine littéraire connaît une reconnaissance critique considérable.

À cet égard, il est significatif que Pascale Casanova étende la réflexion de Bourdieu sur le champ littéraire français pour affirmer l'autonomie relative de ce dernier face au champ littéraire international. Cela lui permet de mesurer la place du manifeste à l'intersection du local (national) et de l'international, et d'identifier ce dernier comme enjeu important de la nouvelle dynamique mondiale :

---

[69] *Cf.* Pascale Casanova, *La République mondiale des lettres*, *op. cit.*, p. 164.

> L'espace littéraire n'est pas une structure immuable, figée une fois pour toutes dans ses hiérarchies et ses relations univoques de domination. Même si la répartition inégale des ressources littéraires induit des formes de domination durables, il est le lieu de luttes incessantes, de contestations de l'autorité et de la légitimité, de rebellions, d'insoumissions et même de révolutions littéraires qui parviennent à modifier les rapports de forces et à bouleverser les hiérarchies. En ce sens, la seule histoire réelle de la littérature est celle des révoltes spécifiques, des coups de force, des manifestes, des inventions de formes et de langues, de toutes les subversions de l'ordre littéraire qui peu à peu « font » la littérature et l'univers littéraire.[70]

En ce sens, le manifeste se présente non pas comme une prise de position « locale », et autosuffisante au sein d'un champ et d'une institution littéraire nationale : il apparaît plutôt comme l'effet de l'invention de stratégies complexes de positionnement visant à faire accéder une littérature nationale (même celle écrite dans une « grande » langue littéraire) à la visibilité et à la reconnaissance mondiale.

Le manifeste littéraire et l'engagement

Bien qu'il gagne en autonomie vis-à-vis du manifeste politique et qu'il soit, au cours du XIXe siècle, davantage centré sur les questions esthétiques, le manifeste littéraire reste profondément marqué par l'idéologie. Comme le constate José-Luis Diaz, « le manifeste est *communication* ; il fait passer un message, esthétique d'abord, mais aussi politique à sa manière, puisqu'il s'exprime au nom d'une communauté esthétique restreinte et cherche un écho dans l'opinion : l'opinion *esthétique* d'abord ; mais aussi, plus largement, *publique* [...] »[71]. Le spectre des sujets abordés par le manifeste littéraire dépasse la seule esthétique (comme thématique dominante quoique non exclusive) pour aborder des enjeux sociaux et politiques d'actualité. Ainsi, souvent le manifeste littéraire affiche-t-il volontairement une prise de position dans le domaine social ou politique : « [l]e manifeste [...], tels les manifestes politiques dont il emprunte à la fois le nom et la stratégie, vise à avoir une *action* : changer les codes esthétiques en vigueur, promouvoir de nouvelles valeurs, inventer de nouvelles communautés intellectuelles ; mais

---

[70] Pascale Casanova, *La République mondiale des lettres*, op. cit., p. 253.
[71] José-Luis Diaz, « Préfaces et manifestes du XIXe siècle », *op. cit.*, p. 12 (souligné dans le texte).

aussi, de manière bien plus globale, *changer le monde.* »[72] Pour observer cette dynamique, il suffit de citer les manifestes des premières avant-gardes littéraires et artistiques, historiquement configurées, comme le futurisme ou le surréalisme. Dans les deux cas, le désir d'imposer une nouvelle esthétique va de pair avec l'idée de renverser l'ordre social établi et de le supplanter par la construction d'une société « meilleure ». Dans le discours manifestaire, cette insistance sur l'engagement de l'écrivain dans la vie sociale sera pleinement sensible lorsque les postulats de la rupture esthétique se doubleront résolument d'une contestation politique.

Le penchant à la politisation du manifeste littéraire s'accentue davantage dans le cas des pays marqués par la mémoire du passé colonial. Dans son analyse du fonctionnement de la « République mondiale des lettres », Pascale Casanova met en relief l'aspect politique des affrontements observables dans les aires linguistico-culturelles issues de l'expansion coloniale des pays européens. Il arrive alors que la pratique littéraire y soit entièrement rivée aux questions politiques. La cause en est le plus souvent la langue du colonisateur devenue la langue d'expression littéraire dans les anciennes colonies : « […] comme la langue n'est pas un outil littérairement autonome, mais un instrument toujours déjà politique, c'est, paradoxalement, par la langue que l'univers littéraire reste soumis à des dépendances politiques. […] La domination politique – notamment dans les pays qui ont été soumis à la colonisation – s'exerce aussi sous la forme linguistique, qui implique elle-même une dépendance littéraire. »[73] Porteuse de la culture du colonisateur, la langue d'écriture comme signe de l'oppression coloniale laisse, ne serait-ce que symboliquement, une empreinte idéologique sur les textes littéraires. Conscients de cet enjeu, les auteurs issus des anciennes colonies doivent faire face aux questionnements identitaires et politiques qui se reflètent dans leurs œuvres, mais qui sont également visibles dans le discours critique tenu dans leur propre milieu littéraire. Dès lors, il semble bien que, dans les espaces littéraires « périphériques » (au passé colonial), les textes manifestaires et les programmes qui se veulent « esthétiques » n'arrivent pas à se soustraire à l'idéologie collective et aux affirmations identitaires aisément politisables. Ce sont ces affirmations qui nourriront à des degrés divers les prises de position des écrivains mineurs ou minoritaires face au pôle littéraire mondial.

En effet, la signification politique accordée aux innovations esthétiques tient de la situation particulière des productions littéraires postcoloniales,

---

[72] *Ibid.*, p. 12 (souligné dans le texte).
[73] Pascale Casanova, *La République mondiale des lettres, op. cit.*, p. 173.

celles que Gilles Deleuze et Félix Guattari rangent du côté des « littératures mineures »[74]. Parmi les traits caractéristiques de la littérature mineure, outre la déterritorialisation linguistique (situation dans laquelle une minorité écrit dans une langue majeure), les deux philosophes évoquent la valeur collective attachée à chaque texte et à chaque prise de parole de l'écrivain au sein d'une petite nation –, là où les élites intellectuelles, censées se mettre à l'écoute des intérêts collectifs, jouissent d'un prestige exceptionnel. De ce fait, tout « […] ce que l'écrivain […] dit constitue déjà une action commune, et ce qu'il dit ou fait est nécessairement politique. »[75] C'est sans doute pourquoi, le discours littéraire individuel des écrivains des espaces culturels périphériques ou minoritaires se voit le plus souvent associé à une création collective et compris comme une « intervention » qui libère du repli sur soi et qui donne à ce discours une légitimité politique. Vus dans cette perspective, les textes manifestaires caribéens écrits en français (langue majeure), sont marqués des signes de l'urgence et se donnent pour une parole engagée.

Il faut cependant ouvrir ici une parenthèse pour souligner l'ancienneté de l'engagement des écrivains de toutes les époques dans les actions sociales et politiques. À cet égard, il suffit d'évoquer du Bellay, Montaigne, Voltaire, Hugo, Zola, Barrès ou encore Sartre, pour ne citer que les plus illustres. Les écrits de protestation, comme *J'accuse* de Zola, les déclarations ou les manifestes politiques signés collectivement, comme *Le manifeste des 121* contre la guerre en Algérie en 1960[76], les écrits antisémites de Charles Maurras dans *L'Action française* ou ceux de propagande nationaliste publiés par Maurice Barrès dans *Scènes et Doctrines du nationalisme* en 1902 –, tous ces exemples montrent bien que nombreux sont les écrivains qui choisissent résolument de mettre leur plume au service d'une cause bien précise. Ils le font tout en ignorant si leur entreprise sera identifiée et jugée comme progressiste ou opportuniste, voire réactionnaire par la postérité. Il

---

[74] *Cf.* Józef Kwaterko, « Literatura mniejsza : koncept, ideologia, możliwość tekstu », dans Mirosław Loba, Barbara Łuczak et Alfons Gregori, éds, *Literatury mniejsze Europy romańskiej*, Poznań, Wydawnictwa Naukowe UAM, coll. « Filologia Romańska », 2012, pp.13-23.

[75] Gilles Deleuze et Félix Guattari, *Kafka : pour une littérature mineure*, Paris, Les Éditions de Minuit, coll. « Critique », 1975, p. 31.

[76] Ce manifeste a été rédigé par Maurice Blanchot et Dionys Mascolo. Parmi les signataires on trouve entre autres : André Breton, Michel Butor, Marguerite Duras, Nathalie Sarraute, Jean-Paul Sartre. *Cf.* Pascal Ory et Jean-François Sirinelli, *Les Intellectuels en France : de l'affaire Dreyfus à nos jours*, Paris, Armand Colin, coll. « U, histoire », (1987) 2002, p. 202.

n'empêche que leurs écrits, à la fois porteurs d'une vision du monde et impliqués dans une situation concrète, participent aux grands débats d'idées qui traversent leur époque et excèdent la littérature.

Cela signifie que toute écriture manifestaire à visée esthétique s'avère aussi une prise de position et un projet éthique. Comme le souligne Benoît Denis,

> […] la littérature engagée pose en permanence la question éthique, en l'appliquant au fait littéraire lui-même. Et c'est bien là que réside le « scandale » de l'engagement : découvrir au cœur de l'intention esthétique un impératif éthique, c'est refuser de concevoir l'œuvre littéraire comme une « finalité sans fin », à elle-même son propre principe et sa propre fin. […] Au contraire, […], [l'écrivain engagé] la pense traversée par un projet de nature éthique, qui comporte une certaine vision de l'homme et du monde […].[77]

Cette exigence de responsabilité morale et la volonté d'adhérer à son époque n'ont rien d'uniforme. On conviendra qu'à côté de l'attitude ouvertement contestataire de ceux qui, comme Zola ou Sartre, jouissent d'un capital symbolique suffisant pour imposer leurs opinions, on trouve des prises de position polémiques moins antagonistes, moins « messianiques », et plus « relationnelles », plus « consensuelles », cherchant un échange dialogique entre auteur et lecteur, sans que le sens de la responsabilité s'en trouve éludé (songeons aux écrits critiques de Barthes, Foucault, Derrida ou Bourdieu)[78].

Si, comme le dit Benoît Denis, « […] par certains côtés, le manifeste peut apparaître comme le genre dans lequel toute littérature engagée devrait se retrouver par prédilection »[79], cela peut se rapporter, de façon emblématique, à l'écriture manifestaire dans l'espace franco-caribéen. On pourra même extrapoler cette idée pour dire qu'un grand pan de la littérature francophone caribéenne est une littérature « de manifestation » qui porte les traces des conflits d'idées et des querelles esthétiques de plusieurs époques. Autrement dit, les manifestes et les programmes littéraires y proposent diverses mises en

---

[77] Benoît Denis, *Littérature et engagement : de Pascal à Sartre, op. cit.*, pp. 33-34.

[78] *Cf.* Daniel Vander Gucht, « Figures de l'engagement citoyen de l'artiste : entre activisme politique et art relationnel », dans Sylvain Fagot et Jean-Philippe Uzel, éds, *Énonciation artistique et socialité : actes du colloque international de Montréal des 3 et 4 mars 2005*, Paris, L'Harmattan, 2006, pp. 123-134. *Cf.* Michel Foucault, « La Fonction politique de l'intellectuel », dans *Dits et écrits 2 : 1976-1988*, Paris, Gallimard, 2005, pp. 106-113.

[79] Benoît Denis, *Littérature et engagement, op. cit.*, p. 94.

scène de la parole engagée et échappent à l'univocité de sens et de forme. Si certains visent à la transparence et confèrent au langage le pouvoir d'agir, de résister contre le racisme, l'oppression coloniale, les dictatures et l'assimilation, d'autres empruntent des tonalités ou des registres plus poétiques et des propositions plus conciliables qui, sans exclure la polémique, mettent en lumière l'ambivalence des rapports entre les dominants et les dominés et tiennent compte des stratégies de négociation propres à la pensée contemporaine. La voie la plus sûre pour explorer cette diversité des enjeux idéologiques et poétiques, devrait passer par la présentation de leur contexte politique et social, matrice première qui féconde tout discours manifestaire et qui éclaire les multiples facettes de l'engagement social des écrivains francophones de la Caraïbe depuis le tournant du XXe siècle.

II

De l'assimilation culturelle à la prise de conscience identitaire

La présente étude des manifestes littéraires francophones de la Caraïbe s'étend sur deux espaces : les Petites Antilles françaises (principalement la Martinique et la Guadeloupe) et Haïti. Il s'agit de territoires au passé colonial qui possèdent aujourd'hui respectivement le statut de département d'outre-mer et d'un État indépendant, ce qui leur permet de revendiquer une relative autonomie face à la domination culturelle de la France.

En effet, la proclamation d'indépendance d'Haïti en 1804 et l'abolition de l'esclavage en 1848 dans les colonies françaises d'outre-mer ont favorisé la recherche d'un écart vis-à-vis des modèles culturels et littéraires français. Il s'agit d'un long processus, dépendant non seulement de la situation politique, mais aussi d'un changement profond de mentalités. Nous touchons là à un des enjeux fondamentaux pour toute société, celui de l'affirmation identitaire. Accédant au XIXe siècle aux libertés civiles, les Haïtiens et les Antillais cherchent à définir leur personnalité collective. Les Haïtiens hésitent entre le rattachement à la civilisation européenne et la valorisation de leur culture nationale où se conjuguent les apports africains, français et créoles. Quant aux Antillais, beaucoup se réclament de leur double appartenance, africaine et française, car scolarisés en français, ils partagent les valeurs et les idées dont cette langue est porteuse.

Or, cette similitude des situations postcoloniales ne doit pas occulter la différence qui leur est immanente. En Haïti, nous avons à faire avec un peuple qui, par son propre effort, réussit à renverser le pouvoir colonial pour conquérir l'indépendance et les libertés civiles, tandis qu'aux Antilles françaises, la liberté des esclaves vient de l'extérieur, décidée par le législateur métropolitain. Aussi assistons-nous très tôt à deux représentations différentes de l'identité. Les Haïtiens construisent leur identité sur le mythe fondateur de l'indépendance, consécutive à la révolte des esclaves, et contestent la supériorité de la culture coloniale. Les Antillais ne peuvent pas se transmettre le même récit de fondation. Ayant reçu les libertés civiles en vertu du décret Schœlcher du 27 avril 1848, leurs ancêtres (esclaves et descendants d'esclaves) se voient intégrés à la nation française. Ceci rend leur statut identitaire ambigu car dépourvu de ce puissant point d'orientation qu'est, pour les Haïtiens, l'indépendance de 1804 et la fierté d'une nationalité (et d'une citoyenneté républicaine) arrachée de leurs propres mains. Étant donné les liens politiques, économiques et culturels avec la métropole, leur affirmation identitaire reste beaucoup plus contraignante. Autrement dit, dans le cas des Haïtiens, nous sommes en présence d'une identité culturelle qu'il faudra construire et réaffirmer au cours de l'histoire face à des contingences politiques et économiques difficiles, mais ne relevant pas directement de l'ancienne métropole. Dans le cas des Antillais, il s'agit d'une identité culturelle beaucoup plus brouillée du fait de l'assimilation politique et culturelle à l'ancien colonisateur.

Avant d'approcher la façon dont ces deux perspectives identitaires s'articulent dans le discours social et dans les manifestes et programmes littéraires en Haïti et aux Antilles, il faut examiner de plus près le contexte socioculturel au début du XXe siècle, époque où l'image des Noirs connaît de profonds changements.

Vers l'affirmation d'un « monde noir »

Le début du XXe siècle et, notamment, les années 1920 et 1930, sont une période privilégiée pour observer le développement de la culture des Noirs. C'est à ce moment que plusieurs facteurs sociaux, politiques et culturels concourent à favoriser une lente réhabilitation des peuples noirs en Occident, mais aussi parmi les Noirs eux-mêmes. Il s'agit également d'une époque charnière pour la mise en valeur de la culture populaire en Haïti et aux Antilles françaises. Cette recherche d'une nouvelle conscience de soi doit être mise en relation avec l'évolution des mentalités en Europe et aux États-Unis au début du XXe siècle ; c'est elle qui va apporter des changements considérables dans la perception traditionnelle de la culture des Noirs par les Européens et les Américains.

Au plan scientifique, le tournant du siècle apporte un grand essor des sciences de l'homme, notamment de l'anthropologie, de l'ethnographie et de l'ethnologie. L'ouverture du Musée d'Ethnographie de Paris (à Trocadéro) en 1878 est un signe majeur du développement de ces nouveaux domaines scientifiques. Explorant le continent noir, la nouvelle école ethnographique française suscite l'intérêt pour le relativisme culturel. Les travaux de Marcel Mauss, Maurice Delafosse, Marcel Griaule et Michel Leiris modifient largement la perception qu'ont les Français des peuples dits « primitifs »[1]. Fondés sur les observations menées lors des expéditions en Afrique, les écrits de ces ethnologues démontrent que l'idée de l'infériorité de la race noire, propagée par les idéologues racistes du XIXe siècle comme Julien-Joseph Virey, Jean-Baptiste Bory de Saint-Vincent[2] ou le comte de Gobineau[3], est dénuée de tout fondement.

L'intérêt scientifique porté par les Français aux études africaines est également attesté par l'existence des sociétés savantes qui mènent des études sur l'Afrique, de même que par les premières expéditions ethnologiques sur ce continent. La Société des Africanistes, fondée en 1930 et dotée en 1931 du *Journal de la Société des Africanistes*, est l'institution la plus importante de cette époque. Quant aux recherches de terrain, Marcel Griaule organise la première grande expédition française en Afrique : l'expédition Dakar-Djibouti (mai 1931-février 1933) à laquelle participe, entre autres, Michel Leiris. Les études scientifiques permettent à la réalité africaine d'émerger du néant cognitif qui l'entourait jusqu'alors. Allant de pair avec la crise de la culture européenne elle-même (intensifiée après la Grande Guerre), la découverte de la richesse de la civilisation africaine invalide l'idée de la supériorité culturelle des Blancs véhiculée par l'idéologie eurocentrée[4]. Cette

---

[1] *Cf.* Buata Malela, *Les Écrivains afro-antillais à Paris (1920-1960) : stratégies et postures identitaires*, Paris, Karthala, coll. « Lettres du Sud », 2008, p. 105. Signalons également qu'à la même époque, aux États-Unis, l'anthropologie connaît un grand essor sous l'impulsion de Franz Boas.

[2] *Cf.* Laurick Zerbini, « Sur les traces des arts africains : XIXe et XXe siècles », dans Oissila Saaïdia et Laurick Zerbini, *La Construction du discours colonial : l'empire français aux XIXe et XXe siècles*, Paris, Karthala, coll. « Hommes et sociétés », 2009, p. 66.

[3] *Cf.* Tzvetan Todorov, *Nous et les autres : la réflexion française sur la diversité humaine*, Paris, Seuil, 1989, notamment le chapitre « Gobineau : racialisme vulgaire », pp. 153-164.

[4] Il faut souligner ici la contribution colossale de l'ethnologue allemand Léo Frobenius dont l'*Histoire de la civilisation africaine* (1933, traduction française en 1938) démontre l'existence de grandes civilisations africaines pourvues de systèmes sociaux développés et rompt définitivement avec l'idée de la mission civilisatrice de l'Europe.

mise en cause offre un terrain propice à l'apparition de revendications identitaires des Noirs que les intellectuels issus des colonies ne tarderont pas à mettre en avant.

Dans le milieu artistique et littéraire, on verra s'effectuer un changement sensible du rapport à ce qu'il est convenu d'appeler « l'art nègre ». Comme le constate Laurick Zerbini, les objets d'art africain passeront en quelques décennies du statut d'objet ethnographique, dépourvu de toute valeur artistique, à celui d'œuvre artistique de plein droit[5]. Ce changement d'attitude se laisse observer lors de nombreux événements et débats culturels dont la capitale française du début du XXe siècle est le haut lieu : « Paris devient le théâtre d'activités qui donnent à l'art africain une reconnaissance et impulsent l'élan de sa diffusion. Ce foyer d'effervescence prend corps dans le milieu des artistes, des marchands et des critiques [...] »[6].

Exposés jusqu'alors dans les musées d'ethnographie et considérés comme de purs artefacts, les objets africains attirent l'attention de nombreux peintres et écrivains sur leur dimension proprement artistique. En 1909 paraît le texte de Guillaume Apollinaire, *Sur les musées*, où il s'en prend à l'administration étatique (liée aux musées nationaux) qui néglige la valeur artistique des « fétiches » africains. Le poète y appelle avec insistance à « [...] la nécessité d'étudier certaines pièces pour leur propre langage plastique. »[7] Vient alors le temps des premières expositions « d'art nègre », organisées par les soins de marchands, tels que Joseph Brummer et Paul Guillaume, ce dernier publiant également des textes théoriques et les premiers albums consacrés à l'art africain. Le succès et les débats suscités par l'*Exposition d'art nègre et d'art océanien*, organisée en mai 1919 par Paul Guillaume à la galerie Devambez, viennent confirmer la nouvelle mode et la place de l'art africain dans le milieu artistique parisien et dans les circuits commerciaux[8].

Une tendance similaire se laisse observer dans le domaine littéraire. À l'époque où « l'art nègre » acquiert ses lettres de noblesse, les écrivains

---

[5] Zerbini souligne dans ce contexte l'apport des expressionnistes allemands qui, dès 1905, s'engagent dans des pratiques artistiques valorisant les arts non-occidentaux ainsi que l'influence de l'ouvrage de Carl Einstein *Negerplastik. Cf.* Laurick Zerbini, « Sur les traces des arts africains : XIXe et XXe siècles », dans Oissila Saaïdia et Laurick Zerbini, *La Construction du discours colonial* , *op. cit.*, pp. 70-72 et 75-80.

[6] *Ibid.*, p. 72.

[7] *Ibid.*, p. 74.

[8] *Cf.* Laurick Zerbini, « Sur les traces des arts africains, XIXe et XXe siècles », dans Oissila Saaïdia et Laurick Zerbini, *La Construction du discours colonial, op. cit.*, p. 76.

français commencent à découvrir les contes et les récits traditionnels des peuples noirs. Parmi les publications les plus importantes, on doit ranger l'anthologie de René Basset, *Contes populaires d'Afrique* (1903)[9], et *Anthologie nègre* (1921) de Blaise Cendrars. La littérature orale des Noirs, traduite et commentée par des auteurs français, trouve également une place dans le catalogue des plus grandes maisons d'édition parisiennes comme Gallimard. En outre, l'apparition sur la scène littéraire française de la production littéraire des Noirs rend légitime la prise de parole par les auteurs noirs francophones immigrés. Songeons à l'immense succès de *Batouala* (Prix Goncourt en 1921) du Guyanais René Maran et des *Fables de Douala* (1930) du Camerounais Issac Moumé-Etia. Ainsi, l'engouement pour l'art et les traditions orales des peuples africains ouvre une brèche dans le champ littéraire métropolitain que les écrivains noirs utiliseront pour entrer sur la scène littéraire parisienne.

Une autre forme d'engagement pour la réévaluation des Noirs et de leur culture aura un impact très favorable sur les artistes et les écrivains de l'espace franco-caribéen. Il s'agit du mouvement panafricaniste, actif principalement aux États-Unis à ses débuts et associé à deux grands noms : W.E.B. Du Bois et Marcus Garvey[10]. En ce qui concerne l'apport du premier, il faut citer son œuvre majeure, *The Souls of Black Folk*, publiée en 1903, les organisations qu'il a cofondées, Niagara Movement en 1903 et The National Association for the Advancement of Colored People (NAACP) en 1909, les deux ayant pour but de défendre les droits des minorités aux États-Unis, ainsi que les congrès panafricains qu'il a initiés (notamment le premier, tenu à Paris en 1919[11]). Le Jamaïcain, Marcus Garvey, fut quant à lui le fondateur

---

[9] Considéré par Maurice Delafosse comme l'un des ouvrages les plus riches, présentant un grand éventail de textes des différents peuples africains. *Cf.* Maurice Delafosse, *L'Âme nègre*, Paris, Payot, 1922, p. 10.

[10] On lira avec profit à ce propos Martin O. Ijere, « W.E.B. Du Bois and Marcus Garvey as Pan-Africans : a Study in Contrast », *Présence africaine*, n° 89, 1974, pp. 188-206.

[11] Notons également qu'à l'occasion de l'Exposition Universelle de 1900, W.E.B. Du Bois et Booker T. Washington organisent « L'exposition des Nègres d'Amérique » qui montre des photographies d'étudiants noirs et qui a pour but de présenter une image positive des Noirs. Mais lors de la même exposition, un stand montrant « La vie à Madagascar », de type zoo humain, éclipse l'effort entrepris par W.E.B. Du Bois et Booker T. Washington. *Cf.* Nicolas Bancel, Pascal Blanchard et Sandrine Lemaire, « Ces zoos humains de l'Europe coloniale », *Le Monde diplomatique*, août 2000, p. 16-17 et Nicolas Bancel, Gilles Boëtsch, Eric Daroo, Sandrine Lemaire et

en 1914 de UNIA, The Universal Negro Improvement Association, l'une des plus influentes organisations panafricaniste de l'époque qui affirmait la grandeur de la civilisation des Noirs et les encourageait à l'émancipation sociale, culturelle et même politique. Les associations et les actions résolues des panafricanistes ont fait avancer la cause des Afro-américains vers l'égalité et ont renforcé leur sentiment de solidarité face aux persécutions dont les Noirs étaient victimes. Ces diverses activités ont également rendu populaire l'idée d'une possible union entre les Noirs du monde entier.

Le panafricanisme va engendrer un vaste mouvement artistique, littéraire et musical qui va prendre le nom de Harlem renaissance ou de la « Renaissance noire »[12]. Il associe la révolte contre l'oppression sociale et politique des Blancs aux États-Unis et la réflexion critique sur l'identité des Noirs. Organe de la NAACP de W.E.B. Du Bois[13], la revue *The Crisis* publie des penseurs tels qu'Alain Locke et des écrivains comme Langston Hughes, Countee Cullen, Sterling Brown, Claude McKay, Jessie Fauset ou Jean Toomer qui articulent les revendications identitaires des Afro-américains à l'idée du développement d'un art moderne et indépendant. Pour les adeptes de la Harlem renaissance, la référence à l'Afrique favorise la redécouverte des valeurs de la culture des Noirs et permet d'imaginer une continuité entre leur héritage ancestral et la situation présente du « Nouveau Noir »[14].

Le mouvement afro-américain est d'une importance capitale pour mesurer le renouveau de la littérature haïtienne et antillaise. En effet, séjournant régulièrement dès les années 1920 à Paris, les artistes afro-américains apportent en France une conception mûrie de l'art, tout en favorisant l'ouverture du public français à la culture des Noirs. L'engouement pour le jazz joué dans des clubs renommés (« Le Bœuf sur le toit » ou « Le Bricktop's ») ainsi que les spectacles de la « Revue Nègre » (auxquels participent Florence Mills et Joséphine Baker), contribuent à la percée de

---

Pascal Blanchard, éds, *Zoos humains : au temps des exhibitions humaines*, Paris, La Découverte, coll. « Sciences humaines et sociales », 2004.

[12] Le nom de ce courant vient d'un texte de W.E.B. Du Bois qui, faisant référence au poème *The Negro Speaks of Rivers* de Langston Hughes, publié en juin 1921 dans la revue *The Crisis*, parle d'un avènement prochain d'une renaissance d'une « littérature nègre » de l'Amérique.

[13] *Cf.* Sondra K. Wilson, *The Crisis Reader: Stories, Poetry, and Essays from the N.A.A.C.P.'s Crisis*, New York, Modern Library, 1999.

[14] Le nom du mouvement vient d'une des publications majeures d'Alain Locke, *The New Negro* (1925). Il s'agit d'une anthologie contenant l'essai de Locke du même titre ainsi que la poésie et les œuvres de fiction des auteurs tels que Jean Toomer, Zora Neal Hurston, Countee Cullen, Langston Hughes, Claude McKay.

l'« art noir » sur la scène artistique de la capitale. D'un autre côté, les conceptions esthétiques et l'engagement social et politique des écrivains de Harlem influenceront profondément les artistes des Antilles et d'Haïti qui chercheront à renouer avec l'Afrique et ses traditions orales (les contes, les proverbes) ainsi qu'avec la musique afro-américaine (les rythmes du gospel, du soul, du blues et du jazz trouveront par la suite leur transposition dans la poésie)[15]. Au niveau social, la revendication des droits universels pour les Noirs, du respect de l'égalité, enfin le sentiment de dignité et de fierté, consécutif au rejet de la condition de l'homme subalterne –, tout cela traduit la nouvelle façon de se percevoir et une nouvelle sensibilité que les écrivains haïtiens et antillais vont exploiter.

Au début du XXe siècle, on voit aussi grandir la popularité de l'idéologie marxiste qui favorise un nouveau regard porté sur les classes inférieures de la société. Les Noirs, majoritairement paysans et ouvriers, verront dans l'idéologie marxiste un moyen de revendiquer leur dignité et leurs droits. Il est significatif à cet égard qu'en Haïti et aux Antilles, la plupart des écrivains de cette époque sont attirés par les idées communistes et anti-impérialistes propagées par l'Union Soviétique, ce qui, au plan littéraire, va se traduire par l'apparition d'un thème prépondérant, celui du peuple.

En Haïti comme aux Antilles françaises, nous sommes donc en présence d'une lente, mais tangible réorientation de la représentation des Noirs qui les sort du traditionnel enfermement dans des préjugés et des mythes eurocentristes. Désormais, les littératures antillaise et haïtienne se donneront pour tâche première de rendre compte de ce bouleversement de perspective en s'éloignant des anciens canons esthétiques et en s'appropriant les origines africaines de la culture caribéenne.

---

[15] *Cf.* Claude Carré, « Les Haïtiens et la naissance du jazz à la Nouvelle Orléans », *L'Annuaire de la communauté Haïtienne en Europe*, 5e édition, Janvier 2003. En ligne : www.caraibcreolenews.com/news,ccn,1,3531.html (visité le 10 déc. 2012).

Domaine haïtien

Pour une légitimité politico-littéraire : un discours de l'entre-deux

Deux attitudes intellectuelles divergentes se manifestent en Haïti après son accès à l'indépendance en 1804 et tout au long du XIXe siècle. D'une part, on observe une tendance nationaliste et patriotique, fortement affirmée par les instances politiques et le discours officiel. D'autre part, on peut entrevoir des tentatives de légitimer la culture du nouveau pays par une référence européenne ou, si l'on veut, « mondiale ».

Pour les intellectuels haïtiens, il est primordial de prouver aux yeux de l'opinion publique mondiale que, libéré du joug colonial, leur pays est une république. Afin de faire valoir cette indépendance, nombre d'écrits et de discours publics mettent à l'honneur le courage des anciens esclaves et la détermination de la nouvelle nation à entrer dans l'Histoire. Pour plusieurs penseurs, écrivains et artistes, la révolte des esclaves et l'indépendance vont servir de socle mémoriel à la construction d'un discours sur la nation distincte[16].

Or, ce discours, idéalisant l'état de droit et l'unité nationale, ne correspond pas tout à fait à la réalité sociale. En effet, après la guerre d'indépendance (1802-1804), puis la guerre civile (1806-1819) qui opposera le Royaume d'Haïti du roi Henri Ier, dirigé par les Noirs affranchis sous le régime français, et la République d'Haïti, dirigée par le président Alexandre Pétion et la nouvelle aristocratie, composée d'anciens hommes de couleur libres, le pays réuni en 1820 est gouverné par les Mulâtres. Descendant des colons blancs, les Mulâtres haïtiens se perçoivent comme une caste supérieure. Qui plus est, une fois au pouvoir, ils essaient de maintenir le système du travail forcé pour s'assurer des profits économiques[17]. Dès lors, on comprend mieux pourquoi, tout en s'appuyant sur l'idéologie de

---

[16] Nous pensons ici à Louis Félix Boisrond Tonnerre, à Pompée Valentin, baron de Vastey et, parmi les poètes, à Juste Chanlatte et Hérard Dumesle. Voir à ce propos : Christophe Ph. Charles, *Les Pionniers de la littérature haïtienne : textes choisis*, Port-au-Prince, Éditions Choucoune, 1999, pp. 10-30.

[17] Gérard Barthélemy note que, dès l'indépendance, les Mulâtres sont devenus propriétaires d'un tiers des terres et d'un quart des anciens esclaves. Soucieux de préserver les gains haïtiens, les Mulâtres veulent renforcer le système des plantations. Ces intérêts économiques les éloignent du reste de la société. *Cf.* Gérard Barthélemy, *Créoles, bossales : conflit en Haïti*, Petit-Bourg (Guadeloupe), Ibis Rouge, 2000, p. 26.

l'affirmation nationale, les élites mulâtres tentent de se rapprocher de l'univers culturel français, perçu comme modèle universel de développement social et intellectuel[18]. La quête du gain matériel de même que l'engouement pour la culture du Blanc européen entraîne alors une marginalisation des habitants noirs du pays, vus comme une masse barbare et arriérée.

Sur le plan littéraire, on note en Haïti, comme aux Antilles, une tendance générale à occulter la réalité sociale du pays soit par une écriture engagée, mais célébrant les gloires du passé, soit par une écriture romantique qui emprunte servilement ses thèmes et ses modèles à Musset, Lamartine et Hugo[19]. Cette dernière orientation est renforcée après la reconnaissance par le roi Charles X de l'indépendance d'Haïti en 1825, ce qui joue en faveur du rapprochement culturel entre les deux pays. Ainsi, à la vision d'une France raciste et esclavagiste, capable de commettre les crimes les plus barbares à l'époque coloniale, se substitue celle d'une république aux valeurs universellement reconnues qui prennent appui sur une grande langue littéraire et un grand patrimoine culturel.

Ce décalage entre le récit d'un passé douloureux, mais glorieux, et le nouveau mythe d'une France « mère des arts », est dû au fait que l'ancienne métropole cesse d'être identifiée uniquement comme une puissance politique (coloniale) et s'impose comme un espace de promotion sociale et culturelle. Les écrivains haïtiens qui, tout au long du XIXe siècle, étudient et séjournent en France, s'inspirent ouvertement des courants littéraires à la mode en métropole et se jugent eux-mêmes selon les critères esthétiques importés de France. Maximilien Laroche signale à ce propos que la première histoire de la littérature haïtienne a été écrite en 1875 par un Français, Edgard la Selve, qui justifie par la même la domination des canons français sur la création artistique d'Haïti[20]. Il ne faut pas oublier non plus que la plupart des écrivains haïtiens de cette époque se recrutent dans la classe aisée des Mulâtres qui, grâce à leur éducation, restent attachées au patrimoine culturel hexagonal[21].

---

[18] Mise à part la volonté du roi Henri Ier, au début de son règne, de se rallier aux Britanniques.

[19] *Cf.* Jack Corzani, Léon-François Hoffmann et Marie-Lyne Piccione, *Les Amériques : Haïti, Antilles-Guyane, Québec,* Paris, Belin, coll. « Littératures francophones », 1998, pp. 23-29.

[20] *Cf.* Maximilien Laroche, *Contribution à l'étude du réalisme merveilleux*, Montréal, GRELCA, coll. « Essais », 1987, p. 9.

[21] *Cf.* Léon-François Hoffmann, *Haïti : lettres et l'être*, Toronto, Éditions du GREF, coll. « Lieux dits », 1992, pp. 17-44.

Replacées dans le contexte des bouleversements politiques et sociaux que connaît Haïti au XIXe siècle, ces deux perspectives, nationaliste et universaliste, se présentent comme distantes, mais non pas contradictoires. D'un côté, le mythe des Noirs vainqueurs reste extrêmement fort dans le discours social et littéraire, rendant justice à la première nation à s'être soulevée contre le colonialisme esclavagiste. D'un autre côté, pour la première génération des écrivains haïtiens, l'invention d'une certaine liberté littéraire à partir des modèles extérieurs (français) n'implique pas le rejet du patriotisme et n'est perçue ni comme une fatalité ni comme une domination. Pour les écrivains des « petites nations » (pour utiliser le terme de Kafka, repris par Kundera[22]), il s'agit en réalité d'accéder à une expression internationale tout en conservant une position (politiquement fragile) dans leur univers national, c'est-à-dire une position à la fois interne et externe à l'espace national, sans que cela soit vécu comme aliénation. La quête d'une légitimité internationale par les écrivains dépendants politiquement de l'espace national en formation n'a rien de paradoxal. Parlant de la structuration de l'espace littéraire mondial au XIXe siècle, Pascale Casanova observe une homologie de structure entre le champ littéraire national et mondial :

> Il faut donc se représenter l'univers littéraire mondial comme un ensemble formé de la totalité des espaces littéraires nationaux eux-mêmes bipolarisés et situés différentiellement dans la structure mondiale selon le poids relatif qu'y détiennent le pôle international et le pôle national (nationaliste). [...] Autrement dit, les écrivains qui revendiquent une position (plus) autonome sont ceux qui connaissent la loi de l'espace littéraire mondial et qui s'en servent pour lutter à l'intérieur de leur champ national et subvertir les normes dominantes[23].

De plus, dans cette République d'Haïti naissante, l'orientation francophile de la littérature doit être considérée au regard de la situation économique et politique. C'est elle qui renforce la scission de la société haïtienne entre une paysannerie noire majoritaire, mais pauvre et analphabète, et une bourgeoisie mulâtre minoritaire, aisée et soucieuse de donner une éducation convenable à

---

[22] *Cf.* Milan Kundera, *Les Testaments trahis*, Paris, Gallimard, 1993, p. 225 et *Idem*, *Le Rideau : essai en sept parties*, Paris, Gallimard, 2005, pp. 23-64.
[23] Pascale Casanova, *La République mondiale des lettres*, *op. cit.*, p. 164.

ses enfants[24]. Membres, pour la plupart, de l'élite urbaine et cultivée, les écrivains imitent les modèles esthétiques français dans un souci de perfection formelle tout en privilégiant des thèmes visant à l'édification nationale.

L'intérêt porté à la culture de l'ancienne métropole résulte aussi de la taille du public lettré qui se limite à une poignée de « gens de couleur » à une époque où le tirage moyen des livres ne dépasse pas six cents exemplaires jusqu'à la fin du XIXe siècle[25]. Illettrés, pour la grande majorité d'entre eux, les Noirs sont, bien sûr, entièrement hors de tout débat de type littéraire. Par conséquent, faute de public local, les premiers auteurs haïtiens recherchent des lecteurs potentiels parmi les Français avec lesquels ils partagent la langue et les goûts littéraires.

À ces conditions défavorables s'ajoutent l'arriération des techniques d'impression, l'absence d'une structure de promotion et de vente de livres ainsi que l'existence d'une censure d'État. Tous ces facteurs rendent la position des écrivains haïtiens particulièrement difficile. En 1899, dans une lettre adressée à Pétion Gérôme, directeur de la revue *La Ronde*, Félix Magloire écrivait : « Comment chanter et comment même vivre dans une société sans parole, sans presse, sans art, sans littérature, sans tribune, sans travail, sans morale, sans idéal et sans âmes. »[26] Pourtant, malgré la faiblesse des ressources littéraires et les obstacles d'ordre politique ou économique, les écrivains haïtiens tentent de mener une activité littéraire et intellectuelle animée et de plus en plus investie dans les affaires de leur pays.

L'engagement politique et social est un élément essentiel pour comprendre l'émergence des essais polémiques et des textes à caractère manifestaire en Haïti au tournant des XIXe et XXe siècles. Ce devoir d'engagement s'explique avant tout par le fait que, dans un pays jeune, ayant

---

[24] Les dégâts de la Guerre d'indépendance et le changement de propriétaires des plantations après l'extermination ou la fuite des Blancs ont entravé le progrès du système économique du nouveau pays. À cela s'ajoute l'isolement politique et commercial imposé par les autres pays coloniaux et l'effort entrepris par Haïti en 1825 d'indemniser les anciens propriétaires terriens à la hauteur de 90 millions de francs d'or pour que la France reconnaisse l'indépendance de la nouvelle république. De plus, tout au long du XIXe siècle, Haïti a subi une suite interminable de tempêtes politiques qui ont bloqué l'essor d'une économie stable (entre les années 1804-1915, vingt-six gouvernements, un royaume et deux empires s'y sont succédé). *Cf.* Léon-François Hoffmann, *Haïti : lettres et l'être, op. cit.*, p. 34.

[25] *Cf.* Miotel Casthely, Jacquelin Dolce et Gérald Dorval, *Le Romantisme en Haïti : la vie intellectuelle 1804-1915*, Port-au-Prince, Éditions Fardin, 1983, p. 23.

[26] Cité dans Miotel Casthely, Jacquelin Dolce et Gérald Dorval, *Le Romantisme en Haïti, op. cit.*, pp. 24-25.

à sa tête une petite élite alphabétisée, toute personne capable d'écrire et d'interpréter des faits de société, est automatiquement enrôlée dans la machine administrative et politique. Par conséquent, la majorité des écrivains haïtiens dits « pionniers » sont en même temps des hommes politiques. Préoccupés par l'instabilité politique et économique au lendemain de l'indépendance, ils utilisent les textes littéraires comme une tribune afin de parler au nom de leur jeune patrie. Dès lors, l'écriture littéraire fait le plus souvent corps avec les convictions politiques des écrivains, donnant ainsi naissance à des textes fortement engagés dans le combat national et privilégiant l'actualité, observée en direct par leurs auteurs. D'où une grande importance accordée aux innombrables revirements politiques, coups d'État et guerres qui secouent Haïti et où les écrivains se trouvent souvent impliqués à des degrés divers. Comme le souligne Christophe Ph. Charles, à ses origines, la littérature haïtienne est une « [...] littérature immédiate qui colle à l'actualité. »[27] Au vu de cette stricte dépendance entre les écrits littéraires et les impératifs sociopolitiques, on peut dire que tout au long du XIXe siècle la littérature haïtienne constitue un sous-champ du champ politique et lui reste subjuguée.

Défense de la nation et de la race

Un bon exemple de cette proximité entre le littéraire et le politique ainsi que de l'ambigüité qui marque le discours intellectuel haïtien de cette époque (chancelant entre la défense de la cause nationale et la quête de la reconnaissance étrangère) est fourni par trois textes qui fixeront les conditions de l'apparition d'une littérature socialement engagée : *L'égalité des races* (1884) du journaliste Louis-Joseph Janvier, *De l'égalité des races humaines* (1885) d'Anténor Firmin et de *De la réhabilitation de la race noire par la République d'Haïti* (1900) d'Hannibal Price. Ces textes polémiques sont de violentes diatribes contre tous ceux qui refusent au pays des anciens esclaves le statut de nation indépendante. Comme le constate Léon-François Hoffmann, situés dans la lignée des écrits anticoloniaux du début du XIXe siècle[28], « [...] la plupart de ces ouvrages s'attachent à réfuter les préjugés des Blancs, les mensonges des nostalgiques de la colonie sur la manière dont

---

[27] Christophe Ph. Charles, *Les Pionniers de la littérature haïtienne, op. cit.*, p. 4.
[28] Parmi ces écrits, il faut ranger deux essais de Pompée Valentin, baron de Vastey : *Le Système Colonial Dévoilé* (1814) et *Réflexions Politiques sur quelques Ouvrages et Journaux Français Concernant Haïti* (1817).

les esclaves domingois avaient été traités, et la façon dont ils se gouvernaient depuis qu'ils étaient devenus citoyens haïtiens. »[29]

Dans *L'égalité des races*, Janvier défend son pays devant l'opinion internationale et le présente comme un exemple de progrès social et humain :

> En Haïti, ou [sic !] l'homme noir est libre, se gouverne lui-même et est pro-priétaire du sol depuis seulement le commencement de ce siècle, il s'est produit chez lui une amélioration puis une véritable transformation intel-lectuelle, et de plus une très notable sélection physique. La progression de la grande république antilléenne a triplé depuis une soixantaine d'années et l'évolution de la nation haïtienne a été des plus rapides, malgré les inutiles et déplorables révoltes qui ont trop souvent ensanglanté ce beau pays.[30]

À travers un style qui se veut scientifique et objectif, Janvier idéalise la situation sociale en Haïti, en insistant sur le progrès qu'elle aurait connu et sur son respect des droits civils fondamentaux, en dépit des adversités.

Le texte d'Anténor Firmin, *De l'égalité des races humaines* (1885), est une réplique directe aux thèses racistes de Joseph Arthur de Gobineau dans *Essai sur l'inégalité des races humaines* (1855). Pour combattre l'idée de la supériorité des peuples aryens, Firmin, membre de la Société d'anthropologie de Paris, avance comme contre-argument l'apport de la race noire au développement de la civilisation. En s'appuyant sur des recherches anthro-pologiques, il met en question le bien fondé des méthodes différentialistes qui prennent appui sur le volume et la configuration de la boîte crânienne. Firmin évoque également différentes réussites des Noirs et, tout particulièrement, le patrimoine culturel de l'Égypte antique (les Égyptiens appartenant à la race éthiopienne selon lui), qu'il s'agisse d'architecture, de science ou de morale. Toutefois, il appuie son raisonnement avant tout sur l'histoire d'Haïti en tant que premier pays noir indépendant, incarnant dans le Nouveau Monde les idées de liberté et de dignité humaine. Dans sa préface, il explique ainsi son projet : « Haïti doit servir à la réhabilitation de l'Afrique. C'est dans cette vue que j'ai constamment tiré mes exemples de la seule République haïtienne, toutes les fois qu'il s'est agi de prouver les qualités morales et intellectuelles

---

[29] Léon-François Hoffmann, *Littérature d'Haïti*, Vanves, EDICEF/AUPELF, coll. « Histoire littéraire de la francophonie », 1995, p. 80.
[30] Cité par Yves Chemla dans « Louis-Joseph Janvier ». En ligne : *île-en-île*, www.lehman.cuny.edu/ile.en.ile/paroles/janvier.html (visité le 10 avril 2010).

de la race nigritique. »[31] Ainsi, la contestation des préjugés raciaux s'inscrit dans une continuité qui passe par les hauts faits de la libération des esclaves africains de Saint Domingue. L'évocation de l'aide financière et militaire accordée par Alexandre Pétion à Simon Bolivar permet à Firmin de rappeler qu'une fois libérés, les Haïtiens n'ont pas hésité à venir au secours des autres peuples en passe d'accéder à l'indépendance. Selon Firmin, l'indépendance d'Haïti fut à l'origine de la libération des peuples de l'Amérique du Sud ainsi qu'un événement historique majeur qui a inspiré l'abolition de l'esclavage aux États-Unis. Il en est de même pour la République d'Haïti de son temps qui, fidèle aux idéaux universels de la Révolution Française, s'efforce de propager le principe de la liberté au-delà des frontières des empires coloniaux. L'histoire d'Haïti se voit de la sorte intégrée à une longue histoire du progrès de l'humanité qui abandonne les époques barbares pour entrer dans une ère de civilisation.

Si les idées de Janvier, Firmin et Price visent à renforcer l'esprit patriotique et la fierté des Haïtiens, elles restent avant tout tournées vers l'extérieur, c'est-à-dire vers l'opinion publique occidentale. Aussi, pour contester les préjugés des Européens, les trois essayistes adaptent-ils leur argumentation centrale au mode de penser occidental[32]. Mais en contrepartie, l'apologie de l'égalité des races occulte de nombreuses difficultés qui touchent Haïti à cette époque, en particulier l'exploitation des Noirs par les Mulâtres, l'inexistence d'un système éducatif ouvert aux pauvres[33] et les persécutions de la majorité des prêtres et des pratiquants du vaudou par l'Église catholique[34].

Janvier, Firmin et Price parlent au nom des élites éclairées et minimisent les inégalités sociales internes, en particulier les droits des Noirs (surtout des paysans) à être représentés dans la vie publique du pays. Comme l'observe

---

[31] Anténor Firmin, *De l'égalité des races humaines : anthropologie positive*, Paris, Librairie Cotillon, 1885, p. XIII.

[32] Telle est la thèse d'Yves Chemla présentée dans son entrée consacrée à Janvier sur le site *île-en-île*. *Cf.* Yves Chemla, « Louis-Joseph Janvier ». En ligne : *île-en-île*, www.lehman.cuny.edu/ile.en.ile/paroles/janvier.html (visité le 15 avril 2010).

[33] Dans la préface à *De l'égalité des races humaines*, en indiquant les causes du sous-développement d'Haïti, Firmin souhaite l'extension du système scolaire « sans réserve sur les masses ». Ceci débloquerait le progrès de la société haïtienne. Or, Léon-François Hoffmann constate que ce type de propos « ce sont [...] les mêmes vœux pieux que les politiciens haïtiens proclament et ont toujours proclamés, sans prendre en ligne de compte la façon pratique de mener à bien cet admirable programme ». *Cf.* Léon-François Hoffmann, *Littérature d'Haïti*, *op. cit.*, p. 146.

[34] *Cf.* Ulrich Fleischmann, « Jacques Roumain dans la littérature d'Haïti », dans Jacques Roumain, *Œuvres complètes*, Madrid, Collection Archivos, 2003, p. 1249.

Ulrich Fleischmann, leurs écrits restent dépendants du système de valeurs occidental et se soumettent à une sorte d'auto-discrimination raciale[35]. Cette contradiction persistante entre l'attachement aux valeurs eurocentrées et la fierté d'appartenir à la race noire se verra dépassée par une nouvelle génération d'artistes qui cherchera à mieux définir la culture et l'art haïtiens.

Au tournant du XXe siècle, apparaissent en Haïti des écrivains, en particulier des poètes, dont les œuvres et la conception de la littérature illustrent l'oscillement entre l'imitation des modèles français et la recherche d'une expression nationale propre. Il se crée ainsi un espace polémique qui, malgré les limites de la scolarisation et du lectorat, favorisera la naissance de diverses revues, groupes et tendances littéraires, et du même coup, l'apparition des premiers textes à caractère manifestaire. Au centre de leurs préoccupations on trouvera l'émancipation à l'égard des préjugés raciaux, la recherche de l'authenticité ainsi que la revendication d'une personnalité collective et d'une autonomie littéraire.

Entre la francophilie et l'art pur : la génération de *La Ronde* (1898-1902)

En 1898, Pétion Gérôme et Dantès Bellegarde fondent la revue *La Ronde* qui remplace la revue *Jeune Haïti,* publiée entre 1895 et 1898 sous la direction de Justin Lhérisson et de Seymour Pradel. Ces deux poètes seront bientôt rejoints par Georges Sylvain, Etzer Vilaire, Charles Moravia, Edmond Laforest et Damoclès Vieux. Manifestement inspirées des parnassiens et des symbolistes français, les œuvres de ces écrivains se caractérisent par un souci de la forme et une thématique métaphysique. Pratiquant un style éclectique et une thématique personnelle, centrée sur la vie intérieure, *La Ronde* privilégie une « littérature d'universalisme » qui occulte la réalité haïtienne[36].

Ces idées esthétiques trouvent leur expression dans l'« Avant propos » qu'Etzer Vilaire placera dans ses *Poèmes de la mort* (1907), publiés quelques années après l'apparition des principaux recueils de poèmes de Justin

---

[35] *Cf.* Ulrich Fleischmann, « The Formation and Evolution of a Literary Discourse : One, Two, or Three Literatures ? », dans A. James Arnold, Julio Rodriguez-Luis, J. Michael Dash, éds, *A History of Literature in the Caribbean, / Vol. 1, Hispanic and Francophone Regions,* Amsterdam/Philadelphia, John Benjamins Publishing Company, coll. « L'Histoire comparée des Littératures de Langues Européennes », 1994, p. 323.

[36] *Cf.* Saint-John Kauss, *Le Groupe de la Ronde ou la génération de l'occupation (1898-1927).* En ligne : *potomitan,* www.potomitan.info/kauss/ronde.php (visité le 23 mars 2010).

Lhérisson qui annoncent une nouvelle esthétique, comme *Myrtha* (1892), *Les chants de l'aurore* (1893) et *Passe-Temps* (1893). Loin d'être un manifeste fondateur, l'« Avant-propos » de Vilaire résume et explique la pratique artistique des poètes de *La Ronde*. Parce qu'il désire légitimer un langage poétique nouveau, à la fois déjà attesté sur la scène littéraire haïtienne et opposé aux pratiques précédentes, le texte de Vilaire réunit deux formes manifestaires définies par Jeanne Demers et Line Mc Murray : le « manifeste d'imposition », qui veut défendre une position déjà exprimée dans l'espace littéraire, mais qui n'a pas de statut normatif, et le « manifeste d'opposition », qui veut rompre avec les esthétiques dominantes de l'heure pour annoncer l'avènement d'un nouveau courant[37].

Si l'« Avant-propos » de Vilaire se rapproche du manifeste d'imposition par sa situation d'énonciation qui vénère un courant poétique déjà existant, ce qui frappe avant tout dans le langage de Vilaire c'est son caractère contestataire renforçant le caractère oppositionnel du texte. Pour s'imposer comme critique et poète, Vilaire doit entrer en polémique avec le patriotisme historique et le régionalisme d'inspiration romantique, les deux courants consacrés de la poésie haïtienne de l'époque. À travers sa critique qui l'oppose aux anciennes conceptions de l'art se dessinent les motifs principaux du programme des auteurs de la génération de *La Ronde*. D'entrée de jeu, sur un ton ironique qui n'est pas éloigné du pamphlet, Vilaire ridiculise l'attachement de ses compatriotes aux réalités strictement haïtiennes versant dans la couleur locale :

> Hélas! La plupart de mes compatriotes n'ont guère une plus haute conception poétique et pensent comme l'enfant que j'étais! Aujourd'hui encore, pour exciter leur admiration, pour qu'ils s'extasient sur les merveilles de ce qu'ils appellent la littérature nationale, il suffit d'un palmiste au bout de méchantes rimes, dans des phrases décousues et où le sens commun, le bon goût et la langue française sont, tour à tour, et quelquefois tous ensemble, outragés avec une fougue toute tropicale...[38].

---

[37] Voir *supra*, p. 23. Pour bien illustrer la position du texte de Viaire, nous pourrions la comparer à celle du « Manifeste du surréalisme » écrit par Breton au moment où les poètes considérés comme surréalistes occupent une partie de l'espace littéraire alors que, secoué par des crises internes, le mouvement surréaliste lui-même risque de se désagréger.

[38] Etzer Vilaire, « Avant-propos », dans *Poèmes de la mort : 1898-1905*, Paris, Fischbacher, 1907. Cité dans Saint-John Kauss, *Le Groupe de la Ronde ou la génération de l'occupation (1898-1927)*, *loc. cit.*

En pointant la gaucherie du style et l'artifice des références régionales, Vilaire semble viser les poètes régionalistes et leur vision folklorique du monde. Léon-François Hoffmann constate que ces derniers « [...] n'échappaient trop souvent au piège de l'imitation que pour entrer dans la voie sans issue d'un régionalisme de convention. »[39] Ce penchant, Vilaire le trouve ridicule et obsolète en matière de style et de thématique :

> Ils [les Haïtiens] ne s'aperçoivent pas qu'à force de rechercher une originalité de surface et factice, d'imprimer un caractère de réalisme purement local, étroit et banal à des œuvres impuissantes et avortées, ils mettent à la mode un langage bâtard qui n'est ni tout à fait le patois créole, ni surtout du français.[40]

Ce faisant, Vilaire s'en prend à la conception romantique et déjà anachronique d'une « littérature nationale ». Les références à Haïti dans les textes littéraires, limitées aux intrusions du créole, ne sont pour Vilaire, « [qu']une misérable ressource de la paresse effrayée des difficultés qu'on trouve à s'approprier le génie d'une langue étrangère [*in extenso* : le français métropolitain].»[41] À ce régionalisme étriqué, Vilaire oppose le vœu de rattacher les lettres haïtiennes à la littérature française, le seul espace littéraire où la thématique haïtienne pourrait être pleinement appréciée :

> [Le] grand rêve de ma vie [...] c'est l'avènement d'une élite haïtienne dans l'histoire littéraire de la France, la production d'œuvres fortes qui puissent s'imposer à l'attention de notre métropole intellectuelle, faire avouer que nous n'avons pas toujours démérité d'elle, que l'esprit français refleurit originalement chez nous, mêlé à la vigoureuse sève africaine, que nous ne sommes pas trop indignes de l'hospitalité intelligente et de cette maternelle protection du génie que Paris accorde aux écrivains de la Belgique et de la Suisse romande, par exemple.[42]

Chez Vilaire, la reconnaissance par le lectorat français et la correspondance aux conventions littéraires métropolitaines ne signifient pas pour

---

[39] Léon-François Hoffmann, « Haïti », dans Jack Corzani, Léon-François Hoffmann et Marie-Lyne Piccione, *Les Amériques, op. cit.*, p. 29. Comme l'explique Hoffmann, à l'époque de la parution du texte de Vilaire, la présence accrue des référents locaux dans la littérature est une nouveauté.

[40] Etzer Vilaire, « Avant-propos », dans *Poèmes de la mort : 1898-1905, op. cit.* Cité dans Saint-John Kauss, *Le Groupe de la Ronde, loc. cit.*

[41] *Ibid.*

[42] *Ibid.*

autant une soumission complète. Il s'agit de « s'imposer à l'attention » des Français et de déployer une stratégie efficace – là où pourraient se conjuguer « l'esprit français » et la « sève africaine », l'altérité africaine n'étant plus vue comme une tare à dissimuler, mais comme une valeur culturelle nouvelle, inconnue, susceptible d'assurer aux écrivains haïtiens une originalité et, par conséquent, une place durable dans l'univers littéraire européen. Certes, en rangeant la littérature haïtienne aux côtés des littératures belge et suisse gravitant autour de Paris, Vilaire est encore loin de penser à une quelconque autonomie des écrivains haïtiens. Étant donné la faiblesse du lectorat local et l'hégémonie culturelle de la France, il s'agit plutôt d'impressionner la critique française par des particularités pouvant être reconnues comme authentiquement « indigènes » et « exportables », c'est-à-dire assimilables aux normes esthétiques consacrées à Paris. Selon Pascale Casanova, la capitale française reste au début du XXe siècle « le méridien de la modernité littéraire » et constitue par la même la capitale mondiale de la vie artistique et littéraire[43]. Ainsi, selon la conception de Vilaire, une percée en France assurerait à la littérature haïtienne une reconnaissance internationale et, du même coup, augmenterait considérablement sa valeur.

L'« Avant-propos » de Vilaire nous permet de comprendre que la francophilie des poètes de *La Ronde* signifie une forme d'engagement et non de dépendance servile ; elle intervient dans le débat intellectuel pour proclamer la volonté de se délivrer de formules littéraires obsolètes. Alain Ramire souligne cette dimension subversive de la pratique poétique de *La Ronde* : « On a moins dit [s]a fonction subversive, par quoi l'aliénation artistique, qui favorise la distance par rapport à une réalité sociale en pleine décadence, est une protestation contre ce qui est, puisqu'elle s'oppose de toute sa force antagonique et son étrangeté à une réalité refusée. Les poètes de *La Ronde* ouvrent le temps du refus. »[44] En ce sens, le postulat de s'affranchir des références haïtiennes, plutôt que de traduire simplement une coupure du réel immédiat, signale implicitement la volonté de se soustraire à la tutelle politique qui pèse sur la jeune génération des poètes et le refus d'apporter une caution « littéraire » aux régimes militaires, le plus souvent dictatoriaux, qui se succèdent à l'époque en Haïti. Par la poétique de l'universel et le refus de l'apologie du local, les poètes de *La Ronde* rompent également avec la rhétorique dominante des historiens nationaux : Louis-

---

[43] *Cf.* Pascale Casanova, *La République mondiale des lettres, op. cit.*, p. 135.
[44] Alain Ramire, « Idéologie et subversion chez les poètes de la Ronde », *Nouvelle Optique*, n° 5, janvier-mars 1972, Montréal, p. 150.

Joseph Janvier, Anténor Firmin et Hannibal Price. En tant que porte-parole du groupe, Vilaire se dresse avant tout contre le principe idéologique romantique selon lequel une littérature nationale doit obligatoirement s'affirmer par l'expression des particularismes (langue, mœurs, traditions) et par la problématique collective (les hauts faits du passé).

En exprimant les idées esthétiques d'un nouveau groupe littéraire, l'« Avant-propos » de Vilaire peut être considéré comme un texte programmatique à part entière, celui qui non seulement dénonce, mais qui cherche à être pragmatique et à établir de nouvelles règles. C'est pourquoi, le programme de Vilaire et des poètes de *La Ronde* se présente comme une sorte de défense et d'illustration de la jeune littérature haïtienne. Une littérature qui cherche sa place dans l'espace littéraire mondial. Dans sa quête de modèles littéraires universels, *La Ronde* prétend s'écarter du discours littéraire nationaliste contraignant qui oblige les écrivains haïtiens à chanter la patrie, ses héros nationaux et les grands gestes historiques du passé[45]. En somme, on peut dire que la francophilie et les idées esthétiques des poètes de *La Ronde* apparaissent comme une première tentative de faire accéder la littérature haïtienne à la modernité.

Un manifeste de la modernité : *La Revue indigène* (1927-1928)

Au début du XXe siècle, Haïti connaît de nouveau l'assujettissement à un pouvoir étranger. L'instabilité politique et économique met en péril les intérêts des compagnies américaines et aboutit, en 1915, à une occupation militaire par l'armée des États-Unis qui durera jusqu'à 1934. Forts d'une armée moderne (les *marines*), les États-Unis répriment sans merci la révolte paysanne dite des « Cacos » en 1920-1921. Vaincus sans résistance, les Haïtiens ressentent la présence des troupes américaines comme une invasion et une offense à leur dignité nationale. L'image de la première nation noire à s'être libérée du joug colonial européen s'effrite devant la présence de l'occupant *yankee*. Confrontée à cette réalité humiliante de l'occupation

---

[45] Nous pensons ici aux œuvres de poètes tels qu'Osvald Durand, Massillon Coicou. Une rupture similaire avec cette esthétique centrée sur la glorification de la patrie apparaît dans le domaine du roman avec des auteurs tels que Justin Lhérisson ou Fernand Hibbert qui se penchent dans leurs œuvres sur la réalité du pays, et notamment la vie politique et sociale de la bourgeoisie dont ils s'attachent à décrire les vicissitudes. Rompant ainsi avec l'image purifiée de la société haïtienne, ils tentent de mieux rendre compte des vices qui entravent le progrès de la nation. *Cf.* Léon François Hoffmann, *Littérature d'Haïti, op. cit.*, p. 127.

étrangère, l'intelligentsia haïtienne en appelle à l'unité nationale sous le signe de l'« indigénisme », expression de la nouvelle doctrine idéologique qui dénonce le mythe des racines françaises de la culture haïtienne, cher aux élites, et se réclame des mœurs paysannes ainsi que du substrat africain des traditions populaires en Haïti.

Cette nouvelle revendication identitaire, qui fait le détour par l'Afrique ancestrale, va inspirer de nombreux écrivains, sans les éloigner de la réalité sociopolitique en Haïti et d'un imaginaire commun à l'espace culturel caribéen. Précipité par l'occupation américaine, le sentiment d'appartenance à la culture paysanne, authentiquement caribéenne, est manifestement affirmé dans les textes littéraires et critiques publiés dans *La Revue indigène*, fondée en juillet 1927 par un groupe de jeunes écrivains : Émile Roumer, Normil G. Sylvain, Jacques Roumain, Carl Brouard, Antonio Vieux, Dominique Hyppolite. Par ses six numéros, publiés de juillet 1927 à février 1928, *La Revue indigène* constitue une tribune pour toute une génération d'écrivains qui veulent rompre avec la mièvrerie de la vie artistique de leur pays. Dans leurs articles, de même qu'à travers les traductions et les présentations des auteurs étrangers, les collaborateurs de la revue veulent proposer un programme esthétique nouveau, ouvert aux richesses de la culture locale et, en même temps, aux apports de la littérature mondiale. Telle que prônée par les auteurs de la revue, la littérature haïtienne doit à la fois s'appuyer sur la culture populaire haïtienne et aspirer à se montrer cosmopolite, moderne et moins dépendante des modèles français.

Ces idées conductrices se retrouvent dans le texte inaugural de la revue, « Chronique – Programme », que l'on doit à Normil Sylvain. Rien que par son titre le texte de Sylvain s'inscrit dans l'esthétique des textes manifestaires et programmatiques. Au niveau de la forme, le recours constant au pronom « nous » indique une prise de parole au nom d'un groupe souhaitant exposer sa vision de la littérature. De plus, la structure de ce texte, divisé en points dont les sous-titres désignent des postulats très concrets, invite à lire l'article comme une présentation des principes d'une nouvelle école littéraire. On peut donc comprendre l'article de Sylvain comme une réalisation de l'aspect « démonstratif », inhérent au manifeste littéraire défini par Jeanne Demers et Line Mc Murray par le schéma énonciatif « JE/NOUS QUI REFU-SONs¦PROPOSONs¦ CECI/COMME CELA »[46]. En outre, ce qui rapproche l'article de Sylvain du texte manifestaire, c'est également son ton injonctif,

---

[46] Voir *supra*, p. 26.

visible dans les tournures de type « nous devons, nous voulons » et par l'emploi du futur simple (à valeur impérative) tout au long du texte[47]. Texte inaugural du premier numéro de la revue, l'article de Sylvain se présente donc comme un véritable manifeste, celui qui justifie les prises de position littéraires des poètes « indigènes » et qui se réclame d'une idéologie concrète.

La préoccupation première de Sylvain est d'unir et de promouvoir des écrivains qui « [...] chantent le pays haïtien [et qui] [...] aident à le connaître, à l'aimer en le connaissant, [qui] nous révèlent à nous-mêmes, nous donnent des motifs de fierté nationale. »[48] Apparemment, le fait de parler d'une littérature « nationale », objet de célébration par les auteurs haïtiens depuis l'indépendance, situe la pensée de Sylvain à l'intérieur des positions traditionnelles qui conçoivent le passé comme un âge d'or. Toutefois, le jeune poète modifie sensiblement cette perception conservatrice de la littérature nationale en misant ouvertement sur les « [...] témoignages de notre époque, de notre génération [...] notre réaction, les réflexes de notre sensibilité au contact des choses. »[49] À l'encontre des textes qui exaltaient habituellement les hauts faits historiques, Sylvain souhaite voir l'avènement d'œuvres plus authentiques, plus proches de la réalité de l'île moyennant le « retour à la sincérité et au naturel, au modèle vivant, à la description directe, un parfum plus accentué d'haïtianité [...] »[50]. Les poètes « indigènes » tentent d'assumer ce défi en privilégiant une perspective qui rend compte du quotidien haïtien. La littérature « indigène »[51] signifie pour eux la recherche de l'authenticité suivant le point de vue propre aux Haïtiens. Aspirant à présenter une vision à la fois autochtone et autonome de la réalité haïtienne, *La Revue indigène* s'oppose aux habitudes des élites citadines et francophiles qui pour dépeindre le pays, sa société et sa culture imitaient les modèles romantiques français et les registres sentimental, mélancolique ou drama-

---

[47] Claude Abastado voit dans ces éléments injonctifs des traits dominants de l'écriture manifestaire. Voir *supra*, p. 24.

[48] Normil G. Sylvain, « Chronique – Programme », *La Revue indigène*, n°1, juillet 1927, p. 1, dans Coll., *La Revue indigène : vol. 1, numéros 1-6. Juillet 1927-Février 1928*, Nendeln, Kraus Reprint, 1971. Désormais toutes les références relatives à cette revue renvoient à cette édition.

[49] *Ibid.* p. 3.

[50] *Ibid.* p. 10.

[51] Cette appellation est à rapprocher du mouvement littéraire « Indigenismo » latino-américain qui s'attache à mettre en valeur la richesse des ingrédients indiens et africains des cultures nationales (surtout à Cuba, au Venezuela, au Mexique et au Pérou). *Cf.* Georges Castera, « L'Indigénisme haïtien : un point de vue contradictoire », *Notre Librairie*, n° 132, octobre-décembre 1997, pp. 77-78.

tique. On devrait dès lors comprendre ce geste manifestaire des jeunes poètes comme un choix esthétique et, à la fois, comme un geste politique dénonçant l'aliénation de la classe dominante.

Pour donner appui à son programme de revalorisation de la culture des Noirs haïtiens, la rédaction publie *Une famille paysanne*, un « […] extrait du savoureux, substantiel et profond ouvrage de notre ami [Jean Price-Mars] sur le folklore haïtien, vieilles légendes, vieilles coutumes, héritées du passé africain, ou de l'époque coloniale. »[52] Tiré d'une conférence prononcée en 1922 par le médecin-ethnologue et diplomate Jean Price-Mars, ce texte fera partie du recueil *Ainsi parla l'oncle* (1928). Quelques temps après la fondation de la *Revue*, l'ouvrage de Price-Mars bouleversera totalement la scène littéraire haïtienne en dévoilant les tares et l'hypocrisie des élites du pays. L'extrait publié dans la *Revue* ne rend cependant pas pleinement compte de la complexité et de la finesse des analyses qu'on trouvera dans *Ainsi parla l'oncle*. Or, le seul fait d'introduire dans le premier numéro du périodique une description de la vie paysanne (avec de nombreux détails sur les croyances vaudou, les rites, « les mœurs et les survivances africaines »[53]) illustre de manière éclatante l'objectif principal de *La Revue indigène* : dresser « [u]n tableau fidèle et vivant des diverses manifestations de la vie et de la pensée haïtienne contemporaine. »[54]

Si l'idée de puiser dans la richesse du « terroir » était déjà bien présente dans les essais haïtiens, elle se limitait jusque là le plus souvent à l'évocation de la beauté des paysages et des charmes de l'île. Désormais, les poètes indigènes tournent le dos à cette représentation édulcorée pour s'investir dans des sujets habituellement mal vus par la critique et le public bourgeois. C'est pourquoi l'insertion du texte de Price-Mars dans le premier numéro de *La Revue indigène*, aussitôt après « Chronique-Programme » de Sylvain, apparaît comme un véritable acte de révolte. En effet, parler de paysans, majoritairement composés de Noirs, qui n'avaient jusqu'alors pas droit de cité dans la littérature, et évoquer le vaudou, une croyance ancestrale perçue comme barbare par la plupart des membres des classes élevées de la société

---

[52] Normil G. Sylvain, « Chronique – Programme », *op. cit.*, p. 10.

[53] Tel est le sous-titre du texte de Jean Price-Mars paru dans le premier numéro de *La Revue indigène*. *Cf.* Jean Price-Mars, « Ainsi parla l'oncle : la famille paysanne. Mœurs et survivances africaines », *La Revue indigène*, n°1, juillet 1927, pp. 31-41.

[54] Normil G. Sylvain, « Chronique – Programme », *op. cit.*, p. 9.

haïtienne[55], équivaut à lancer un défi à un public lettré, composé de Mulâtres conservateurs et de francophiles[56]. La démarche des rédacteurs de *La Revue indigène*, qui s'appuient sur l'autorité scientifique et morale de Jean Price-Mars, jouera un rôle décisif dans l'élaboration des postulats indigénistes et la validation de leur engagement politique.

L'intérêt pour les paysans, leur vie et leurs coutumes, est attesté également par le texte d'Émile Marcelin « Essai sur le langage créole », publié en août 1927 dans le numéro 2 de *La Revue indigène*. Certes, à l'époque de la parution du texte, le créole est déjà présent dans la littérature haïtienne[57]. Mais, en principe, il reste perçu comme un patois honteux, parlé par les classes inférieures de la société[58]. Bien que conservant quelques doutes quant à l'enseignement du créole à l'école, Marcelin se prononce ouvertement en faveur de son usage dans la littérature :

> Quelque singulier que puisse paraître « l'écriture créole », il [sic !] n'a pas moins un caractère original et personnel, en sa forme et en ses couleurs. Et ce

---

[55] Comme le constate Ulrich Fleischmann, avant *La Revue indigène* et Price-Mars, « [...] les Haïtiens évit[aient] soigneusement le thème de vaudou, plus encore après 1884, lorsque parut le livre de Sir Spencer St. John [*Hayti or the Black Republic*], qui accusait les Haïtiens de toutes classes sociales non seulement de croire aux superstitions, mais de pratiquer les sacrifices humains et le cannibalisme rituel. ». *Cf.* Ulrich Fleischmann, « Jacques Roumain dans la littérature d'Haïti », dans Jacques Roumain, *Œuvres complètes, op. cit.*, p. 1250.

[56] Dans sa brève analyse de *Ainsi parla l'oncle*, Ulrich Fleischmann souligne le caractère subversif du sujet abordé par Price-Mars. *Cf.* Ulrich Fleischmann, « Jacques Roumain dans la littérature d'Haïti », dans Jacques Roumain, *Œuvres complètes, op. cit.*, p. 1252.

[57] Dans certaines poésies d'Oswald Durand (principalement *Choucoune*, 1883), dans le recueil de Georges Sylvain *Cric ? Crac ! Fables de La Fontaine racontées par un montagnard haïtien et transcrites en vers créoles* (1901) ainsi que dans *La famille des Pitite-Caille* (1905) et *Zoune chez sa ninaine* (1906) de Justin Lhérisson. *Cf.* Léon François Hoffmann, *Littérature d'Haïti, op. cit*, pp. 229-233.

[58] À propos de l'usage du créole, Hoffmann note que « [l]es écrivains dont l'ambition est l'accession de la littérature haïtienne au prestige séculaire des lettres de langue française voient d'un mauvais œil leurs compatriotes composer dans une langue qui les enferme dans un provincialisme étroit et à laquelle, d'accord en cela avec la plupart des étrangers, ils n'accordent que le statut de jargon, ou, au mieux, de patois. ». *Cf.* Léon François Hoffmann, *Littérature d'Haïti, op. cit*, p. 224. Une dizaine d'années après la parution de *La Revue indigène*, la langue créole se voit analysée sans aucun parti pris négatif dans les travaux du philologue Jules Faine, comme *Philologie créole* de 1937, qui accordent au vernaculaire haïtien une place légitime parmi d'autres langues vivantes.

sont jusqu'ici [...] les poètes qui se sont fait un instrument docile du *créole écrit*. Il est léger, flexible, savoureux, dans leurs trop rares essais.[59]

Marcelin croit vraiment à la possibilité d'accéder à l'originalité qu'offre l'exploitation du créole dans les œuvres littéraires. Il voit dans l'usage écrit de cette langue l'amorce d'un nouveau style qui peut se différencier du « français de France » : « Cependant avec un choix habile du sujet, en prose ou en vers, on peut constituer, en puisant dans les coutumes et les mœurs de notre pays, des productions littéraires exquises dans leur nouveauté et de mérite incontestable, fixées par [l'écriture créole] »[60]. On voit ainsi s'articuler dans *La Revue indigène* une conception nouvelle de la littérature haïtienne. En effet, la volonté d'intégrer l'imaginaire populaire dans la matière verbale littéraire ainsi que la promotion du créole comme langue d'expression artistique à part entière donnent une légitimité toute neuve à un univers social et culturel exclu jusqu'alors par la *doxa* critique dominante (avant tout représentée par Dantès Bellegarde et Léon Laleau, sensible au verdict du lectorat français). Ajoutons à cela que la virulence même des attaques journalistiques contre l'abandon des pratiques littéraires consacrées montre bien la conscience aiguë que les poètes groupés autour de *La Revue indigène* ont des mécanismes qui régissent le champ littéraire en France[61].

Par son désir stratégique d'inscrire la singularité haïtienne au sein de la modernité littéraire européenne, l'équipe de *La Revue* se rapproche de la conception d'Etzer Vilaire qui prônait l'association des apports français et de « la sève africaine ». Cette affinité avec les poètes de *La Ronde* est d'ailleurs revendiquée ouvertement par certains poètes indigénistes[62]. Toutefois, la

---

[59] Émile Marcelin, « Essai sur le langage créole », *Revue indigène*, n° 2, août 1927, p. 68.

[60] *Ibid.*, p. 68.

[61] Voir le texte d'Émile Roumer « Éclaircissements » (*La Revue indigène*, n°3, septembre 1927, p. 89-93) qui réagit aux attaques des journalistes conservateurs contre la revue. Voir aussi Antonio Vieux, « Entre nous : entretien avec Jacques Roumain », *La Revue indigène*, n°3, septembre 1927, p. 108.

[62] Vilaire est mentionné par Émile Roumer comme l'un des auteurs dominant sur la scène littéraire haïtienne. *Cf.* Antonio Vieux, « Entre nous : entretien avec Émile Roumer », *La Revue indigène*, n°2, août 1927, p. 57-60). Dans un autre texte, « Éclaircissements », Roumer déclare : « [...] Il n'en reste pas moins que notre mouvement est original et que nous suivons directement nos aînés : Etzer Vilaire, Damoclès Vieux, Charles Moravia. ». *Cf.* Émile Roumer, « Éclaircissements », *op. cit.*, p. 93. Soulignons également que « Chronique – Programme » de Normil G. Sylvain s'ouvre par une citation de Georges Sylvain, l'un des représentants de l'école de *La Ronde*. Dans cette citation, Sylvain exprime son espoir de voir advenir une solidarité entre

perspective de *La Revue indigène* est plus concrète que celle de Vilaire. Alors que ce dernier ne faisait que songer aux contacts entre l'héritage français et l'apport africain, les écrivains de *La Revue indigène* incitent à s'inspirer directement des coutumes et croyances haïtiennes venues d'Afrique. À l'esthétique de l'évasion dans l'universel de *La Ronde*, les poètes « indigènes » opposent celle de l'ancrage profond dans la réalité haïtienne et l'exploration de domaines jusqu'alors interdits à la littérature. Ainsi, sans contredire le projet de *La Ronde* qui refuse le régionalisme factice, le programme de *La Revue indigène* tente de l'approfondir, mais en sens inverse. Alors que Vilaire dénonçait le caractère superficiel du régionalisme en faveur d'une poésie abstraite, les poètes indigènes prophétisent que seule l'exploration de la culture paysanne vivante est capable de représenter authentiquement l'« haïtianité » et donner de nouvelles impulsions à la littérature nationale. Cette « nationalisation » des traditions indigènes ne conduit pas forcément à l'enfermement régionaliste. Car pour les membres de la revue la recherche de l'authenticité expressive n'implique pas le rejet de la langue française et, plus largement, du patrimoine français que les Haïtiens ont « la glorieuse destinée de maintenir avec le Canada et les Antilles françaises »[63] sur le continent américain. Ils désirent plutôt faire mêler à part égale ce patrimoine et le versant africain de l'identité haïtienne.

Le programme indigéniste prend également ses distances avec l'idéologie de la réhabilitation de la « race noire » devant l'opinion publique internationale et avec le discours consensuel tenu en Haïti au début du XXe siècle par les essayistes nationaux (Anténor Firmin, Louis-Joseph Janvier et Hannibal Price). Notamment, les poètes indigènes renoncent à exploiter esthétiquement la vision épico-héroïque de l'Indépendance haïtienne, chère à leurs aînés[64]. Sans renier le passé glorieux de la nation, ils sont avides du

---

tous les Haïtiens au-delà des clivages sociaux. Cette communion serait possible grâce à la littérature. En passant à l'exposition du programme des poètes « indigènes », Normil G. Sylvain se rattache pleinement à « l'idéal ancien » auquel il veut ajouter quelques « pensers nouveaux ».

[63] Normil G. Sylvain, « Chronique – programme », *op. cit.*, p. 1.

[64] Il convient de souligner que la portée politique de *La Revue indigène* reste limitée. La revue *La Trouée* présente à la même époque une tonalité plus militante. Fondée par Jacques Roumain le même jour que *La Revue indigène*, regroupant les mêmes jeunes auteurs, cette revue est plus politisée et sert à exprimer les opinions de la jeune génération sur des sujets tels que l'occupation américaine, les manipulations illégales du gouvernement, etc. Force est de constater avec Georges Castera que « [...] la perspective de *La Revue indigène* n'a rien de racialiste ». Issus de familles mulâtres, ses rédacteurs plaident en faveur de la reconnaissance des Noirs, sans jamais tenir un

présent et aspirent à rejoindre la culture populaire qui attend d'être reconnue à la fois comme un grand pan de vie collective oublié et comme un fonds culturel riche et authentique, jusqu'alors ignoré, susceptible de nourrir l'imagination créatrice des écrivains et donner sens à la nouvelle identité haïtienne.

Si, pour les écrivains groupés autour de *La Revue indigène*, la définition littéraire de soi et la fascination pour les sources africaines de la culture paysanne sont une manière de faire face à l'occupation américaine, cette résistance culturelle n'est pas antinomique de l'ouverture aux courants littéraires internationaux. En effet, tout au long des six numéros de la revue, transperce la volonté de placer la culture nationale (« indigène ») dans un contexte international par l'évocation de grands noms étrangers, comme Heinrich Heine, Charles Baudelaire, Arthur Rimbaud, Raymond Radiguet, Valéry Larbaud, Filippo Tommaso Marinetti, Reiner Maria Rilke et Pierre Reverdy. Les poètes « indigènes » veulent également être au courant des tendances récentes dans les arts. Dans un poème au titre significatif *Nous*, Carl Brouard fait explicitement référence au futurisme et au cubisme :

> [...]
> Nous
> Qui aimons tout,
> Tout
> l'église,
> la taverne
> l'antique
> le moderne
> la théosophie
> le cubisme
> Nous
> Aux cœurs
> Puissants comme des moteurs
> qui aimons
> les combats de coqs,
> les soirs élégiaques
> le vrombissement des abeilles

---

discours anti-mulâtre. Par cette attitude, ils s'opposent aux intellectuels et écrivains groupés autour de la revue *Les Griots*, qui vont bientôt glorifier la pureté raciale des Noirs haïtiens. *Cf.* Georges Castera, « L'Indigénisme haïtien : un point de vue contradictoire », *op.cit.*, pp. 76-89.

dans les matinées d'or,
la mélodie sauvage du tam-tam
l'harmonie rauque des klaxons
la nostalgie poignante des banjos. [...][65].

L'inspiration futuriste de Brouard semble évidente, tant par la construction éclatée du poème et ses vers inégaux que par ses motifs « mécaniques » et « énergétiques ». Or, ce qui surprend le plus ici, c'est l'entrelacement des éléments de la culture populaire caribéenne, comme les combats de coqs, et des références modernes qui connotent déjà une culture urbaine. La juxtaposition du son du tam-tam et du banjo à celui du klaxon est à cet égard frappante. Elle nous entraîne dans un imaginaire ouvert sur l'actuel et le moderne. Renforcé par la prosodie saccadée des vers, l'effet recherché par Brouard est de faire coïncider deux univers qui jusqu'alors restaient séparés, voire opposés. Par le recours à une syntaxe rythmée et aux paroles scandées, le poète semble exprimer sur un mode de revendication le désir commun aux poètes de la revue : celui de transgresser les frontières esthétiques et de briser les liens logiques afin d'immerger la parole poétique dans ce qui est à la fois local (le rythme spontané du tambour et de la danse) et mondial (un lexique moderniste).

D'autres exemples de cette esthétique hybride se retrouvent dans le poème *Subway* d'André Liautaud où l'image du métro sortant du tunnel imprime aux vers la vitesse du mouvement de la danse. Dans *Cent mètres*, Jacques Roumain explore l'énergie de l'effort physique dépensée pendant une course, tandis que dans *Nos mains* et *Poème* Antony Lespès expérimente avec la typographie[66]. Les poèmes « indigènes » revêtent souvent la forme de vers libres, obtenue grâce à la suppression de toute ponctuation et l'application d'une disposition graphique inaccoutumée, ce qui favorise les effets visuels et musicaux du texte. On y trouve aussi l'insertion de mots anglais. Selon Georges Castera, de tels procédés rapprochent cette poésie du jazz et, du même coup, la placent dans la modernité littéraire occidentale des années 1920[67].

---

[65] Carl Brouard, « Nous », *La Revue indigène*, n° 1, juillet 1927, p. 71.

[66] Les deux premiers poèmes sont publiés dans *Anthologie de la poésie haïtienne indigène* dans le sixième numéro de *La Revue indigène* (1928). Les poèmes de Lespès sont inclus dans le numéro 5 de la revue, datant de janvier 1928.

[67] *Cf.* Georges Castera, « L'Indigénisme haïtien : un point de vue contradictoire », *op. cit.*, p. 81.

Autre trait frappant de *La Revue indigène* : la place accordée à la littérature latino-américaine, à travers les traductions de textes. La présentation d'auteurs cubains, comme Rafael Garcia Bárcena, et d'avant-gardistes mexicains, comme Maples Arce ou Carlos Pellicer, les incitations à découvrir la littérature d'Amérique Latine, sont une première tentative dans la littérature haïtienne de tisser des relations avec leurs confrères américains. Comme le constate Georges Castera, « on fait [...] silence sur cet apport capital, or les poètes 'indigènes' sont les premiers à prendre conscience de [l]'appartenance géographique [d'Haïti] qui n'est ni l'Europe, ni l'Afrique. »[68] Dans une section de « Chronique – Programme » intitulée *L'Amérique latine et nous*, Normil G. Sylvain déclare que les écrivains haïtiens « d[oivent] connaître la littérature et l'âme de l'Amérique Latine » et souligne les ressemblances qui rapprochent Haïti du continent sud-américain où « [l]es peuples ont vécu d'une vie aussi difficile que la nôtre, ont connu les mêmes tâtonnements, des vicissitudes semblables [...] »[69]. La mémoire d'expériences historiques similaires, surtout celles de la décolonisation, de même que les affinités esthétiques avec les auteurs latino-américains, illustrent ici la fraternité des peuples en quête d'identité, cherchant à se libérer de la domination états-unienne. Nouer des liens spirituels, mais aussi politiques entre les peuples des pays sud-américains et les « nègres » haïtiens – telle est la visée formulée en creux par *La Revue indigène*[70].

La référence latino-américaine ouvre la perspective sur un continent très proche et longtemps ignoré par les Haïtiens. Sur le plan proprement littéraire, cette ouverture internationale, très en avance par rapport à l'époque, est solidement affirmée par Jacques Roumain qui constate dans un entretien avec Antonio Vieux (dans la série d'interviews *Entre nous*) : « Je crois que ceux qui nous ont précédés s'en sont trop exclusivement tenus aux quelques écrivains français dont la renommée leur parvenait. Ils se sont complètement désintéressés de la marche de la littérature mondiale. Au XXe siècle [...] on est un citoyen du monde. De plus en plus les littératures tendent à sortir des limites des frontières. Elles s'influencent réciproquement. »[71] Normil G. Sylvain prône la même idée dans son essai « La jeune littérature haïtienne »

---

[68] *Ibid.*, p. 79.

[69] Normil G. Sylvain, « Chronique – Programme », *op. cit.*, p. 5.

[70] Dans « Chronique – Programme », Normil G. Sylvain énumère les personnages emblématiques de l'histoire commune de différents pays d'Amérique Latine et suggère la possibilité d'une fédération politique de la zone latine et caribéenne. *Cf.* Normil G. Sylvain, « Chronique – Programme », *op. cit.*, p. 8.

[71] Antonio Vieux, « Entre nous : entretien avec Jacques Roumain », *op. cit.*, p. 103.

où il envisage le futur de la littérature comme un échange interculturel : « Le poète se promènera donc dans le jardin des littératures étrangères, non pour y prendre des images, ou des imitations, mais pour mieux se rendre compte, par les différences, de son originalité. »[72]

Si on examine la démarche des poètes « indigènes » à la lumière de la théorie du champ littéraire de Pierre Bourdieu, elle signifie une prise de distance résolue face au champ littéraire français ainsi que la volonté d'accéder à un espace culturel beaucoup plus vaste avec un lectorat plus nombreux. Si ce triple objectif offre davantage de liberté artistique, il permet également de gagner en visibilité par une plus large diffusion des œuvres[73]. Autrement dit, il s'agit de revendiquer une autonomie relative vis-à-vis des canons français afin de s'intégrer à l'espace littéraire américain en passe de s'épanouir.

En effet, à côté de l'Amérique Latine, la culture des Noirs aux États-Unis forme un autre important champ de références de *La Revue indigène*. Ses auteurs y font la promotion d'un des courants de pensée les plus féconds et les plus influents du monde noir – la Harlem Renaissance, appelée également « le mouvement Nouveau Noir » qui se propose de réhabiliter la culture des Noirs et de la sortir de l'aliénation séculaire. Ses animateurs, comme Alain Locke, Claude McKay ou Countee Cullen, font connaître au grand public l'apport des Noirs en matière de musique (le jazz), de littérature et d'art. Les écrivains de *La Revue indigène* découvrent la littérature des Noirs new-yorkais avant tout par la poésie de Countee Cullen dont le nom apparaît dans la revue pour la première fois à l'occasion de l'entretien de Jacques Roumain avec Antonio Vieux. Parlant de la longue période d'enfermement de la littérature haïtienne, Roumain constate que les écrivains haïtiens « [ont] candidement ignoré qu'il y avait là, aux États-Unis, à quatre jours de nous, une florissante poésie nègre. Et originale, Countee Cullins [sic !] par exemple. Notre littérature est désaxée. »[74] Ainsi Roumain fait découvrir aux intellectuels haïtiens l'existence d'une culture noire à la fois moderne et

---

[72] Normil G. Sylvain, « La Jeune Littérature haïtienne », *La Revue indigène*, n° 2, août 1927, p. 51.

[73] La conscience des règles du jeu dominantes sur le marché littéraire se laisse observer dans les réflexions de Normil Sylvain qui déplore le nombre restreint de lecteurs potentiels dans la zone linguistique francophone américaine, contrairement à l'Amérique Latine où « [d]es écrivains parlent à un public de 90 millions d'hommes [...] ». *Cf.* Normil G. Sylvain, « Chronique – Programme », *op. cit.*, p . 5.

[74] Antonio Vieux, « Entre nous : entretien avec Jacques Roumain », *op. cit.*, p. 104.

assumant ses origines africaines[75]. L'hommage rendu à Cullen par Roumain dans le troisième numéro de la revue, de même que la présentation du poète afro-américain accompagnée de ses trois poèmes (traduits en français par Dominique Hippolyte) dans le numéro suivant en 1927, en disent long sur l'orientation idéologique et esthétique souhaitée par les rédacteurs et les collaborateurs de *La Revue indigène* : affirmer la valeur de la culture populaire haïtienne et faire face à l'exploitation des prolétaires que, en Haïti, sont majoritairement les paysans noirs.

Les contacts des poètes « indigènes » avec la Harlem renaissance ne relèvent pas de la logique de l'influence. Soulignons-le : Roumain quitte Paris en 1920, avant l'arrivée des premiers écrivains afro-américains en France. Il évoque pour la première fois la poésie de Cullen en 1927, soit deux ans seulement après la publication du premier recueil de poèmes de celui-ci, *Color* et de l'anthologie de Locke *The New Negro*. Cette proximité chrono-logique permet de parler non pas d'une réception passive de la littérature des Afro-américains par Roumain et l'équipe de *La Revue indigène*, mais d'une vraie découverte d'un milieu intellectuel similaire. Comme l'affirme Michel Fabre à propos de l'indigénisme et de « New Negro », il s'agirait du dévelop-pement de deux mouvements parallèles qui se découvrent mutuellement à travers des lectures et des rencontres ultérieures[76].

Il semble légitime de souligner ici le rôle primordial de Jacques Roumain en qui on peut voir un premier « passeur culturel » entre Haïti et les États-Unis. Roumain appréciait Countee Cullen avec réciprocité puisque, à la mort du poète haïtien, il aura composé un poème, *Élégie (In memoriam Jacques Roumain)*, qui sera publié dans les *Cahiers d'Haïti* en novembre 1944. Roumain était aussi un ami de Langston Hughes qu'il avait rencontré à Port-au-Prince en 1931, ensuite à Paris en 1937 lors du Congrès des Écrivains pour la Défense de la Culture, et encore en 1939, lors de son deuxième séjour à New York. Après la condamnation de Roumain à trois ans de prison en 1934, Hughes a fondé le « Comité pour la libération de Jacques Roumain » (*Committee for the Release of Jacques Roumain*). L'appel de Hughes en faveur de Roumain a été publié dans la presse communiste états-unienne et française. Ajoutons que pendant son premier séjour à New York (1932)

---

[75] Sur la première rencontre de Hughes avec Roumain, on lira le chapitre « Délégation officielle » de l'autobiographie de Langston Hughes, *I Wonder as I Wander*. *Cf.* Jacques Roumain, *Œuvres complètes, op. cit.*, pp. 1626-1632.
[76] Michel Fabre, « *La Revue indigène* et le Mouvement Nouveau Noir », *Revue de Littérature comparée*, vol. 51, n°1, Paris, 1977, pp. 30-39.

Roumain rencontre Alain Locke et qu'en 1940 il participe à la conférence *The Frustrated Harlem Renaissance*. Ses relations diverses, ses amitiés, ses textes (comme « Présentation de Langston Hughes » publié dans *Haïti-Journal* du 8 août 1931 et son poème *Langston Hughes* paru dans *Haïti-Journal* du 20 octobre 1931), font sans nul doute de Roumain le diffuseur privilégié des œuvres de la Harlem renaissance en Haïti.

Pendant l'occupation du pays par les États-Unis, le rapprochement entre le milieu littéraire haïtien et celui du monde latino et afro-américain s'affirme comme une prise de position contre la francophilie perçue comme une valeur-refuge et une imposture des élites bourgeoises (urbaines). Les conceptions esthétiques des écrivains groupés autour de *La Revue indigène* apparaissent alors comme une tentative de bousculer le milieu littéraire haïtien. Comme le proclame Normil G. Sylvain, l'un de leurs chefs de file : « [...] le groupe de *La Revue indigène*, venu après des siècles de littérature française, la tête lourde, les oreilles pleines des musiques entendues, les yeux fatigués des paysages de civilisation, veut oublier les cadences connues et savantes, les images toutes faites reçues des autres, lire dans le livre de la nature par ses yeux [...] »[77]. Par sa position polémique, son programme, ses thèmes et ses choix esthétiques (le peuple, la culture populaire, les références aux courants panafricains et modernistes), *La Revue indigène* veut faire triompher ses vues et se frayer une place nouvelle sur la scène littéraire haïtienne et internationale. Mais son projet n'a pas connu le retentissement souhaité faute, sans doute, de capital symbolique suffisant. Comme le dit lucidement Émile Roumer en 1927, le programme est esquissé, en attente de concrétisation : « Le véritable renouveau, il ne s'est pas encore manifesté. Il se prépare. Comme tout ce qui doit exercer une poussée définitive, il se recueille... Il attend. »[78] Les pressentiments de Roumer allaient bientôt se vérifier, puisque le mouvement indigéniste exercera une influence réelle et pragmatique après avoir reçu le soutien d'un homme doté d'une considérable renommée intellectuelle en la personne du docteur Jean Price-Mars (1876-1969), médecin, anthropologue, diplomate et collaborateur fidèle de *La Revue indigène*, affectueusement appelé l'« oncle ».

---

[77] Normil G. Sylvain, « La Jeune Littérature haïtienne », *op. cit.*, p. 50.
[78] Antonio Vieux, « Entre nous : entretien avec Émile Roumer », *op. cit.*, p. 58.

Le programme de l'indigénisme haïtien : *Ainsi parla l'oncle* (1928) de Jean Price-Mars

La parution en 1928 de l'essai de Jean Price-Mars, *Ainsi parla l'oncle*, est le coup d'envoi d'une profonde réorientation tant sur le terrain intellectuel qu'esthétique. Même si ce texte ne saurait être classé parmi les manifestes littéraires canoniques, il a indéniablement la valeur d'un texte programmatique qui aura un très grand impact sur la littérature haïtienne. Il ouvre un nouvel espace de réflexion et de recherche en opérant un « tournant ethnologique » dans la pensée intellectuelle et dans les arts haïtiens[79]. Compte tenu de l'impulsion nouvelle et de long terme qu'il donnera à la littérature haïtienne, on doit tenir *Ainsi parla l'oncle* pour le premier grand texte polémique, celui qui s'oppose à ce qui le précède et qui expose ouvertement ses positions.

Jean Price-Mars naît en 1876 dans une famille de notables. Il fait des études de médecine à Paris grâce à une bourse accordée par son cousin, le président Tirésias Simon Sam. Alors qu'il est encore étudiant, il est nommé secrétaire d'ambassade à Berlin, puis secrétaire à la légation à Washington. Rentré au pays en 1903, il prend la tête de la Direction Générale de l'Instruction publique. Entre 1915 et 1917, il repart à l'étranger et représente Haïti à Paris. Ce séjour lui permet de fréquenter le milieu afro-antillais de la capitale, ce qui aboutira à sa future coopération à la *Revue du monde noir* (1931-1932). De retour en Haïti en 1917, il devient enseignant, finit son doctorat de médecine et commence à donner des conférences qui seront à l'origine de ses deux publications : *La vocation de l'élite* (1919) et *Ainsi parla l'oncle* (1928)[80]. Instruit, cultivé, familier du monde de la diplomatie et des relations internationales, Price-Mars sera invité à présider en 1956 à Paris et en 1959 à Rome le premier et le second Congrès international des écrivains et artistes noirs.

Dans *Ainsi parla l'oncle*, Price-Mars cherche principalement à explorer et à remettre à l'honneur la culture traditionnelle de la paysannerie haïtienne. Le sous-titre présente d'ailleurs clairement l'ouvrage comme un « essai d'ethnographie ». En dehors d'un « Avant-propos » polémique aux accents pamphlétaires, le style économe et précis confirme les ambitions scientifiques

---

[79] *Cf.* Carlo Avierl Célius, « La Création plastique et le tournant ethnologique en Haïti », *Gradhiva*, 1/2005. En ligne : gradhiva.revues.org/301 (visité le 15 décembre 2011).

[80] *Cf.* Léon-François Hoffmann, *Littérature d'Haïti*, *op. cit.*, p. 152.

de l'ouvrage. Le livre se compose de huit chapitres dont les six premiers sont consacrés à l'étude du folklore haïtien (chapitre I), des croyances populaires haïtiennes (chapitre II), à la présentation générale de l'Afrique (chapitres III et IV), à la réflexion sur l'animisme africain (chapitre V) et à une analyse approfondie du vaudou (chapitre VI). Le chapitre VII aborde la question de la place et du rôle du folklore dans la littérature haïtienne. Enfin, le chapitre VIII reprend l'essentiel du texte paru en 1927 dans le premier numéro de *La Revue indigène* sous le titre « La famille paysanne ». Tout au long de ses descriptions et analyses, l'auteur insiste sur la richesse des coutumes et des mœurs paysannes, examine le contexte historique de leur apparition et ajoute des analyses linguistiques du créole, réalité linguistique première en Haïti dans laquelle il voit la base même de la culture populaire.

Ainsi parla l'oncle n'est pas uniquement une entreprise ethnographique, mais aussi critique. Face au désastre politique et social de l'occupation américaine, Price-Mars questionne la société haïtienne afin d'éveiller les consciences au sein des élites et de rendre sa dignité à la « génération de la honte »[81]. En premier lieu, il met à nu l'hypocrisie identitaire des élites urbaines haïtiennes qu'il accuse dans sa préface de « bovarysme collectif », c'est-à-dire de s'imaginer autres qu'ils ne sont, de se prendre pour des « Français colorés » et d'avoir honte de leurs racines africaines. Il dénonce sans pitié l'aliénation profonde des intellectuels haïtiens : « [...] l'homme le plus distingué de ce pays aimerait mieux qu'on lui trouve quelque ressemblance avec un Esquimau, un Samoyède ou un Toungouze plutôt que de lui rappeler son ascendance guinéenne ou soudanaise. »[82] La critique vise l'escapisme du milieu littéraire haïtien qui, cent vingt ans après l'Indépendance, dédaigne toujours l'expression culturelle des Noirs.

Price-Mars ne s'arrête pas là. Il plaide en faveur de la reconnaissance de l'héritage africain, présenté comme une richesse culturelle. Comme le constate Léon-François Hoffmann,

> Price-Mars s'attach[e] à démontrer que la prétendue barbarie de l'Afrique était un mythe imputable à l'ethnocentrisme étroit des Européens, et que sa culture était sans doute différente, mais non pas inférieure à la leur. [...] Respectable, la culture africaine l'était à plus forte raison sous sa forme haïtienne,

---

[81] *Cf.* Jack Corzani, Léon-François Hoffmann et Marie-Lyne Piccione, *Les Amériques*, *op. cit.*, p. 41.
[82] *Cf.* Jean-Price Mars, *Ainsi parla l'oncle suivi de Revisiter l'oncle*, Montréal, Mémoire d'encrier, 2009, p. 9.

> puisqu'elle a perdu dans le Nouveau Monde certaines caractéristiques archaïques, comme la polygamie, le cannibalisme ou les sacrifices humains [...]. Il n'y avait donc aucune honte à étudier, à assumer, à revendiquer la culture populaire [...][83].

Le patrimoine spirituel africain, en l'occurrence le vaudou et la tradition orale de contes, de légendes ou de devinettes, se voit hissé par Price-Mars au même niveau que l'héritage de la culture européenne[84]. Le monde rural et le folklore acquièrent leur valeur intrinsèque comme objet de recherches scientifiques et source d'imagination artistique. Anne Marty souligne le caractère progressiste des investigations ethnoculturelles de Price-Mars : « Par une démarche rationnelle et scientifique, il tente d'éradiquer la honte inhérente à la perception qu'à l'époque on peut avoir du monde rural et africain. Et en cela sa démarche est très progressiste. »[85]

L'un des mérites les plus marquants de l'ouvrage de Price-Mars est la mise en évidence de la composante africaine de l'identité haïtienne et la condamnation du rabaissement du vaudou au niveau de « la psychose » ou de « la sorcellerie ». Dans le chapitre VI, consacré à la religion haïtienne, Price-Mars démontre que celle-ci est construite sur les mêmes principes qui régissent les grandes religions monothéistes. Comme le remarque Daniel Delas, chez Price-Mars le vaudou se trouve réhabilité « [...] non comme simple objet d'études pour anthropologues éminents mais comme religion à part entière, postulant l'existence d'êtres spirituels qui dominent l'activité des humains, exigeant un corps sacerdotal, des fidèles, des temples et des cérémonies réglées, expliquant le monde à travers ses mythes et ses rituels. »[86] Cette association du vaudou aux rituels catholiques (et, au sens plus large, au christianisme) permet à Price-Mars de remettre en valeur les croyances des masses haïtiennes au même titre que les autres manifestations de la culture populaire, en particulier la musique, la danse, les contes traditionnels et la langue créole.

Sur le plan idéologique, l'ouvrage de Price-Mars est animé par la volonté de tirer les Haïtiens de leur léthargie identitaire et de leur profonde aliénation culturelle. En pleine occupation américaine, la réhabilitation des origines

---

[83] Léon-François Hoffmann, *Littérature d'Haïti*, *op. cit.*, p. 156.
[84] *Ibid.*, p. 156.
[85] Anne Marty, *Haïti en littérature*, Paris, La Flèche du temps/Maisonneuve & Larose, coll. « Littérature d'Afrique et de la Caraïbe », 2000, p. 37.
[86] Daniel Delas, *Littérature des Caraïbes de langue française*, Paris, Nathan, coll. « Littérature 128 », 1999, p. 36.

africaines de la culture haïtienne tend prioritairement à souder les élites et le peuple, et à former une communauté nationale autour des valeurs collectives que sont l'indépendance intellectuelle et la richesse des traditions paysannes et de leurs origines africaines.

Les thèses de Price-Mars sur la nature africaine de l'identité culturelle haïtienne sont étroitement liées à sa perception de la littérature haïtienne. Dans le chapitre VII d'*Ainsi parla l'oncle*, intitulé « Le Folk-Lore et la Littérature » et qui s'apparente à la critique littéraire, Price-Mars suggère la direction que devrait prendre la création des auteurs haïtiens. Il y déplore leur mimétisme dévastateur, emblématiquement figuré par le romancier Demesvar Delorme, qui les pousse à se conformer aux goûts occidentaux et à évacuer de leurs œuvres l'imaginaire social qui, en Haïti, est totalement empreint de culture populaire. Ce reniement de soi, Price-Mars l'observe surtout dans le fait que les écrivains évitent toute référence au pays natal de façon à ce qu'il « n'y [ait] rien qui puisse rappeler même de loin, qu'elles ont été écrites par une plume haïtienne. »[87] Et Price-Mars de conclure avec force : « En vérité, le cas de M. Delorme est une illustration de notre mentalité qui n'accorde de relief à la personnalité intellectuelle d'un écrivain que si elle est projetée sur l'écran incertain de la gloire étrangère. »[88] En contrepartie, l'auteur d'*Ainsi parla l'oncle* préconise une littérature ancrée dans l'univers ambiant de l'écrivain. Il est selon lui essentiel que

> [...] tous [les] penseurs [haïtiens] se libèrent des préjugés qui les ligotent et les contraignent à des imitations plates de l'étranger, qu'ils fassent usage des matières qui sont à leur portée afin que de leurs œuvres se dégagent, en même temps qu'un large souffle humain, ce parfum âpre et chaud de notre terroir, la luminosité accablante de notre ciel et ce je ne sais quoi de confiant, de candide et d'emphatique, qui est l'un des traits particuliers de notre race.[89]

Originalité, authenticité, liberté d'esprit, inspiration puisée dans les mœurs et les traditions populaires – tels sont les buts que devraient poursuivre les écrivains haïtiens. Destinées à conforter l'affirmation nationale, les conceptions de Price-Mars font face aux préjugés sur l'héritage africain en Haïti et aux images qui montrent les Haïtiens comme un peuple arriéré et barbare. C'est pourquoi, la littérature haïtienne, selon Price-Mars, doit

---

[87] Jean Price-Mars, *Ainsi parla l'oncle*, New York, Parapsycholgie Foundation Inc., (1928) 1954, p. 190.
[88] *Ibid.*, p. 191.
[89] *Ibid.*, p. 194.

s'émanciper du regard de « l'Autre » et puiser dans les ressources offertes par la vie quotidienne sur l'île.

En articulant, dans le sillage de *La Revue indigène*, la littérature aux réalités d'Haïti (son folklore, le vaudou, l'oralité créole), le livre de Price-Mars donne une nouvelle impulsion aux lettres haïtiennes. Alors qu'Haïti est occupée par les Américains et que la bourgeoisie haïtienne imite les modèles parisiens afin de revendiquer son appartenance à une « latinité » mystifiante, Price-Mars prône l'expression d'une culture nationale authentique, à l'écoute des problèmes sociaux et économiques concrets des masses paysannes. C'est pourquoi *Ainsi parla l'oncle* fut surtout accueilli avec enthousiasme par certains auteurs qui se feront bientôt connaître par leurs « romans paysans » (appelés parfois « romans ethnologiques »). On peut relever la trace de ses idées chez Jacques Roumain, auteur de *La montagne ensorcelée* (1931), Jean-Baptiste Cinéas, auteur du *Drame de la terre* (1933) et de *La vengeance de la terre* (1933), et chez Pétion Savain, auteur de *La case de Damballah*, (1939). Il s'agit là à chaque fois de romans qui parlent de manière réaliste de la terre haïtienne, de ses habitants et de leur mode de vie. Voulant éviter toute coloration « exotique » et toute idéalisation romantique, leurs auteurs se consacrent à une description méticuleuse, quasi-scientifique des mœurs paysannes et de la campagne haïtienne. Comme l'explique Hoffmann, « [...] dans les romans paysans la vie du paysan forme sinon toute la matière de l'œuvre, au moins sa partie essentielle. Ils sont tous plus ou moins réalistes, dans la mesure où la vie rurale est désormais montrée telle qu'elle est en Haïti : précaire, marginale et abrutissante, favorisant l'égoïsme, l'alcoolisme, le recours à la magie noire et à d'autres conduites asociales. »[90]

En tirant l'Afrique de l'oubli et en réhabilitant les thèmes « indigènes », Price-Mars préconise le retour aux origines ancestrales de la culture haïtienne. Cela lui vaudra le nom du précurseur de la négritude (avant que celle-ci ne soit conceptualisée). Des années plus tard, Léopold Sédar Senghor, l'un des fondateurs de ce vaste courant d'affirmation identitaire et culturel des Noirs, parlera ainsi de Jean Price-Mars :

> [...] me montrant les trésors de la Négritude qu'il avait découverts sur et dans la terre haïtienne, il m'apprenait à découvrir les mêmes valeurs mais vierges et plus fortes, sur et dans la terre d'Afrique. Aujourd'hui, tous les ethnologues et écrivains nègres d'expression française doivent beaucoup à Jean Price-Mars. Singulièrement les écrivains. D'abord les Haïtiens, Roumain, Depestre et les

---

[90] Léon-François Hoffmann, *Littérature d'Haïti, op. cit.*, p. 159.

autres, mais aussi les Antillais et les Africains : un Damas, un Césaire, un Niger, un Birago Diop, et surtout moi-même[91].

La pensée de Price-Mars aura connu un énorme succès. Écrit par un homme cultivé, et doté d'un capital social important, son livre provoquera, selon Ulrich Fleischmann, un choc qui « résult[e] non seulement de ce que [Price-Mars] avait révélé et nommé ouvertement un passé collectivement refoulé, mais peut-être plus encore, d'un glissement sémantique du concept de culture [...]»[92]. Car *Ainsi parla l'oncle* n'est pas un essai ethnographique classique qui assume une position objective et distante par rapport à la société observée. Il s'agit d'une étude qui interprète les faits socioculturels de l'intérieur, là où « l'observateur participe de la culture dont il est issu. »[93] C'est cette prise de position participante et engagée qui permet à Price-Mars de repérer le caractère « nègre » de la culture haïtienne, celui qui met en évidence sa relation permanente avec l'Afrique des ancêtres et qui doit être assumé comme central pour la construction de l'identité haïtienne. Cela vaudra à Price-Mars de jouir jusqu'à présent d'une forte reconnaissance, plusieurs critiques littéraires allant jusqu'à tenir son livre pour le premier manifeste de la négritude[94].

Il n'est pas étonnant que dorénavant les écrivains haïtiens, guidés par les premières expériences de *La Revue indigène* et la pensée de Price-Mars, vont chercher à tisser les liens entre leur discours et le monde rural haïtien. Mais cette tentative de réhabilitation de l'héritage africain aura rendu possible l'« indigénisation » des textes de façon diversifiée et non pas de façon univoque. Tandis que les uns se tourneront vers un nationalisme « noir », les autres adopteront une perspective marxiste de lutte des classes dont les Noirs seront l'exemple universel.

---

[91] Léopold Sédar Senghor, « Hommage à l'Oncle » dans Coll., *Témoignages sur la vie et l'œuvre du Dr. Jean Price-Mars 1876-1956*, Port-au-Prince, Impr. de l'État, 1956, p. 3. Citation d'après le site www.alliance-haiti.com/culture/litterature/jean-price-mars (visité le 27 mars 2010).

[92] Ulrich Fleischmann, « Jacques Roumain dans la littérature d'Haïti », dans Jacques Roumain, *Œuvres complètes*, *op. cit.*, p. 1248.

[93] Romuald Fonkoua, « Price-Mars ou les débuts de la négritude scientifique en Haïti », dans Jean Price Mars, *Ainsi parla l'oncle suivi de Revisiter l'oncle*, *op. cit.*, p. 330.

[94] Voir à ce propos Rodney Saint-Éloi, « Le Premier Manifeste de la condition noire », dans Jean Price Mars, *Ainsi parla l'oncle suivi de Revisiter l'oncle*, *op. cit.*, pp. 259-270, et André Corten, « Culture et religion populaires revisitées », dans Jean Price Mars, *Ainsi parla l'oncle suivi de Revisiter l'oncle*, *op. cit.*, pp. 343-344.

Le manifeste du noirisme haïtien : *Les Griots* (1938)

Apparue en 1938, dix ans après l'éclipse de *La Revue indigène* et quatre ans après la fin de l'occupation américaine d'Haïti, la revue *Les Griots* témoigne le mieux du glissement du programme « indigène » vers l'idéologie noiriste et l'absolutisation de la question raciale. Sous-titrée « La Revue Scientifique et Littéraire d'Haïti », elle a été fondée par Carl Brouard (ancien collaborateur de *La Revue indigène*), François Duvalier (médecin), Lorimer Denis (ethnographe, particulièrement attiré par le vaudou) et Clément Magloire fils (poète connu sous le nom de Magloire Saint-Aude). Parmi ses membres appelés « Le groupe des Griots », on compte également Émile Roumer, un autre collaborateur de *La Revue indigène*[95]. Les principes qui fixent les objectifs des *Griots* sont exposés dans un texte liminaire intitulé « Déclaration » qui accompagne le premier numéro. Tout comme dans le cas de « Chronique – Programme » publié par Normil G. Sylvain dans *La Revue indigène*, il s'agit d'un court texte déclaratif qui se veut un énoncé collectif et qui fonde l'autorité et l'unité de ses vues sur un « nous » et les possessifs « notre » et « nos ».

Les signataires de la « Déclaration » entendent intervenir sans ambages dans l'espace public afin de « [...] faire appel à la collaboration de tous pour chanter le pays haïtien ». Mais en se réclamant abusivement de Jean Price-Mars, ils prétendent « [...] permettre aux Générations contemporaines de contribuer à l'élaboration d'une Pensée spécifiquement haïtienne. »[96] À l'opposée du programme de *La Revue indigène*, l'indigénisme s'enfonce ici dans un essentialisme de type ethnique. En effet, la « Déclaration » cache mal les apories entre la solidarité avec l'espace latino-américain et l'idéalisation

---

[95] Le groupe des Griots a été initialement fondé par trois amis du lycée Pétion : Lorimer Denis, François Duvalier et Louis Diaquoi (le groupe s'appelait alors « Les Trois D »). Le dernier a été l'associé de Jacques Roumain et éditeur du journal *Le Petit Impartial* qui, avant la fondation de la revue *Les Griots*, a servi de tribunes aux futurs membres du Groupe. Comme le note Mathew J. Smith, les trois auteurs se rencontraient régulièrement dans un appartement loué à Port-au-Prince (rue Fronts-Forts) pour discuter les idées de Jean Price-Mars). Diaquoi est cité dans le premier numéro de la revue comme le premier fondateur du Groupe. *Cf.* Mathew J. Smith, *Red & Black in Haiti : Radicalisme, Conflict, and Political Change 1934-1957*, Chapel Hill, The University of North Carolina Presse, 2009. p. 25.
[96] Carl Brouard, Lorimer Denis, Clément Magloire et François Duvalier, « Déclaration », *Les Griots*, n°1, 23 juin 1938. Cité dans Christophe Ph. Charles, *Magloire Saint-Aude : griot et Surréaliste (essai critique)*, Port-au-Prince, Éditions Choucoune, 1982, pp. 61-62.

de l'identité haïtienne, entre le vœu de « [r]esserrer, dans l'ordre intellectuel, les rapports entre l'Amérique latine et notre communauté » et celui d'« [...] aider à renforcer l'unité et l'ethnie haïtienne. »[97]

Le radicalisme qui marque l'« indigénisme » des *Griots* devient un enjeu strictement idéologique. On le voit à travers un nationalisme populiste qui idéalise la race noire, les descendants « purs » des Africains, et à travers l'idée d'exclure les Mulâtres des institutions haïtiennes, surtout du système d'enseignement. Aussi la revue ne perpétue-t-elle les idées indigénistes initiales qu'en apparence. Il est vrai, comme le constate Georges Castera, qu'« [elle] a mené une lutte acharnée pour la reconnaissance du folklore haïtien [...] » et que, sur le plan littéraire, le programme des *Griots* « [...] a l'avantage d'être directement enraciné dans le peuple et d'embrasser encore tous les genres [...], tous les arts [...] »[98]. Toutefois, au fond, et cela est particulièrement visible dans les idées sociales exprimées dans plusieurs articles, l'indigénisme des *Griots* bascule dans le négrisme et s'affirme ouvertement raciste. Cherchant à fonder le « génie de la race » sur l'idéologie racialiste de Charles Maurras et d'Adolf Hitler, François Duvalier, Lorimer Denis et Carl Brouard (le poète-phare de *La Revue indigène*), vont embrasser la cause des Noirs (surtout celle des ouvriers syndicalistes) pour la diriger contre les Mulâtres. Concrètement, ils vont accuser ces derniers de devenir des « traîtres historiques » au motif de s'être emparés des terres des anciens colons français, d'avoir perpétué le système colonial des Blancs subjuguant les Noirs[99].

La revue *Les Griots* poussera au paroxysme l'idéologie ethniciste et glissera dans un essentialisme « noiriste ». Elle récupérera et pervertira le programme de *La Revue indigène* et les idées de Jean Price-Mars qui cherchaient à situer l'« haïtianité » à côté et non pas dans la francité, c'est-à-dire dans un espace polémique et dialectique entre le national et l'international, le singulier et l'universel. Or, il faut le constater, si, au niveau politique, avec *Les Griots* l'indigénisme bascule dans un mouvement totalitaire qui favorisera, dès la fin des années 1950, la terreur duvaliériste, en revanche, au niveau littéraire, il offrira, malgré ses contradictions internes,

---

[97] *Cf.* Carl Brouard, Lorimer Denis, Clément Magloire et François Duvalier, « Déclaration ». Cité dans Christophe Ph. Charles, *Magloire Saint-Aude*, *op. cit.*, p. 61.

[98] Georges Castera, « L'Indigénisme haïtien : un point de vue contradictoire », *op. cit.* p. 89.

[99] *Cf.* Mathew J. Smith, *Red & Black in Haiti*, *op. cit.*, pp. 23-30.

une poésie à la fois haïtienne et universelle, c'est-à-dire celle où la référence à l'Afrique s'affranchit des mystifications raciales et des pièges de l'essentialisme ethnique.

Vers une solidarité supranationale : *Bois-d'ébène* (1945) de Jacques Roumain

De ce point de vue, le recueil de poèmes *Bois-d'ébène* de Jacques Roumain peut être considéré comme celui qui donne une nouvelle dynamique à l'indigénisme haïtien. En effet, en articulant les thèmes de l'Afrique ancestrale et du terroir haïtien à une problématique universelle, associée à l'asservissement économique et sociale des paysans et ouvriers, Roumain entrevoit un nouveau rapport entre la pratique littéraire et la cause collective.

Par leur engagement sur le terrain politique et social, les poèmes de *Bois-d'ébène* se présentent comme programmatiques. Tout comme les essais de *Ainsi parla l'oncle* de Jean Price-Mars, ils produisent l'« effet manifeste », pour reprendre la catégorie proposée par Claude Abastado[100]. Pour Roumain – cofondateur de *La Revue indigène*, fondateur du Parti communiste haïtien et proche des milieux de gauche en Espagne, en France, à Cuba et aux États-Unis – « la poésie [est une] Arme » ; « l'art du poète d'aujourd'hui doit être semblable à un tract, un pamphlet ou à un placard. »[101] À la conception mallarméenne de la poésie, la construction solitaire « d'une poétique étrange, l'exquise alchimie du langage et une sorte de fanatisme des sons purs », Roumain oppose la poésie de Maïakovski : « Si au contenu de classe du poème nous pouvons allier la beauté de la forme, si nous savons apprendre les leçons de Mayakovsky (sic !), nous pourrons créer une grande poésie humaine et révolutionnaire digne des valeurs de l'esprit que nous avons la volonté de défendre. »[102]

Bois-d'ébène est l'exemple d'une poésie militante qui frappe par sa force de contestation, ses audaces syntaxiques et par la revendication parfois violente de l'héritage africain. Mais, en même temps, elle prône l'appartenance à tous les « nègres » de la Terre, c'est-à-dire aux travailleurs des quatre coins du monde, au-delà des catégories raciales. Cette volonté apparaît nettement dans le mouvement interne des images poétiques. Ainsi, le

---

[100] Voir *supra*, p. 16.
[101] *Cf.* Jacques Roumain, « La Poésie comme arme », dans *Œuvres complètes, op. cit.*, p. 728-730. Le texte a été initialement publié dans sa version espagnole en 1934 et réééditée en français dans les *Cahiers d'Haïti* en 1944.
[102] *Ibid.*, p. 729.

premier poème, éponyme du recueil, érige l'exploitation des Noirs africains en exemple de la souffrance de tous les défavorisés du monde. Il retrace l'histoire des abus subis par les Noirs en remontant à l'empire d'Égypte (et au travail des Nubiens édifiant les pyramides) pour aller jusqu'à l'époque contemporaine (illustrée par le cas des nombreuses victimes du chantier de construction de la ligne ferroviaire Congo-Océan), en passant par la colonisation des Antilles. Cette évocation des blessures historiques est rendue possible par un travail de mémoire où l'Afrique et la traite négrière sont au cœur de la conscience du présent :

> [...]
> Nègre colporteur de révolte
> tu connais tous les chemins du monde
> depuis que tu fus vendu en Guinée
> une lumière chavirée t'appelle
> une pirogue livide
> échouée dans la suie d'un ciel de faubourg
> [...]
> Afrique j'ai gardé ta mémoire Afrique
> tu es en moi
>
> Comme l'écharde dans la blessure
> Comme un fétiche tutélaire au centre du village
> fais de moi la pierre de ta fronde
> de ma bouche les lèvres de ta plaie
> de mes genoux les colonnes brisées de ton abaissement [...][103].

L'affirmation de l'appartenance au continent humilié, liaison intime avec le passé africain et avec la révolte des exploités, tel est le fondement de la conception du « nouveau noir » lancé par Roumain. L'Afrique cesse ici d'être la figure mythique et figée de la mère-patrie des Noirs pour devenir l'espace métaphysique des rapports vécus à l'époque capitaliste entre oppresseurs et opprimés des temps modernes. Ce glissement sémantique contient en même temps une critique non équivoque de tout enfermement ethnique :

---

[103] Jacques Roumain, « Bois-d'ébène », dans *Œuvres complètes, op. cit.*, p. 58.

> [...]
> POURTANT
> Je ne veux être que de votre race
> ouvriers paysans de tous les pays
> ce qui nous sépare
> les climats l'étendue l'espace
> les mers
> [...]
> est-ce tout cela climat étendue espace
> qui crée le clan la tribu la nation
> la peau la race et les dieux
> notre dissemblance inexorable?
> Et la mine
> et l'usine
> les moissons arrachées à notre faim
> notre commune indignité
> notre servage sous tous les cieux invariable? [...][104].

Dans le deuxième poème du recueil, « Sales Nègres », perce une tonalité protestataire à travers une forme saccadée et des vers très courts au moyen desquels le poète crie sa haine envers toute forme d'exploitation et de rabaissement, indépendamment du lieu où elle s'exerce :

> [...]
> Eh, bien voilà :
> nous autres
> les nègres
> les niggers
> les sales nègres
> nous n'acceptons plus
> c'est simple
> fini
> d'être en Afrique
> en Amérique
> vos nègres
> vos niggers
> vos sales nègres [...][105].

---

[104] *Ibid.*, pp. 58-59.
[105] Jacques Roumain, « Sales nègres », dans *Œuvres complètes, op. cit.*, p. 62.

Jouant sur le rythme des vers afin d'augmenter l'intensité de l'émotion, Roumain parvient à faire exploser la colère des jeunes Noirs révoltés contre l'humiliation séculaire. Par la réappropriation sur un mode subversif du discours colonial (les mots « nègres, niggers, les sales nègres »), il prophétise en même temps la fin de l'état de servitude et de discrimination que les Noirs ont connu depuis la période coloniale :

> [...]
> il sera trop tard je vous dis
> car jusqu'aux tam-tams auront appris le langage
> de l'Internationale
> car nous aurons choisi notre jour
> le jour des sales nègres
> des sales indiens
> des sales hindous
> des sales indo-chinois
> des sales arabes
> des sales malais
> des sales juifs
> des sales prolétaires
> Et nous voici debout
> Tous les damnés de la terre
> tous les justiciers
> marchant à l'assaut de vos casernes
> et de vos banques
> comme une forêt de torches funèbres
> pour en finir
> une
>   fois
>   pour
>   toutes
> avec ce monde
> de nègres
> de niggers
> de sales nègres[106].

Le passage du « je » de la première partie de « Bois d'ébène » au « nous » de la partie finale universalise la « condition nègre » et autorise le poète à parler au nom de tous les « sales nègres », figure collective de tous les

---

[106] *Ibid.*, p. 67.

prolétaires, sans distinction de couleur de peau. Cette insistance sur la nécessité de la solidarité entre les « damnés de la Terre » marque le dépassement de la question de la race et engage la responsabilité du poète haïtien devant la condition universelle de tous les opprimés. La tonalité militante qui traverse le poème permet à Eugénie Galpérina d'affirmer que la poésie de Roumain est proche d'un « discours de propagandiste révolutionnaire, de poète leader de son peuple. »[107] Certes, le socialisme comme choix éthique, le geste d'engagement du poète et l'expression de l'urgence de contestation des rapports sociaux inégalitaires –, tout cela témoigne de la portée idéologique de cette poésie, de son caractère didactique ou protestataire. Toutefois, cette idéologisation apparaît complexe et ambiguë à partir du moment où l'on la considère aussi comme une volonté de rupture avec l'essentialisme ethnique de l'indigénisme haïtien dans lequel s'enlisent *Les Griots*. On devrait y percevoir plutôt l'apparition de la figure du « nouveau noir », conscient de son historicité et, en même temps, de la diversité des rapports historiques de classe et de race en Haïti. À ce propos, Léon-François Hoffmann affirme à juste titre que les poèmes de Roumain sont « l'expression sans doute la plus condensée, la plus fulgurante de la négritude haïtienne […] »[108].

Véritable entreprise de démystification et de désaliénation de l'homme noir, la négritude de Roumain se rapproche de la négritude proclamée par Aimé Césaire dans *Cahier d'un retour au pays natal*, un autre grand quasi-manifeste publié la même année que fut rédigé le poème éponyme de *Bois d'ébène*, en 1939. En effet, malgré les différences de style (la densité poétique de Césaire paraissant plus grande), les deux recueils de poésie partagent un certain nombre de thèmes et motifs : la réappropriation du mot-image « nègre », le passage du « je » au « nous » collectif, l'identification fraternelle avec l'Afrique ainsi que la solidarité avec tous les peuples victimes de la colonisation et de la dégradation raciale. Enfin, ajoutons à ces similitudes une même conception de la pratique d'écriture comme *praxis* révolutionnaire et de la poésie de la négritude comme « arme miraculeuse »[109].

---

[107] Eugénie Galpérina, *Jacques Roumain : sa vie, son œuvre*, dans Jacques Roumain, *Œuvres choisies*, Moscou, Les Éditions du Progrès, 1964, p. 271.
[108] Léon-François Hoffmann, *Littérature d'Haïti, op. cit.*, p. 172.
[109] *Cf.* Aimé Césaire, *Les Armes miraculeuses*, Paris, Gallimard, 1946.

Le surréalisme haïtien : l'art et la révolution

L'engagement politique, l'implication de l'écrivain dans la vie sociale, son choix lucide de servir le peuple par sa parole – voilà les traits communs qui, malgré certaines différences idéologiques, apparaissent aussi bien dans *La Revue indigène* et *Les Griots* que chez Jean Price-Mars et chez Jacques Roumain. Or, lorsqu'on observe cette politisation et idéologisation du discours littéraire haïtien sur un axe temporel, aussi bref fût-il, c'est-à-dire depuis la fin de l'occupation d'Haïti par les troupes américaines (1934) jusqu'au début de la dictature de François Duvalier (1957), on comprend plus aisément le devoir que s'impose l'écrivain haïtien pour participer à la vie sociale et politique de son temps. La période dont nous parlons est celle des crises politiques et économiques ainsi que celle de revirements gouvernementaux permanents – depuis les présidents-marionnettes au service des États-Unis (Philippe Sudré Sopoko Dartiguenave, Louis Borno, Sténio Vincent) jusqu'à Élie Lescot qui, aux côtés du clergé catholique, mène une campagne « anti-superstitieuse » dirigée contre le vaudou. C'est aussi une période marquée par le grand massacre de 1937 en République dominicaine de plusieurs milliers d'ouvriers agricoles haïtiens sur l'ordre du dictateur Rafael Leónidas Trujillo ainsi que par de violentes grèves des étudiants et les persécutions des journalistes et intellectuels de gauche.

Cette conjoncture sociopolitique effervescente, marquée par l'oppression, les révoltes et l'espoir d'une libération sociale et artistique, constitue en même temps un espace-temps polémique fécond pour la formulation de nouvelles conceptions de la littérature et de l'art lesquelles induisent de nouvelles prises de position des écrivains sur le terrain politique. De notre point de vue, il importe d'observer comment cette époque joue en faveur de la naissance du mouvement surréaliste en Haïti, sans qu'il y ait de rupture avec l'indigénisme et la négritude, et sans que le surréalisme haïtien soit défini par un manifeste proprement dit. En effet, il s'agit plutôt d'une série d'interventions et de gestes intellectuels qui relèvent d'une démarche manifestaire hors-textuelle que l'on peut identifier au « manifeste agi » selon la typologie de Jeanne Demers et Line Mc Murray, c'est-à-dire celui qui relève des « circonstances d'énonciation », mais qui possède les mêmes propriétés structurales qu'un manifeste textuellement affirmé[110].

Parmi ces actes manifestaires à valeur d'événement qui révèlent en même temps les facultés contestataires du surréalisme, il faut mentionner le séjour

---

[110] *Cf.* Jeanne Demers et Line Mc Murray, *L'enjeu du manifeste, op. cit.*, pp. 68-69.

en Haïti d'Aimé Césaire (en 1944) et d'André Breton (en 1945), la publication en 1945 par René Depestre du recueil de poèmes *Étincelles* et la parution le 1er janvier 1946 du numéro 2 de la revue *La Ruche* en hommage à André Breton.

Il faut toutefois remarquer qu'avant les visites de Césaire et de Breton, le terrain pour la percée surréaliste en Haïti est préparé par la poésie de Clément Magloire Saint-Aude, membre de la revue *Les Griots*, qui, en 1941, publie ses deux recueils de poèmes, *Dialogues de mes lampes* et *Tabou*. Si la poésie de Magloire Saint-Aude s'éloigne de l'indigénisme par son refus des préoccupations sociales et de la description de la vie haïtienne, elle possède en effet déjà certains traits surréalistes qui annoncent l'autonomie de la pratique littéraire : foisonnement d'images énigmatiques, climat de déchirement intérieur et de désespoir. Cela transparaît nettement dans « Paix », un poème du *Dialogues de mes lampes* :

> [...]
> Si pardon
> Pour le beau halo de mes paupières,
> Je glisse, je descends, je m'enlise
> Dans la laine de mon coma
> Bon comme le lait de la sieste
>
> Rien n'est moi,
> Hormis mes orbites en ogive,
> Et mon col d'ange d'image
> Comme mes yeux farcis froids de soie [...][111].

Bernard Lecherbonnier affirme que l'œuvre de Magloire Saint-Aude est « [...] d'un intérêt majeur pour la littérature haïtienne qu'elle introduit à la modernité en violant ses codes dominants. »[112] Toujours en 1941, Magloire Saint-Aude publie dans *Haïti-Journal* un article élogieux à l'égard du surréalisme intitulé « Disque sur le surréalisme ». À l'instar d'un quasi-manifeste, il y vante les intransigeances de l'écriture surréaliste et sa volonté d'émancipation de toute contrainte : « Le surréalisme rejette les mets

---

[111] Clément Magloire Saint-Aude, « Paix », dans Georges Castera, Claude Pierre, Rodney Saint-Éloi et Lyonel Trouillot, *Anthologie de la littérature haïtienne : un siècle de poésie 1901-2001*, Montréal, Mémoire d'Encrier, 2003, p. 66.
[112] Bernard Lecherbonnier, *La Chair du verbe : histoire et poétique des surréalismes de langue française*, Paris, Publisud, coll. « Littératures », 1992, p. 72.

essentiels et conformistes et n'assigne pas de limites aux horizons de l'esprit. Le surréalisme ne saurait trouver nulle sympathie chez les esprits superficiels. Il séduit les réfractaires, les baudelairiens, les non-assagis. »[113]

La poésie de Magloire Saint-Aude favorisera la percée sur la scène littéraire de quelques jeunes poètes surréalistes comme René Bélance, Paul Laraque et Hamilton Garoute, mais elle restera elle-même méconnue du grand public faute d'assises institutionnelles et de structures éditoriales[114]. Il faudra attendre les visites en Haïti d'Aimé Césaire et d'André Breton pour que les premières expériences des surréalistes haïtiens soient véritablement remarquées et appréciées.

Le séjour de quelques mois en Haïti d'Aimé Césaire en fin de 1944 est important du point de vu institutionnel. Invité à donner une conférence par Pierre Mabille, fondateur de l'Institut Français de Port-au-Prince et surréaliste lui-même, le poète martiniquais – découvert par André Breton quelques années auparavant – initie les jeunes intellectuels et écrivains haïtiens à la poésie de Lautréamont, Rimbaud, Mallarmé, Apollinaire, Breton et aux manifestes surréalistes[115]. Comme le dira plus tard René Depestre, un des principaux animateurs de ces rencontres :

> Grâce à l'auteur du « **Cahier d'un retour au pays natal** », l'un des premiers éblouissements de notre vie, on savait que le surréalisme était ce mouvement de l'esprit et de la sensibilité qui, au cours des années 20 et 30, avait, avec un éclat sans précédent, dénoncé les mystifications, les hypocrisies, les relativismes moraux, les dérisions et les stupres qui faisaient obstacle sur cette terre à l'émancipation des meilleures facultés de la condition humaine.[116]

---

[113] Clément Magloire Saint-Aude, « Disque sur le surréalisme : extrait », *Conjonction Revue Franco-Haïtienne de l'Institut Français d'Haïti,* n° 193, avril-mai-juin 1992, p. 39.

[114] *Cf.* Georges Castera, « Surréalisme en Haïti », *Notre librairie*, n° 132, octobre-décembre 1997, p. 92.

[115] Le reflet le plus éclatant de cet impact de Césaire est l'article qu'il publie dans *Haïti-Journal* intitulé « Poésie et connaissance » qui présente différentes conceptions de la poésie élaborées par les poètes métropolitains. Les thèses de ce texte, publié dans le journal haïtien en décembre 1944, seront partiellement reprises dans un autre article qui paraîtra sous le même titre dans le numéro de janvier 1945 de la revue antillaise *Tropiques*.

[116] René Depestre, « André Breton à Port-au-Prince », *Conjonction*, n° 193, avril-mai-juin 1992, pp. 125-128 (souligné dans le texte). Selon le témoignage de Paul Laraque, un autre poète surréaliste de la même génération que Depestre, les œuvres du chef du mouvement surréaliste ont été introduites en Haïti par Pierre Mabille (attaché culturel de l'Ambassade de France en Haïti et ami personnel de Breton) et René Bélance.

L'exaltation par Césaire de l'anticonformisme et de l'esprit révolutionnaire comme valeurs intrinsèques du surréalisme signale le pouvoir réel de l'art et son potentiel de contestation des institutions qui oppriment la société. Les idées diffusées par le surréalisme européen permettent aux intellectuels haïtiens de cristalliser leurs opinions quant à la situation sociale et politique du pays. L'arrivée d'Aimé Césaire en Haïti prépare ainsi les intellectuels progressistes à affronter les milieux conservateurs de la société. En effet, le poète martiniquais agira comme catalyseur de la révolte en gestation dans les milieux estudiantins et syndicalistes haïtiens[117].

Le second catalyseur de la révolte sera la fondation en 1945 par René Depestre avec un groupe d'amis (dont Jacques-Stephen Alexis, Théodore Baker, Gérald Bloncourt et Gérard Chevet) de *La Ruche*, « journal littéraire et politique d'avant-garde »[118], qui deviendra l'organe de la Jeunesse Révolutionnaire. Depestre lui-même vient de publier la même année à compte d'auteur son premier recueil de poèmes engagés, *Étincelles*, où, sous le signe du marxisme et du surréalisme, il revendique la négritude et conteste violemment l'héritage de l'esclavage dans les milieux bourgeois en Haïti :

> […]
> l'enfant née sur la grand-route
> l'enfant qui avait grandi
> autour de la charnière
> autour des lopins plantés de fois congo
> […]
> devint domestique
> devint esclave
> de ces gens qui étaient du bois
> dont on chauffe la machine sociale
> Elle devint celle qui se lève
> à la pointe du jour
> tandis que les gens comme il faut
> se prélassent encore dans des lits trop vastes
> […]
> celle qui lave celle qui repasse

Dans son texte, Laraque confirme la thèse de Depestre sur la quasi-ignorance du surréalisme en Haïti avant « la trouée lumineuse de Césaire ». *Cf.* Paul Laraque, « André Breton en Haïti », *Conjonction*, n° 193, avril-mai-juin 1992, pp. 24-32.

[117] *Cf.* Henri Malfan, *Cinq décennies d'histoire du mouvement étudiant haïtien*, Montréal/New York, Édition Jeune Clarté, 1981, p. 45.

[118] René Depestre, « André Breton à Port-au-Prince », *op. cit.* p. 125.

> celle qu'on gifle, celle qu'on bouscule
> celle qui pleure, celle qui hait la vie
> parce que la vie, pour elle c'est tout ça [...][119].

Les conférences d'Aimé Césaire sur le surréalisme, la publication d'*Étincelles* et le lancement de *La Ruche*, revue qui conteste ouvertement le pouvoir, sont autant de facteurs qui vont créer une communauté émotionnelle soudée autour des mêmes convictions politiques et partageant la même sensibilité littéraire. C'est cette atmosphère incandescente qui sera favorable à la projection des jeunes intellectuels, écrivains et artistes sur la scène politique au moment même où André Breton arrive en Haïti, invité à l'Institut Français de Port-au-Prince par son fondateur, Pierre Mabille, à donner une série de conférences sur l'art et la littérature.

Il faut bien comprendre que l'arrivée de Breton en Haïti intervient au moment même où les questions de race et de classes sociales deviennent l'enjeu principal du combat politique. À la crise économique en Haïti de l'après Seconde Guerre mondiale (la chute du prix du café, la destruction des forêts, l'introduction de nouveaux impôts) s'ajoutent la répression du mouvement syndical naissant par le gouvernement autoritaire d'Élie Lescot. Celui-ci mène par ailleurs, de concert avec l'Église catholique, une violente « campagne anti-superstitieuse » dirigée contre le vaudou, une religion reconnue alors par toute l'intelligentsia noire et mulâtre comme l'expression la plus authentique de l'identité culturelle haïtienne. Ces éléments conjoncturaux coïncident avec l'enthousiasme éprouvé par Breton de se retrouver en Haïti, le pays du vaudou. Lors de son séjour Breton s'est rendu à plusieurs reprises dans les péristyles pour assister, en compagnie de Pierre Mabille, aux cérémonies vaudou[120]. Ajoutons que depuis la publication en 1942 des *Prolégomènes à un troisième Manifeste du surréalisme ou non* (où il salue la poésie de Césaire) et après ses lectures de *La poésie moderne et le sacré*, essai du Martiniquais Jules Monnerot, Breton rapproche le surréalisme de la

---

[119] René Depestre, « Face à la nuit », dans Georges Castera, Claude Pierre, Rodney Saint-loi et Lyonel Trouillot, *Anthologie de la littérature haïtienne, op. cit.*, pp. 114-115.

[120] Régis Antoine, *La Littérature franco-antillaise*, Paris, Karthala, 1992, p. 274. Sur le séjour de Breton en Haïti, consulter le numéro 193 de la revue *Conjonction* ainsi que les ouvrages de Gérald Bloncourt et Michel Löwy, *André Breton et la révolution de janvier 1946 en Haïti*, Pantin, Le Temps des cerises, 2007 et de Dominique Berthelet, *André Breton : l'éloge de la rencontre. Antilles, Amérique, Océanie*, Paris, HC Éditions, 2008.

magie, de la « pensée primitive » (chamanique) comme expression authentique de l'être humain[121].

Ce rapprochement entre l'indépendance culturelle haïtienne et le surréalisme comme art révolutionnaire permet de comprendre l'accueil qui sera réservé à Breton par les plus grands journaux haïtiens. Significativement, dans la première interview qu'il accordera la veille de sa première conférence à René Bélance dans l'édition du 13 décembre 1945 d'*Haïti-Journal*, les points fondamentaux des liaisons entre la liberté d'expression surréaliste et celle de la vie spirituelle des Haïtiens sont là :

> Le surréalisme a partie liée avec les peuples de couleur, d'une part parce qu'il a toujours été à leurs côtés contre toutes les formes d'impérialisme et de brigandage blancs [...] ; d'autre part, parce que les plus profondes affinités existent entre la pensée dite « primitive » et la pensée surréaliste, qu'elles visent l'une et l'autre à supprimer l'hégémonie du conscient, du quotidien pour se porter à la conquête de l'émotion révélatrice [...][122].

Évoquant à la fin de l'interview son propre exil pendant la guerre sur ordre du gouvernement Vichy en Martinique, aux États-Unis et au Canada, Breton souligne que son séjour dans les Amériques l'a confirmé dans l'opinion « [...] qu'il est plus que temps de 'transformer' le monde, après quoi rien ne s'opposera plus à ce que, de haute lutte, nous entreprenions tous ensemble de 'refaire l'entendement humain'. J'émets le vœu que les peuples de couleur tout premièrement noir et rouge soient alors les premiers entendus, dans la mesure où ce sont eux qui sont restés 'le plus près des sources'. »[123]

Dans son discours inaugural du 14 décembre, qui a réuni à l'hôtel Savoy plus de six cents étudiants et intellectuels, mais aussi le Président Lescot, ses ministres, des sénateurs et députés, Breton affirme que « dans les périodes de grande crise sociale et morale » le vaudou permet de retrouver « les aspirations fondamentales, les aspirations incontestablement authentiques de l'être humain ». En guise de conclusion, il insistera sur deux idées, à savoir que le surréalisme verra toujours dans la jeunesse « la lucidité aussi bien que la vraie puissance » et que l'indépendance historique en Haïti « évoque [...]

---

[121] Régis Antoine, *La Littérature franco-antillaise, op. cit.*, p. 276.
[122] René Bélance, « Une sensationnelle interview de M. A. Breton », *Conjonction*, n° 193, avril-mai-juin 1992, p. 108.
[123] *Ibid.*, p. 109.

une volonté d'émancipation qui ne s'est jamais démentie […] »[124]. Après quoi, Breton quittera la salle sans saluer le chef de l'État, ce qui sera interprété comme un geste volontairement provocateur[125].

Peu après, lors des conférences qu'il donne du 20 décembre au 18 janvier dans la salle de *Rex Théâtre* qui sont autant de rencontres amicales avec Wilfredo Lam (peintre surréaliste cubain), Jacques Roumain, René Depestre, Magloire Saint-Aude et René Bélance, Breton soulignera l'apport marxiste pour les peuples colonisés en lutte contre l'impérialisme. En sorte que le passage de Breton à Port-au-Prince, son discours et ses messages auront un impact immédiat sur une jeunesse déjà toute acquise aux idées révolutionnaires. Comme le dira René Depestre,

> ce vigoureux message de Breton, par-dessus les têtes officielles décontenancées, fit la fête dans l'imagination de la jeunesse qui remplissait le théâtre. On applaudissait à tout rompre, on trépignait, on grimpait dans le lyrisme contagieux de Breton […]. On créa au Rex le climat subversif et scandaleux qui avait marqué le surréalisme à l'étape héroïque de son histoire parisienne. Dès la première prise de parole d'André Breton, on sut qu'on était mûrs pour déclencher en Haïti, avant la lettre, mutatis mutandis, un formidable « mai 68 » sous les tropiques ! […] La parole d'A. Breton servit de toile de fond à un appel pur et simple à l'insurrection nationale.[126]

En effet, les événements se précipitent après le 1er janvier 1946, lorsque paraît le second numéro de *La Ruche*. René Depestre et ses amis y publient le discours que Breton avait prononcé au „Savoy' dans son intégralité. Qui plus est, tout en rendant hommage au surréalisme, ils appellent ouvertement au renversement du Président Lescot. La revue est saisie par la police dès sa parution, tandis que René Depestre et Théodore Backer sont emprisonnés. Du 7 au 11 janvier, une grève étudiante, déclenchée pour la libération des deux jeunes poètes, se transforme en grève générale qui force Élie Lescot à démissionner. Comme le dira René Depestre, « en quelques jours "l'affaire La Ruche" prit l'ampleur d'un torrent de contestation démocratique qui submergea le pouvoir d'Élie Lescot. »[127] Le gouvernement modéré qui lui succède sera bientôt renversé par une junte militaire commandée par Paul

---

[124] « Discours de M. André Breton à 'Savoy' », *Conjonction*, n° 193, avril-mai-juin 1992, p. 63.

[125] *Cf.* Paul Laraque, « André Breton en Haïti », *op.cit.*, p. 27.

[126] René Depestre, « André Breton à Port-au-Prince », *op. cit.*, p. 127.

[127] *Ibid.*, p. 127.

Eugène Magloire. Toujours instables et corrompus, les gouvernements successifs ne feront que perpétuer l'ancienne politique, ce qui aboutira à la prise de pouvoir par François Duvalier en 1957.

André Breton quitte Haïti pour la Martinique le 16 février 1946 et regagne New York en mars de la même année. Son bref séjour de deux mois en Haïti fut important non seulement pour l'épanouissement du surréalisme, mais aussi, à l'instar de la visite de Césaire, parce qu'il a tiré l'indigénisme du repli identitaire et de son exacerbation par le « noirisme » qui sera imposé comme doctrine officielle sous François Duvalier. Qu'il se manifeste sous la bannière marxiste ou surréaliste, le véritable enjeu de l'engagement des écrivains sera désormais de préserver l'élan révolutionnaire de toute récupération idéologique et de réinventer une haïtianité littéraire plus subtile, à la fois proche du réel, sensible aux particularités créoles, et souveraine, rendant possible l'accès à l'universel.

*

Dans la première moitié du XXe siècle, la littérature haïtienne connaît de profonds changements sur le plan idéologique et esthétique. Nous avons vu se dessiner, à travers certains textes à caractère manifestaire ou programmatique, une lente évolution de la conception du littéraire qui s'est opérée dans le milieu intellectuel et artistique du pays.

Depuis l'apparition des premières formes de manifestes et de quasi-manifestes, les débats et polémiques dans le champ littéraire haïtien témoignent d'une prise de position politique qui domine les questions proprement esthétiques, sans pour autant les effacer. Cela s'explique principalement par les revendications identitaires qui apparaissent à travers chaque interrogation critique sur l'originalité des lettres haïtiennes et à travers le besoin ressenti par les écrivains de s'écarter du paternalisme de type colonial. D'où également la présence de discours antagonistes qui marquent les prises de position successives et s'inscrivent dans la rhétorique manifestaire classique, tout en cherchant une stylistique appropriée (la tonalité plus ou moins virulente, le registre pamphlétaire, ironique, sarcastique).

Mais c'est surtout la volonté de rupture avec ce qui précède qui constitue le point commun des différents textes étudiés. À cela s'ajoute un postulat qui traverse, lui aussi, plus ou moins explicitement tous ces textes : les Haïtiens en quête de leur « vérité » culturelle ne veulent plus être guidés ; leur émancipation, comme celle de tous les peuples noirs, ne se fera désormais plus sous la tutelle idéologique et politique étrangère. On voit ce refus dans les essais patriotiques de Louis-Joseph Janvier, Anténor Firmin et Hannibal Price. Il transparaît également chez les poètes de *La Ronde* et chez Etzer Vilaire à travers leur recherche d'originalité – c'est-à-dire d'une thématique haïtienne capable de donner à « l'esprit français », trop enfermé dans ses règles, une dimension afro-caribéenne.

Dans la conjoncture la plus hostile à l'épanouissement de la culture nationale que fut l'occupation américaine (1925-1934), l'indigénisme apparaît lui aussi comme une pratique oppositionnelle. Si, doté d'une revue, il s'impose comme un acte de « légitime défense » contre la culture bourgeoise, les propositions de son programme littéraire restent très éclatées et difficilement conciliables : puiser l'inspiration dans la vie paysanne (le culte vaudou, la langue créole), célébrer les racines culturelles africaines et, en même temps, s'inscrire dans le discours universaliste français ; exalter l'appartenance à la race noire, découvrir la Renaissance des poètes de la Harlem, et revendiquer l'ouverture au modernisme européen et latino-américain.

Lorsqu'en 1938 la revue *Les Griots* va récupérer idéologiquement les idées de Jean Price-Mars sur l'apport de l'héritage africain à la culture haïtienne pour en faire une doctrine « noiriste » qui allait bientôt servir la dictature populiste de François Duvalier – c'est précisément à ce programme « cosmopolite » et disparate de *La Revue indigène* qu'elle s'attaquera. Et, inversement, c'est au nom d'une négritude ouverte au monde, nourrie des idées communistes (la solidarité des prolétaires) et de tout l'arrière-plan révolutionnaire que leur offrait le surréalisme (avec ses postulats de libération de l'imaginaire poétique) que Magloire Saint-Aude, Jacques Roumain et René Depestre vont revendiquer le renouveau de la littérature haïtienne. Contemporaine des manifestes de Marinetti, Tzara et Breton, cette succession de revirements idéologiques et littéraires en Haïti démontre combien le champ littéraire naissant en Haïti reste concerné par l'invention de la modernité littéraire et ouvert aux idées déjà en circulation afin de convertir cette modernité et ces idées en un capital littéraire où l'art national et international pourraient s'enrichir mutuellement. Après la Seconde Guerre mondiale, d'autres programmes, comme ceux du réalisme merveilleux et du spiralisme, confirmeront à leur manière, souvent sous la forme de manifestes proprement dits, cette relation d'échange, pendant que les écrivains haïtiens auront à affronter le silence et la terreur imposés par le régime de François et Jean-Claude Duvalier.

Domaine franco-antillais

Sous le signe de l'assimilation

Après l'abolition de l'esclavage en 1848, les Antilles restent une colonie française, ce qui permet à la métropole d'exercer sa domination au niveau social, économique et culturel. La tentation eurocentriste est très forte, l'Europe et, en particulier, la France représentant l'idéologie du progrès. Devenue république, l'ancienne métropole incarne les valeurs culturelles associées à la langue française, la seule susceptible d'offrir aux Antillais les possibilités de carrière professionnelle et d'ascension sociale. En tant que colonies d'outre-mer de la France, les Antilles reproduisent le système administratif français, ce qui rend légitime le maintien du système des valeurs métropolitain.

Cet état de dépendance ne peut être véritablement mesuré qu'à l'aune d'une double aliénation. Comme le note Jack Corzani, « [l]a population de couleur dans son ensemble, dressée pendant des siècles à déifier le maître blanc [...], à envier son mode de vie, ses valeurs et sa culture, est conduite par les conditions de l'abolition, bel et bien décidée par le gouvernement central contre les colons, à mythifier la France, 'mère-patrie' libératrice. »[128]

Cette aliénation est avant tout ressentie par les anciens esclaves noirs qui forment la majorité de la population antillaise. Elle est renforcée par le fait qu'après la chute du système esclavagiste, les nouvelles élites de la société se composent de Blancs locaux appelés « békés », d'anciens maîtres naturellement penchés vers la France monarchique, et de Mulâtres, les anciens affranchis, jouissant déjà au temps de l'esclavage d'une position privilégiée[129]. Il importe de signaler qu'en général, à l'époque coloniale, les Mulâtres se considèrent comme égaux aux colonisateurs et vouent un profond mépris aux anciens esclaves et à leurs descendants. Ils aspirent ainsi à justifier au niveau de l'éducation, de la vie sociale et de la culture, les bienfaits de leur accès aux valeurs égalitaires et à la reconnaissance de leur citoyenneté. La volonté des élites antillaises d'assimiler les codes culturels de la métropole les condamne à une profonde aliénation identitaire et culturelle

---

[128] Jack Corzani, « Les Antilles françaises », dans Jack Corzani, Léon-François Hoffmann et Marie-Lyne Piccione, *Les Amériques*, *op. cit.*, p. 105.
[129] *Cf.* Józef Kwaterko, *Dialogi z Ameryką : o frankofońskiej literaturze w Québecu i na Karaibach*, Kraków, Universitas, 2003, et notamment le chapitre « Epidermiczność » qui explique la complexité des relations entre les Blancs, les Mulâtres et les Noirs à l'époque de l'esclavage, pp. 25-31.

et les contraint, comme le notera Frantz Fanon, à revêtir un « masque blanc »[130].

De manière générale, les écrivains antillais sont fortement attachés aux modèles culturels européens jusqu'aux années 1940. Sur le plan littéraire, cette situation se traduit par la fidélité des écrivains antillais aux canons français. Si l'on met de côté les écrits antérieurs à l'abolition de 1848 et dus à des auteurs blancs naturellement fidèles à la tradition littéraire française, il s'agit de la littérature dite « créole », c'est-à-dire « élaborée aussi bien par les gens de couleur [...] que par les Blancs qui, dans le contexte né des bouleversements de 1848, acceptent bon gré mal gré de s'adapter au monde nouveau. »[131] Cette production littéraire s'attache de manière significative à imiter les grands auteurs français et crée une esthétique qui, selon Jack Corzani, contribue à la « pasteurisation »[132] de la réalité des îles. Éluder dans la description du paysage antillais tout élément jugé trop réaliste (la misère, les conditions de vie sur les plantations) est une stratégie communément adoptée dans les textes littéraires antillais du XIXe et du début du XXe siècle. Dite « doudouiste »[133], cette littérature mise également sur le caractère exotique de l'espace local, en idéalisant l'image des « îles heureuses », plongées dans une végétation luxuriante et enchanteresses grâce à la sensualité des femmes mulâtres.

L'anthologie de René Bonneville *Fleurs des Antilles* (1900) est un bon exemple de ce topos des îles heureuses. Publiée à Paris pour commémorer l'Exposition Universelle de la même année, elle est proche du « manifeste d'imposition » par sa tentative de confirmer l'appartenance culturelle et sociale des Antilles à la France et aussi par sa volonté de renforcer l'attachement des écrivains antillais aux normes littéraires métropolitaines. Selon Jack Corzani, l'anthologie de Bonneville tente d'affirmer la « francité » de la littérature antillaise en misant sur « l'humanisme universel

---

[130] *Cf.* Frantz Fanon, *Peau noire, masques blancs*, Paris, Seuil, coll. « Points », 1952 (surtout le chapitre 1 « Le Noir et le langage »).

[131] Jack Corzani, « Les Antilles françaises », dans Jack Corzani, Léon-François Hoffmann, Marie-Lyne Piccione, *Les Amériques, op. cit.*, p.105.

[132] *Ibid.*, p. 106.

[133] Appellation traditionnellement adoptée pour nommer les textes des Créoles antillais de la fin du XIXe et du début du XXe siècle. Le terme provient du motif particulièrement fréquent dans ces textes de la femme mulâtre et la belle maîtresse, appelée « doudou ». Parmi les représentants de ce courant, Jack Corzani cite des auteurs tels que Victor Duquesnay, Salavina, Irmine Romanette, André Thomarel.

et un lyrisme neutre »[134] des poèmes choisis (ceux de Manuel Rosal, Eleuthère Saint-Prix Roné, Armand Sédécias et René Bonneville lui-même). Cela donne une grande unité symbolique aux voix poétiques présentes dans l'ouvrage, mais aussi une grande homogénéité thématique que Jack Corzani explique par la position socio-économique des auteurs qui y sont représentés. Mulâtres issus de la classe moyenne, ceux-ci n'ont aucun intérêt à souligner leur altérité ethnique et culturelle. Une poésie engagée, critique à l'endroit du réel, pourrait mettre en question leur statut social par rapport aux Blancs qui, à l'époque, constituent la classe privilégiée des propriétaires terriens. Pour conserver leur position sociale, les poètes dont il est question privilégient un purisme esthétique et préfèrent s'écarter du réel pour ne pas trop laisser apparaître leurs origines africaines[135].

Pourtant, dès le début du XXe siècle, sur la scène littéraire antillaise, il est possible d'observer une évolution similaire à celle qui s'opère en Haïti. Le climat intellectuel après la Grande Guerre amène vite une profonde mise en question de l'orientation assimilationniste de la littérature antillaise. Plusieurs textes théoriques et littéraires sont sensibles à cette époque à la question raciale et aux injustices sociales héritées du système colonial. Ils témoignent d'un lent changement de mentalité des élites qui seront de plus en plus attentives aux valeurs proposées par la culture des Noirs antillais. Comme en Haïti, les recherches en ethnologie, la valorisation des anciennes civilisations africaines, le discours critique sur les méfaits de la colonisation ainsi que le succès de « l'art nègre » poussent les intellectuels et les écrivains antillais à interroger leurs origines africaines et les problèmes identitaires de la société antillaise.

René Maran et *La Préface* de *Batouala* (1921)

Dans cette perspective se pose la question du rôle spécifique que doit jouer l'écrivain antillais vis-à-vis de l'espace littéraire français. Une des premières voix qui incarnent la volonté de désaliénation des Antillais est celle de René Maran, auteur du roman *Batouala* (1921). Né en 1887 à Fort-de-France, René Maran est dès son enfance immergé dans la culture

---

[134] Jack Corzani, « Poetry before Negritude », dans A. James Arnold, Julio Rodriguez-Luis, J. Michael Dash, éds, *A History of Literature in the Caribean, op. cit.*, p. 472.

[135] *Cf.* Jack Corzani, « Poetry before Negritude », dans A. James Arnold, Julio Rodriguez-Luis, J. Michael Dash, éds, *A History of Literature in the Caribean, op. cit., p. 472.*

française. Fils d'Herménégilde Maran, un fonctionnaire colonial guyanais, il complète son éducation et sa formation universitaire à Bordeaux, au lycée Montaigne et à la faculté de droit. Diplômé, Maran intègre le service colonial en Afrique Équatoriale Française où il gravit différents échelons de la structure administrative pour devenir finalement administrateur colonial. Cette expérience à la fois personnelle et professionnelle s'avère essentielle pour comprendre la double prise de position de Maran envers la France et le système colonial.

D'une part, sa position de Noir assimilé à la culture française définit sa situation d'écrivain qui, tout au long de sa vie, ne cessera de souligner son attachement à la France et aux valeurs de la civilisation européenne. Guyanais francophile, fortement lié au milieu intellectuel et artistique métropolitain, Maran apparaît à mille lieues des postures de révolte face à la France, entendue comme centre politique et culturel[136]. Toutefois, il est l'auteur de *Batouala. Véritable roman nègre.* Publié chez Albin Michel en 1921 et couronné par le prix Goncourt la même année, ce livre est un des premiers ouvrages littéraires écrits par un Noir à oser révéler et critiquer ouvertement les dysfonctionnements du système colonial français en Afrique. Son discours-réquisitoire, qu'on trouve avant tout dans la préface du livre, va bouleverser la critique littéraire française et déclencher une vaste polémique dans la presse. Comme le constate Michel Fabre, l'écrit « [...] f[ait] en France l'effet d'une bombe à cause de sa condamnation des abus et des méfaits du colonialisme français [...] »[137]. Pour les intellectuels et écrivains noirs, le roman de Maran s'offre comme une prise de parole audacieuse contre le discours colonial officiel et comme la première voix « nègre » de l'espace francophone qui démasque l'humiliation de la race noire.

Les idées de la préface aussi bien que l'esthétique du roman lui-même indiqueront aux futures générations d'artistes noirs la possibilité de contester les rapports de force entre la métropole française et ses colonies. Sans être proprement dit un texte manifestaire ou programmatique, *La Préface* de *Batouala* remplit la fonction manifestaire en raison de son caractère ouvertement critique et de son statut d'écrit anticolonial qui connaîtra sa pleine légitimation *a posteriori*.

Dans sa préface, Maran se livre à une dénonciation en règle des exactions de la colonisation. En effet, il consacre une large partie du texte à la

---

[136] Parmi ses amis et protecteurs Maran compte Henri de Régnier, membre de l'Académie française, André Gide, Marcel Proust ou Apollinaire.
[137] Michel Fabre, « Autour de Maran », *Présence Africaine*, n° 86, 1973, p. 166.

description de la situation dramatique de l'Oubangui-Chari, région où se déroule l'action de *Batouala*[138]. Le préfacier s'indigne devant l'extrême misère de ses habitants et l'indifférence de l'administration coloniale. De surcroît, il prend le lecteur à témoin et lui dévoile tout au long de son texte les injustices perpétrées par le système colonial français :

> Je comprends. Oui, qu'importe à Sirius que dix, vingt ou même cent indigènes aient cherché, en un jour d'innommable détresse, parmi le crottin des chevaux appartenant aux rapaces que se prétendent leurs bienfaiteurs, les grains de maïs ou de mil non digérés dont ils devaient faire leur nourriture ![139]

Maran ne manque pas non plus d'accuser les fonctionnaires coloniaux de passivité, mais aussi de dégénérescence morale :

> Car, la large vie coloniale, si l'on pouvait savoir de quelle quotidienne bassesse elle est faite, on en parlerait moins, on n'en parlerait plus. Elle avilit peu à peu. Rares sont, même parmi les fonctionnaires, les coloniaux qui cultivent leur esprit. Ils n'ont pas la force de résister à l'ambiance. On s'habitue à l'alcool. Avant la guerre, nombreux étaient les Européens capables d'assécher à eux seuls plus de quinze litres de pernod, en l'espace de trente jours.[140]

Maran montre les souffrances des populations indigènes et accuse les administrateurs coloniaux d'être les principaux coupables des drames qu'elles vivent. Son discours s'oppose radicalement à la rhétorique officielle car il met en question les fondements mêmes de l'expansion coloniale et sape l'image positive de celle-ci, répandue dans la société française.

Sur le plan stylistique, le bouleversement et l'attitude révoltée s'expriment dans un langage aux tonalités proches d'un réquisitoire teinté d'ironie acerbe. Le ton qui mêle l'indignation et le sarcasme révèle une voix sûre d'elle-même, celle d'un témoin oculaire qui attaque de front l'hypocrisie de la doctrine coloniale et la civilisation européenne elle-même qualifiée de meurtrière :

---

[138] Le territoire de cette région correspond actuellement à la République centrafricaine.

[139] René Maran, « Préface », dans *Batouala*, Paris, Albin Michel, (1921) 2001, p. 10.

[140] *Ibid.*, p. 13.

> Civilisation, civilisation, orgueil des Européens, et leur charnier d'innocents,
> [t]u bâtis ton royaume sur des cadavres. Quoi que tu veuilles, quoi que tu
> fasses, tu te meus dans le mensonge. À ta vue, les larmes de sourdre et la
> douleur de crier. Tu es la force qui prime le droit. Tu n'es pas un flambeau,
> mais un incendie. Tout ce à quoi tu touches, tu le consumes...[141]

Empreint d'une rhétorique protestataire, le texte de la préface déclenche une violente polémique, et scandalise en particulier les fonctionnaires coloniaux français ainsi que les thuriféraires de la « mission civilisatrice française »[142]. Intellectuel profondément francophile, Maran déploie en même temps une stratégie de positionnement pour s'assurer un accueil favorable de la part des intellectuels français. C'est ainsi qu'il fait alterner dans sa préface des attaques anticolonialistes et des idées qui expriment son attachement aux valeurs de la France, affirmant par la même sa position d'écrivain *français* et non pas d'écrivain « colonial » au sein du milieu littéraire métropolitain. Comme l'observe à ce propos Buata Malela, « assimilationniste convaincu, c'est en tant qu'écrivain hexagonal, c'est-à-dire français, que [Maran] se perçoit et c'est dans le champ littéraire français qu'il voudrait s'introduire en essayant d'abord de concurrencer les écrivains parisiens »[143]. Aussi, à côté de la dénonciation des pratiques coloniales qui déshonorent la France, on peut lire dans *La Préface* des hommages aux valeurs républicaines françaises et des appels à la solidarité des intellectuels qui tiennent un discours consensuel, celui d'humanisation de l'entreprise coloniale au nom de l'idéal républicain :

> Honneur du pays qui m'a tout donné, mes frères de France, écrivains de tous
> les partis ; vous qui, souvent, disputez d'un rien, et vous déchirez à plaisir, et
> vous réconciliez tout à coup, chaque fois qu'il s'agit de combattre pour une
> idée juste et noble, je vous appelle au secours, car j'ai foi en votre générosité
> [...]
> Mes frères en esprit, écrivains de France [...] Que votre voix s'élève ! Il faut
> que vous aidiez ceux qui disent les choses telles qu'elles sont, non pas telles
> qu'on voudrait qu'elles fussent. Et plus tard, lorsqu'on aura nettoyé les

---

[141] *Ibid.*, p. 11.

[142] *Ibid.*, p. 17. Sur la polémique suscitée par *Batouala* voir Marc Michel, « L'affaire Batouala : René Maran, écrivain anticolonialiste ou écrivain de l'ambiguïté », dans Pierre Guillaume, éd., *Identités caraïbes*, Paris, Éditions du Comité des Travaux Historiques et Scientifiques, 2001, pp. 77-94 et Pierre-Philippe Fraiture, « *Batouala* : un vrai roman d'un faux ethnographe ? », *Francofonia*, 14, 2005, pp. 23-37.

[143] Buata Malela, *Les Écrivains afro-antillais à Paris (1920-1960)*, *op. cit.*, p. 37.

> suburres coloniales, je vous peindrai quelques-uns de ces types que j'ai déjà
> croqués, mais que je conserve, un temps encore, en mes cahiers. […]
> C'est à redresser tout ce que l'administration désigne sous l'euphémisme
> "d'errements" que je vous convie. […] À l'œuvre donc, et sans plus attendre.
> La France le veut ![144]

L'attribution du prix Goncourt à *Batouala* confirme amplement
l'efficacité de la stratégie adoptée par Maran et propulse ce dernier en tant
qu'écrivain « nègre » au devant de la scène littéraire française. *La Préface* et
la consécration du roman même par le milieu littéraire français permettront
bientôt à d'autres intellectuels et écrivains afro-antillais de découvrir un
climat favorable à la lutte pour la dignité des Noirs et alimenteront une
contestation plus large du système colonial.

Premier écrivain noir de l'espace francophone à s'insurger contre les abus
du colonialisme au nom de la *vérité*, fondée sur son expérience
d'administrateur colonial en Afrique[145], Maran sera reconnu comme un des
pères du mouvement mondial de la réhabilitation des Noirs. Un des
hommages les plus importants qui lui seront adressés viendra d'outre-
Atlantique où *Batouala* est traduit dès 1922[146]. Les intellectuels noirs du
mouvement Nouveau Nègre, tels que W.E.B. Du Bois ou Alain Locke, sont
ceux qui accordent le plus d'attention à cette nouvelle voix qui lutte en
France pour la reconnaissance des « valeurs nègres ». Comme le note Michel
Fabre, pour les artistes afro-américains, *Batouala* « […] ser[t] en un sens de
point de repère 'africain' […], et ceci bien davantage que l'*Anthologie Nègre*
de Cendrars qui fut traduite seulement en 1927. »[147] Il n'est pas étonnant que
dans les années 1920 et 1930, les plus grands écrivains afro-américains
séjournant à Paris rendent hommage à Maran et le reconnaissent comme un
de leurs principaux inspirateurs. Parmi ces derniers, il faut citer en premier
Alain Locke qui rencontre Maran en 1924 et se lie d'amitié avec lui. Michel
Fabre affirme que Maran forme « le maillon le plus solide (avec Alain
Locke) de la chaîne qui unit les négritudes américaine, antillaise et africaine

---

[144] René Maran, « Préface », dans *Batouala, op.cit.*, pp. 11-14.
[145] Sur la question de l'authenticité « nègre » dans le roman voir Buata Malela, *Les
Écrivains afro-antillais à Paris (1920-1960), op. cit.*, pp. 51-62.
[146] Des artistes, tels que Jessie Fauset ou John Matheus, ont lu le roman de Maran en
version originale dès sa parution en France. *Cf.* Michel Fabre, « Autour de Maran »,
op. cit,. p. 171.
[147] *Ibid.*, p. 171.

[...] »[148]. C'est principalement autour de lui que se tisseront différentes relations intellectuelles entre les écrivains noirs des trois continents : Europe, Amérique et Afrique. Aux yeux de Léopold Sédar Senghor, c'est précisément à cause de son rôle de médiateur social entre les différents milieux artistiques noirs que l'écrivain guyanais apparaîtra comme l'un des précurseurs de la négritude[149].

Pour une solidarité des Noirs : *La Revue du monde noir* (1931-1932)

Dans les années 1930, le milieu artistique et littéraire afro-antillais va se cristalliser autour d'un « salon » tenu par deux Antillaises, les sœurs Paulette et Jane Nardal, dans un appartement loué au 7, rue Hébert à Clamart, près de Paris. Parmi les intellectuels et écrivains que l'on peut rencontrer chez les sœurs Nardal citons, entre autres, Léon-Gontran Damas, Jean Price-Mars, René Ménil, Jules-Marcel Monnerot, Aimé Césaire et Léopold Sédar Senghor. Durant ces rencontres, « on évoqu[e] [...] l'actualité parisienne ou mondiale, en évitant d'éventuels choix politiques personnels ; on réfléchi[t] sur les problèmes coloniaux et interraciaux, sur la place croissante prise par les hommes et les femmes de couleur dans la vie française [...] »[150]. Le « salon » de Clamart permet donc aux Africains et aux Antillais, présents à Paris de se rencontrer et d'échanger leurs opinions sur l'avenir des Noirs et leur rapport à la culture occidentale. Étudiantes en anglais à la Sorbonne, les sœurs Nardal rencontrent également, par l'intermédiaire de René Maran, plusieurs écrivains afro-américains venus rendre visite à l'auteur de *Batouala* à Paris, dont Langston Hughes, Claude McKay, Jean Toomer et Alain Locke. Elles découvrent ainsi tout un univers culturel lié au mouvement *New Negro* de New York auquel elles initient à leur tour les habitués de leur cercle.

L'ébullition intellectuelle et artistique du milieu afro-antillais de Paris dans les années 1920 et 1930 peut aussi se mesurer au nombre de revues consacrées à la culture « nègre » et rédigées par des intellectuels et étudiants noirs. Le plus souvent, il s'agit des périodiques qui n'ont pas de longue vie,

---

[148] *Ibid.*, p. 172.

[149] *Cf.* Pierre Akinwande, *Négritude et francophonie : paradoxes culturels et politiques*, Paris, l'Harmattan, coll. « Études africaines », 2011, p. 40.

[150] Louis-Thomas Achille, « Préface », dans Coll., *La Revue du monde noir : 1931-1932. Collection complète, n° 1 à 6*, Paris, Jean-Michel Place, 1992, p. XII. Désormais, toutes les références bibliographiques aux articles de *La Revue du monde noir* renvoient à cette édition.

comme *Les Continents* (1924)[151], *La Voix des Nègres* (1926-1927), *La Race nègre* (1927-1931), *La Dépêche Africaine* (1928 et 1931), *Légitime défense* (1932) et *L'Étudiant noir* (1935).

En raison de la diversité des contributions et de l'étendue des questions abordées, *La Revue du monde noir* (1931-1932) se présente comme le plus important foyer de la vie intellectuelle de la diaspora noire à Paris au début du XXe siècle, même si elle diffuse essentiellement les articles des Antillais et des Afro-Américains, l'Afrique n'y étant pas représentée[152]. Fondée en 1931 par Paulette Nardal et un Haïtien, le docteur Léo Sajou, publiée en version bilingue (français et anglais), *La Revue du monde noir* remplace *La Dépêche Africaine* dont elle reprend quelques anciens rédacteurs, comme Pierre Baye-Salzmann et René Maran. Parmi ses collaborateurs, on compte également Jean Price-Mars, Léo Frobenius, Claude McKay, Langston Hughes, Gilbert Gratiant[153], Henri Flavia Léopold et quelques jeunes poètes, les futurs dissidents, notamment Étienne Léro, Jules-Marcel Monnerot et René Ménil. L'absence d'Africains dans la revue (Léopold Sédar Senghor qui fait partie du salon de Clamart n'y publie pas) limite dans les faits le « monde noir » à « la petite Caraïbe parisienne »[154]. Il n'empêche que cette revue bilingue semble être un important carrefour de contacts internationaux et, du point de vue programmatique, un lieu de débats sur l'identité et la culture antillaises à partir duquel le mouvement de la négritude va s'affirmer au tournant des années 1940.

La Revue du monde noir repose sur un projet structuré en trois buts principaux exprimés dans l'éditorial du premier numéro de novembre 1931 :

---

[151] Dans le numéro du 1er septembre de ce journal, René Maran fait publier la première présentation en France des écrivains de la Harlem Renaissance au travers de la traduction d'une étude d'Alain Locke intitulée « La jeune poésie afro-américaine » qui parle de Countee Cullen, Jean Toomer, Claude McKay et Langston Hughes. *Cf.* Michel Fabre, « Autour de Maran », *op. cit.*, p. 171.

[152] Buata Malela, *Les Écrivains afro-antillais à Paris (1920-1960)*, *op. cit.*, p. 112.

[153] Ce dernier est fondateur, avec Auguste Joyau, de la revue martiniquaise *Lucioles* (1926-1928) dont l'objectif était de populariser des œuvres mettant en relief les particularités culturelles des Martiniquais. *Lucioles* est classée par les chercheurs parmi les premières manifestations des recherches de l'autonomie culturelle des Antilles. *Cf.* Régis Antoine, *Les Ecrivains français et les Antilles : des premiers Pères blancs aux surréalistes noirs*, Paris, Maisonneuve & Larose, 1978, p. 356.

[154] Buata Malela, *Les Écrivains afro-antillais à Paris (1920-1960)*, *op. cit.*, p. 114.

Ce que nous voulons faire :

Donner à l'élite intellectuelle de la Race noire et aux amis des Noirs un organe où publier leurs œuvres artistiques, littéraires et scientifiques.

Étudier et faire connaître par la voix de la presse, des livres, des conférences ou des cours, tout ce qui concerne la CIVILISATION NÈGRE, et les richesses naturelles de l'Afrique, patrie trois fois sacrée de la Race noire.

Créer entre les Noirs du monde entier, sans distinction de nationalité, un lien intellectuel et moral qui leur permette de mieux se connaître, de s'aimer fraternellement, de défendre plus efficacement leurs intérêts collectifs et d'illustrer la Race, tel est le triple but que poursuivra LA REVUE DU MONDE NOIR.

Sa devise est et restera
Pour la PAIX, le TRAVAIL et la JUSTICE.
Par la LIBERTÉ, l'ÉGALITÉ et la FRATERNITÉ.

Et ainsi, les deux cent millions de membres que compte la race noire, quoique partagés entre diverses Nations, formeront, au-dessus de celles-ci, une grande DÉMOCRATIE, prélude de la Démocratie universelle.[155]

Ce qui frappe à la lecture de ce court « programme », c'est sa visée composite, d'ordre politique et anthropologique plutôt que littéraire. Politique par son approche idéaliste et quelque peu utopique d'une identité noire transnationale et par la conception d'une « civilisation nègre » à la fois universelle et se référant émotionnellement à l'Afrique. Politique également par sa revendication d'une solidarité morale entre les Noirs qui conjugue le panafricanisme des idéologues afro-américains (W.E.B. Du Bois et Marcus Garvey), l'exaltation quasi-mystique de l'africanité dans le sillage des travaux ethnologiques (de Léo Frobenius, Georges Hardy et Maurice Delafosse) et la reprise flatteuse des idéaux républicains français. La revue semble ainsi vouloir gagner à sa cause l'opinion publique française par la mise en sourdine de la rhétorique anticoloniale et par ses idées ostensiblement prorépublicaines. Comme le souligne Buata Malela, l'identité nègre est pensée ici en termes d'une « identité triangulaire », rapprochant les Antilles de l'Afrique, mais à partir de la France :

___

[155] Paulette Nardal *et al.*, « Éditorial », *La Revue du monde noir*, n°1, 1931, p. 4 (les majuscules figurent dans le texte).

> À partir de la Métropole donc, la [*Revue du monde noir*] insiste sur l'idée de Français à la peau foncée, fruit du mélange entre les civilisations africaine et européenne. Néanmoins, c'est avec la seconde qu'elle a le plus de proximité relationnelle et spatio-temporelle étant donné qu'il s'agit de la civilisation dont les bienfaits (mission civilisatrice) consiste à éclairer les peuples figés à un moment de l'histoire, en l'occurrence les peuples d'Afrique, « ces frères attardés ».[156]

Cette idée assimilationniste, faisant écho à la « Préface » de *Batouala* de René Maran, se traduit spécifiquement sur le plan anthropologique par l'exaltation de l'âme africaine et « l'illustration de la Race ». Elle privilégie la conception d'une psychologie génétique des peuples noirs qui réhabilite la civilisation africaine. Dans *La Revue du monde noir*, plusieurs articles savants tendent à démontrer les dispositions naturelles (innées) des Noirs à la danse et à la musique (Émile Grégoire-Micheli) ou à une création artistique instinctive qui excède toute rationalisation (Louis-Thomas Achille). D'ailleurs, certaines contributions radicaliseront, à l'instar du mouvement négro-américain, l'exemplarité de la race noire en opposant l' « art nègre » à l'art occidental. On le voit bien dans deux articles de Pierre Baye-Salzmann où au principe mimétique individualiste dominant l'art occidental est opposée la symbolisation de l'« art nègre », sa puissance allégorique, irréductible aux normes et techniques préconçues et ouverte à un déchiffrement supraindividuel. L'« art nègre » serait ainsi le produit d'un être qui « prend la sensibilité intuitive pour objectif »[157] et qui est par la même plus proche que l'homme occidental des impulsions de la nature. Les idées de Salzmann sont tributaires de la conception de « l'âme nègre » et des analyses de la mentalité primitive proposées par Lucien Lévy-Bruhl, selon qui le Noir serait plus porté vers l'univers ésotérique et les émotions que vers l'esprit logique[158]. Comme le note Buata Malela, malgré leur lutte contre l'idée de l'infériorité des Noirs, les intellectuels groupés autour de *La Revue du monde noir* « restent enfermés dans la perception coloniale d'une Afrique sympathique,

---

[156] Buata Malela, *Les Écrivains afro-antillais à Paris (1920-1960)*, *op. cit.*, p. 121.

[157] Pierre Baye-Salzmann, « L'Art nègre : ses inspirations, ses apports à l'Occident », *La Revue du monde noir*, n° 5, mars 1932, p. 302.

[158] L'idée du lien étroit entre la mentalité primitive et le mysticisme a été développée par Lucien Lévy-Bruhl dans ses deux œuvres : *Mentalité primitive* (1922) et *l'Âme primitive* (1927). *Cf.* Frédéric Keck, *Le Primitif et le mystique chez Lévy-Bruhl, Bergson et Bataille*, Methodos 3, 2003. En ligne : methodos.revues.org/111 (visité le 12 avril 2010).

voire naïve et infantile [...] »[159]. L'opposition entre le rationalisme européen et l'émotivité prétendument innée des Noirs deviendra par la suite un des principaux arguments du discours de Léopold Sédar Senghor sur la complémentarité des deux civilisations et sur le potentiel de la négritude comme modèle culturel du métissage dont la langue française serait le garant.

En somme, malgré ses ambigüités – révéler une essence (« différence ») de la « race » et donner au « monde noir » une portée universelle ; mythifier une Afrique primordiale sans renier l'attachement à la France et à ses idéaux d'égalité – *La Revue du monde noir* reste un important lieu de connivence entre les intellectuels et écrivains antillais et l'intelligentsia française ; un lieu de médiation aussi où s'expriment (en traduction de l'anglais) les postulats de l'émancipation des Afro-américains. En ce sens, les problèmes du « monde noir » sont diffusés à partir et au-delà de Paris, pour se ranger dans ce que Pascale Casanova appelle « une internationalité réconciliée »[160]. En même temps, si l'on se place dans le contexte colonial des années 1930, il faut être surtout attentif aux polémiques que suscitera *La Revue du monde noir*. Car dans la foulée de ses conceptions identitaires problématiques, une nouvelle approche des valeurs noires sera bientôt négociée et cherchera sa légitimité littéraire, celle de la négritude.

Un manifeste antibourgeois : *Légitime défense* (1932)

En 1932, année de la disparition de *La Revue du monde noir*, trois de ses collaborateurs – René Ménil, Jules-Marcel Monnerot et Étienne Léro – avec la participation de quelques autres étudiants martiniquais, publient le premier et unique numéro de la revue *Légitime défense*. Les articles de cette publication traduisent manifestement une radicalisation du discours des intellectuels et écrivains antillais qui y expriment leur profonde contestation de la société et de l'art antillais, vus comme victimes de l'aliénation due à l'oppression coloniale. Le titre lui-même, volontairement frondeur et emprunté à un texte publié par André Breton en 1926[161], signale les intentions des collaborateurs de la revue : réagir à la domination culturelle de l'Occident et encourager les Antillais à accéder à une nouvelle conscience collective. Pour autant, dans *Légitime défense*, les appels à l'émancipation

---

[159] Buata Malela, *Les Écrivains afro-antillais à Paris (1920-1960), op. cit.*, p. 118.
[160] Pascale Casanova, *La République mondiale des lettres, op. cit.*, p. 73.
[161] André Breton, *Légitime défense*, Paris, Éditions Surréalistes, 1926. Le chef du mouvement surréaliste y explique la position des surréalistes face à l'engagement dans la révolution communiste.

des Antilles ne comportent aucune revendication politique autonomiste vis-à-vis de la France[162], car les rédacteurs de la revue concentrent leur regard sur les effets sociaux et artistiques de l'emprise coloniale[163].

Les grandes lignes idéologiques et la tonalité dominante de *Légitime défense* apparaissent dès « l'Avertissement », texte liminaire de la revue, signé par tous ses rédacteurs[164]. Le discours des jeunes Antillais s'articule principalement autour de la volonté de rompre d'avec l'assimilationnisme des élites antillaises aux valeurs et aux normes européennes. Il leur importe de rejeter l'idéal d'un consensus entre la culture des Noirs et le monde occidental, cher à la rédaction de *La Revue du monde noir*, et de lancer l'idée d'une lutte acharnée contre l'hégémonie de la civilisation européenne.

Cette différence fondamentale entre *Légitime défense* et *La Revue du monde noir* se manifeste en particulier dans les attaques verbales des rédacteurs de *Légitime défense* contre la bourgeoisie antillaise où domine le registre de l'invective. Inspirés du marxisme, les signataires de la revue se déclarent « traîtres [à la] bourgeoisie de couleur française, qui est une des choses les plus tristes du globe. »[165] Ils fustigent également le système socioéconomique protégé par la classe bourgeoise au pouvoir : « Nous nous dressons ici contre tous ceux qui ne sont pas suffoqués par ce monde capitaliste, chrétien, bourgeois dont à notre corps défendant nous faisons

---

[162] Dans sa préface à la réédition de *Légitime défense*, Ménil évoque l'opinion critique à l'égard de *Légitime défense* formulée par Léopold Sédar Senghor qui reproche aux rédacteurs de la revue de n'avoir pas appelé à l'indépendance de l'Afrique ou des Antilles. Pour Ménil, ce reproche est anachronique. *Cf.* René Ménil, « Préface », dans Coll., *Légitime défense*, Paris, Jean Michel Place, (1932) 1979, p. II. Désormais, toutes les références aux articles de *Légitime défense* renvoient à cette édition.

[163] Cette distinction se reflète dans la structure de la revue où deux articles : « Notes touchant la bourgeoisie de couleur française » de Jules-Marcel Monnerot et « Le Paradis sur Terre » de Maurice-Sabas Quitman constituent une analyse de la société antillaise dans une perspective de classes. Deux autres articles : « Généralités sur 'l'écrivain' de couleur antillais » de René Ménil et « Misère d'une poésie » d'Étienne Léro traitent de la littérature. En dehors de ces quatre textes majeurs, la revue contient une note rédigée par Étienne Léro à propos de l'affaire de Scottsboro Boys (où quelques jeunes Afro-américains ont été accusés d'avoir violé une Blanche américaine), un texte de protestation contre la suspension de bourses pour les étu-diants martiniquais intitulé « Nœud coulant » et un choix de poèmes des rédacteurs.

[164] Étienne Léro, Thélus Léro, René Ménil, Jules-Marcel Monnerot, Michel Pilotin, Maurice-Sabas Quitman, Auguste Thésés, Pierre Yoyotte. La plupart d'entre eux se sont connus au lycée à Fort-de-France.

[165] Étienne Léro *et al.*, « Avertissement », *Légitime défense*, n° 1, 1932, p. 2.

partie. »[166] Les goûts et les valeurs bourgeois ne sont ménagés non plus : « Nous crachons sur tout ce qu'ils aiment, vénèrent, sur tout ce dont ils tirent nourriture et joie. »[167]

Les articles qui suivent « l'Avertissement » développent et approfondissent les proclamations initiales en offrant des analyses plus détaillées. Deux textes : « Note touchant la bourgeoisie de couleur française » de Jules-Marcel Monnerot et « Le paradis sur Terre » de Maurice-Sabas Quitman dénoncent l'exploitation des Noirs par les classes dirigeantes composées de Mulâtres et de Blancs. Les deux auteurs voient dans les inégalités sociales la cause principale de l'arriération civilisatrice du peuple antillais. À l'instar de l'Haïtien Jean Price-Mars qui, dans *Ainsi parla l'oncle* publié quatre ans plus tôt, reprochait à ses compatriotes un « bovarysme intellectuel », Jules-Marcel Monnerot accuse ouvertement ses compatriotes de renier leur race pour « se faire une blancheur »[168].

La critique virulente des relations sociales aux Antilles sert de toile de fond aux analyses de la littérature antillaise de l'époque. Dans « Généralités sur 'l'écrivain' de couleur antillais », René Ménil dévoile sans ambages les effets de l'assimilationnisme sur le plan strictement littéraire : « Si, accidentellement, l'Antillais de couleur utilisé pour des fins économiques, même quand il fait sa profession de penser, tourne son activité vers la littérature, ses œuvres manifestent un effort ennuyeux pour être pareil au blanc colonisateur. »[169] Suivant cette prise de position radicale, Ménil accuse ouvertement les écrivains antillais de vouloir se conformer aux goûts français et de renier leur propre culture en faveur d'une littérature d'emprunt.

Le texte d'Étienne Léro « Misère d'une Poésie » complète les constats de Ménil[170]. Au début de son article, Léro affirme péremptoirement que la véritable littérature antillaise n'existe pas encore. D'après l'auteur, faute d'un public local, dû à l'illettrisme de la majorité de la société, les textes publiés aux Antilles constituent un artifice, une pure imitation : « L'Antillais, bourré

---

[166] *Ibid.*, p. 1.

[167] *Ibid.*, p. 2.

[168] Jules-Marcel Monnerot, « Note touchant la bourgeoisie de couleur française », *Légitime défense*, n° 1, 1932, p. 4.

[169] René Ménil, « Généralités sur 'l'écrivain' de couleur antillais », *Légitime défense*, n° 1, 1932, p. 7.

[170] Le titre de l'article rappelle celui du texte de Breton « Misère de la poésie : l'affaire Aragon devant l'opinion publique » (1932). *Cf.* André Breton, « Misère de la poésie : l'affaire Aragon devant l'opinion publique », dans vol. 2 de *Œuvres complètes*, Paris, Gallimard, 1992, p. 4-27

à craquer de morale blanche, de culture blanche, d'éducation blanche, de préjugés blancs, étale dans ses plaquettes l'image boursouflée de lui-même. D'être un bon décalque d'homme pâle lui tient lieu de raison sociale aussi bien que de raison poétique. »[171] Il observe aussi le caractère factice des œuvres littéraires antillaises dans l'absence de références à la réalité des îles et à la vie des Noirs, victimes de la colonisation : « L'étranger chercherait vainement dans cette littérature un accent original ou profond, l'imagination sensuelle et colorée du noir, l'écho des haines et des aspirations d'un peuple opprimé. »[172]

Par leur tonalité dénonciatrice, les articles de Ménil et Léro dépassent les frontières d'une simple analyse sociale et résonnent comme un appel à la purification de la mentalité antillaise. C'est ici que l'art, et notamment l'art surréaliste, apparaît comme l'inspiration essentielle de *Légitime défense*. Pour les lanceurs de la revue, la désaliénation de leurs compatriotes doit passer par le refus de la logique et de la raison cartésienne qui, pour Breton et les autres membres du mouvement surréaliste européen, sont les garde-fous de la civilisation européenne. Rien d'étonnant que *Légitime défense* oppose à ces derniers la force libératrice de l'amour et du rêve : « La contradiction est fonction de l'Utile. Elle n'existe pas dans l'amour. Elle n'existe pas dans le rêve. »[173] Les deux auteurs posent l'exploration lyrique des émotions et de la déraison comme un des moyens importants de la lutte contre la domination de la culture occidentale aux Antilles.

Ainsi, dans le programme de *Légitime défense*, le littéraire et l'idéologie sont soudés comme deux composantes du processus d'émancipation culturelle aux Antilles. D'une part, la mise en pratique d'une esthétique fondée sur les principes surréalistes est présentée comme le premier pas vers une prise de conscience identitaire. D'autre part, la désaliénation identitaire et culturelle des Antillais, et notamment celle des ouvriers noirs, est envisagée par les rédacteurs de la revue comme nécessaire à la naissance d'une nouvelle littérature antillaise. Dès lors, on peut dire que, dans *Légitime défense*, les aspects social et artistique du combat s'entrelacent et s'influencent mutuellement pour se fondre en un seul projet, à la fois littéraire et idéologique et que le véritable renouveau littéraire n'est possible qu'au prix

---

[171] Étienne Léro, « Misère d'une poésie », *Légitime défense*, n° 1, 1932, p. 10. Léro s'en prend surtout à la poésie de Gilbert Gratiant et de Henri Flavia Léopold qui pratiquent une poésie d'imitation, sans lien avec la réalité antillaise.
[172] *Ibid.*, p. 10.
[173] Étienne Léro *et al.*, « Avertissement », *op. cit.*, p. 2.

d'une révolution politique : « Du jour où le prolétariat noir, que suce aux Antilles une mulâtraille parasite vendue à des blancs dégénérés, accédera, en brisant ce double joug, au droit de manger et à la vie de l'esprit, de ce jour-là seulement il existera une poésie antillaise. »[174]

Une telle rhétorique aux accents eschatologiques (« ce jour-là ») et insurrectionnels de même que la prise de position antibourgeoise de *Légitime défense*, rapprochent sans doute la revue de l'esthétique manifestaire. Typiques des manifestes canoniques de la première moitié du XXe siècle, les tournures audacieuses, le ton blasphématoire et le sarcasme abondent à chaque page. D'ailleurs, Ménil lui-même ne cache pas qu'il donne libre cours au « plaisir cruel d'agression » par lequel « on règle son compte à la laideur coloniale [...] »[175]. Sans être assignée comme manifeste par les rédacteurs, *Légitime défense* produit parmi le public afro-antillais à Paris un « effet-manifeste », défini par Claude Abastado comme un des éléments spécifiques des textes à caractère manifestaire[176]. En effet, la rhétorique du refus et le style iconoclaste de *Légitime défense* attirent l'attention de nombreux intellectuels afro-antillais qui, plus tard, confirmeront l'impact que la revue aura eu sur eux[177]. Selon les outils de classification proposés par Rod Heimpel, il est possible de ranger *Légitime défense* parmi les manifestes postérieurs allographes[178] puisque ce sont les lecteurs (y compris les critiques littéraires et les chercheurs) qui lui attribueront cette fonction de manifeste après la publication.

Ce qui renforce aussi le caractère manifestaire des articles de *Légitime défense*, ce sont les principales sources d'inspiration des rédacteurs. Sur le plan idéologique, la proximité de la revue avec le marxisme alimente sans nul doute son esprit révolutionnaire. Cette filiation est d'ailleurs ouvertement

---

[174] Étienne Léro, « Misère d'une poésie », *op. cit.*, p. 12.

[175] René Ménil, « Préface », dans Coll., *Légitime défense, op. cit.*, p. IX.

[176] Voir *supra*, p. 16.

[177] Léopold Sédar Senghor reconnaît l'importance de *Légitime défense* et constate que « [...] plus qu'une revue, plus qu'un groupement littéraire, *Légitime défense* fut un mouvement culturel. » (Léopold Sédar Senghor, *Anthologie de la nouvelle poésie nègre et malgache de langue française*, Paris, Presses Universitaires de France, coll. « Pays d'outre-mer », (1948) 1969, p. 49). Dans la notice sur Césaire, Senghor affirme que celui-ci s'est vivement intéressé à la revue. Dans son anthologie, *Poètes d'expression française*, Léon-Gontran Damas consacre trois pages à Étienne Léro, ce qui prouve également l'importance accordée aux lanceurs de la revue par les autres écrivains noirs. *Cf.* Lilyan Kesteloot, *Histoire de la littérature nègre-africaine*, Paris, Karthala, (2001) 2004, pp. 18-19.

[178] Voir *supra*, p. 21.

revendiquée par les signataires qui se réclament du « matérialisme dialectique de Marx, soustrait à toute interprétation tendancieuse et victorieusement soumis à l'épreuve des faits par Lénine. »[179]

Sur le plan littéraire, il faut surtout souligner le rôle qu'a joué le surréalisme pour les rédacteurs de cet unique numéro de *Légitime défense*. Comme nous l'avons vu, le surréalisme fournit une base conceptuelle à l'articulation de la nouvelle pratique poétique antillaise et à son engagement pour la libération culturelle des Antillais. Le surréalisme est revendiqué déjà dans « l'Avertissement » car ses signataires s'attachent « sans réserve [au] surréalisme auquel - en 1932 – [ils] li[ent] [leur] devenir »[180], tout en se réclamant de Breton, Dalí, Crevel, Éluard, Péret, Tzara, de « l'œuvre toute entière d'Aragon »[181], tandis que Sade, Lautréamont et Rimbaud y sont cités comme leurs inspirateurs directs.

De plus, la violence verbale de *Légitime défense* semble elle aussi porter les traces des écrits manifestaires des surréalistes. Sur ce point, on peut relever les similitudes entre la rhétorique de l'« Avertissement » et celle du manifeste anticolonial *Murderous Humanitarianism* rédigé, signé et publié la même année par les surréalistes français, dont André Breton, Roger Caillois, René Char, René Crevel, Paul Éluard, Benjamin Péret, Yves Tanguy, André Thirion, Pierre Unik, mais aussi par deux rédacteurs de *Légitime défense* : Jules-Marcel Monnerot et Pierre Yoyotte[182]. En pratique, *Murderous*

---

[179]Étienne Léro *et al.*, « Avertissement », *op. cit.*, p. 1. Le rattachement idéologique des rédacteurs de *Légitime défense* au communisme se confirme également dans la note d'Étienne Léro « Civilisation » où, en parlant de l'affaire de Scottsboro Boys, l'auteur recommande aux Noirs américains de chercher refuge dans le système communiste. *Cf.* Étienne Léro, « Civilisation », *Légitime défense*, n° 1, 1932, p. 9.

[180] Étienne Léro *et al.*, « Avertissement », *op. cit.*, p. 1.

[181] *Ibid.*, p. 2.

[182] *Murderous Humanitarianism* a été publié aux États-Unis en anglais (en traduction du français de Samuel Beckett) dans l'anthologie de Nancy Cunard *Negro : an anthology* (1934), une publication de la même portée que *The New Negro* d'Alain Locke. *Cf.* Michael Richardson, Krzysztof Fialkowski, *Refusal of the Shadow : Surrealism and the Caribbean*, Londres, Verso, 1996. Dans son texte « Surrealist Racial Politics at the Borders of 'Reason' : Whiteness, Primitivism and Negritude », Amanda Stansell affirme que le texte original du manifeste a disparu. *Cf.* Amanda Stansell, « Surrealist Racial Politics at the Borders of 'Reason': Whiteness, Primitivism and Negritude », dans Raymond Spiteri et Donald LaCoss, éds, *Surrealism : Politics and Culture*, Burlington (États-Unis), Ashgate Publisching Company Inc., 2003, p. 119. En ligne : books.google.pl/books?id=bQkOVGW8FFEC &printsec=frontcover&hl=pl&source=gbs_ge_summary_r&cad=0#v=onepage&q&f= false (visité le 10 juin 2010).

Humanitarianism se propose de protester contre les injustices coloniales. Cette idée conductrice donne lieu à de violentes attaques contre une civilisation européenne décrite comme purement matérialiste et foncièrement cupide. Présentées comme valeurs-clés de la classe bourgeoise occidentale, la rationalité, le capitalisme et le christianisme y sont dénoncés avec haine. En revanche, les auteurs présentent le rêve comme une force apte à transformer la mentalité occidentale car elle est la seule capable d'abolir le primat de la raison. Ainsi, tout comme *Légitime défense*, *Murderous Humanitarianism* s'attache à discréditer la mission civilisatrice du colonialisme européen en dénonçant l'exploitation des peuples indigènes.

« L'Avertissement » paru dans *Légitime défense* reprend très exactement cette manière de voir puisque le colonialisme y est dépeint sous les traits d'une force opprimante et aliénante, cautionné par un discours humanitaire hypocrite : « Parmi les immondes conventions bourgeoises nous abominons très particulièrement l'hypocrisie humanitaire, cette émanation puante de la pourriture chrétienne. »[183] Évoquer l'« hypocrisie humanitaire » de l'Occident semble renouer ici avec l'idée conductrice du manifeste écrit par les surréalistes français et avec son titre : *Murderous Humanitarianism*.

Le rapprochement des deux publications se confirme également au niveau du style qui privilégie la rhétorique de la protestation et de l'injure. Citons à titre d'exemple quelques phrases tirées de chaque texte. *Légitime défense* comprend des formules telles que : « Nous nous foutons des sentiments », « Et c'est en grinçant horriblement des dents que nous supportons l'abominable système de contraintes et de restrictions, d'extermination de l'amour et de limitation du rêve généralement désigné sous le nom de civilisation occidentale. »[184] *Murderous Humanitarianism* affiche le même ton : « Pendant des siècles, soldats, prêtres et fonctionnaires de l'impérialisme, mêlant le vol, l'outrage et les meurtres de masse, se sont impunément accrochés aux peuples de couleur comme des sangsues [...] » ou bien « En France, devenue monstrueusement grande après avoir démembré l'Europe, réduit l'Afrique en bouillie, pollué l'Océanie et ravagé des pans entiers de l'Asie, nous, les Surréalistes, nous nous sommes déclarés favorables à l'idée de remplacer la guerre impérialiste, dans sa forme chronique et coloniale, par

---

[183] Étienne Léro *et al.*, « Avertissement », *op. cit.* p. 1.
[184] *Ibid.*, pp. 1-2.

une guerre civile. »[185] Dans les deux textes on remarque l'usage d'un langage fort, dénonçant l'exploitation et les injustices. Le déchaînement verbal permet ici et là d'exprimer une profonde indignation à l'endroit de la réalité coloniale.

On voit bien, au niveau des idées et au niveau du style, que *Légitime défense* et *Murderous Humanitarianism* emploient des stratégies rhétoriques similaires. Typique de l'écriture manifestaire de l'époque, le recours au blasphème renforce la portée insurrectionnelle de *Légitime défense*. La révolution sociale qu'elle annonce se nourrit des provocations surréalistes et s'affirme comme une révolution du langage. Aussi, grâce à l'esthétique manifestaire, la révolte contre l'aliénation coloniale trouve-t-elle pour la première fois dans l'histoire de la littérature antillaise son sens et sa portée.

Comme chaque manifeste, *Légitime défense* peut être analysé au prisme de son positionnement dans l'espace des relations tissées avec les autres agents du champ littéraire. De ce point de vue, les postulats idéologiques et esthétiques des signataires de *Légitime défense* se présentent comme une double prise de position au sein du champ littéraire parisien. D'une part, *Légitime défense* cherche sa place vis-à-vis du surréalisme. Comme nous l'avons vu, les rédacteurs de la revue se réclament explicitement du mouvement de Breton, entrent en collaboration avec ses revues et s'inspirent de ses publications[186]. Cette affinité élective des auteurs antillais avec le surréalisme français est sans doute motivée par la critique que les surréalistes adressent à la civilisation européenne, et en particulier par l'intérêt qu'ils portent à la cause des Noirs, considérée comme un des éléments de la lutte anti-impérialiste[187]. Par conséquent, les jeunes Antillais semblent essayer de

---

[185] André Breton *et al.*, *Murderous Humanitarianism*, dans Nancy Cunard, *Negro : an anthology*, New York, The Conitnuum Publishing Groupe Inc., (1934) 2002, p. 352-353 (nous traduisons).

[186] Jules-Marcel Monnerot, Pierre Yoyotte, Étienne Léro ont collaboré avec le groupe surréaliste de Breton de façon régulière. Introduits dans le milieu surréaliste par Pierre Yoyotte, ils publient quelques textes dans le numéro 5 (mai 1933) de la revue *Le Surréalisme au service de la révolution*, notamment, Monnerot avec son article « À partir de quelques traits particuliers à la mentalité civilisée », Yoyotte avec son texte « Théorie de la fontaine », et Étienne Léro avec quelques poèmes. Ajoutons à cela que chez Breton, Monnerot rencontrera Roger Caillois et qu'en 1937 ils fonderont le Collège de Sociologie avec Georges Bataille.

[187] La publication la plus marquante qui atteste cette tendance est le texte signé entre autres par Breton, Éluard, Aragon, Tanguy et Péret, *Ne visitez pas l'Exposition Coloniale* (1931). *Cf.* André Breton *et al.*, *Ne visitez pas l'Exposition Coloniale*. En

récupérer une partie du capital symbolique du surréalisme pour s'assurer une entrée dans la scène littéraire parisienne. Et vice versa, du côté des surréalistes, le fait d'accepter les jeunes étudiants martiniquais dans leur milieu peut être identifié comme une autre stratégie, celle de l'élargissement de leur mouvement à des espaces littéraires encore non investis. Cependant, comme le signale Jean-Claude Michel, la référence « à toute l'œuvre d'Aragon », visible dans « l'Avertissement » de 1932 (année de l'expulsion d'Aragon du groupe de Breton), indique que les jeunes Martiniquais cherchent à préserver une certaine autonomie à l'égard de ce dernier : « En nommant leur revue *Légitime défense*, ces Antillais ne s'inféodaient nullement au surréalisme, ils avaient bien d'autres exigences à légitimer et de droits à défendre »[188]. Adhérence et distanciation – telle est donc l'attitude envers le surréalisme affichée par *Légitime défense*.

D'autre part, les jeunes Martiniquais doivent s'assurer une position au sein du champ littéraire afro-antillais à Paris. De ce point de vue, le radicalisme idéologique, le soutien donné au mouvement surréaliste et l'usage de la violence verbale peuvent être considérés comme composantes de la prise de position dans la lutte des « modernes » (*Légitime défense*) contre les « anciens » (*La Revue du monde noir*). Le style de *Légitime défense* s'éloigne en effet considérablement de *La Revue du monde noir* qui, dans l'ambition d'offrir des publications « sérieuses », favorisait un style plus neutre et recherchait une dimension scientifique, plus apte à éveiller le respect des lecteurs. *Légitime défense*, au contraire, n'hésite pas à accentuer la nature subversive de ses idées et à se démarquer des autres acteurs du champ. Opposé au pacifisme et à l'intellectualisme de *La Revue du monde noir*, le programme révolutionnaire de *Légitime défense* s'adresse à la jeunesse noire de Paris ignorée par *La Revue du monde noir*[189]. En ce sens, il développe une stratégie propre à une avant-garde radicale qui, pour entrer sur la scène littéraire, refuse les vieilles règles du jeu établies par les agents routinisés du champ.

Comme manifeste, *Légitime défense* montre aux artistes la nécessité d'accéder à une expression souveraine, hors de toute contrainte. En appelant au bouleversement de l'ordre social, la revue pousse la littérature antillaise à

---

ligne : melusine.univ-paris3.fr/Tracts_surr_2009/Tracts_I_2009.htm#par_63 (visité le 13 décembre 2012).

[188] Jean-Claude Michel, *Les Ecrivains noirs et le surréalisme*, Sherbrook, Éditions Naaman, 1982, p. 23.

[189] *Cf.* Buata Malela, *Les Écrivains afro-antillais à Paris (1920-1960), op.cit.*, p. 126.

rechercher sa spécificité et se donne, de ce fait, pour un texte qui proclame la naissance de la littérature antillaise. Les postulats de *Légitime défense* contiennent par ailleurs en germe les principales composantes idéologiques qui préfigurent certaines revendications de la négritude : la critique du colonialisme culturel de l'Hexagone et la légitimation de la culture des Noirs. Comme le constate Lilyan Kesteloot, *Légitime défense* « inaugure officiellement le mouvement néo-nègre [...] »[190] dans l'espace littéraire francophone. Trois ans après la parution de la revue, en 1935, Aimé Césaire, Léon-Gontran Damas et Léopold Sédar Senghor fonderont à Paris la revue *L'Étudiant noir* où apparaîtra pour la première fois le concept de « négritude ». À cette époque, Césaire et Senghor auront lu avec intérêt *Légitime défense* et seront au courant des idées des jeunes Antillais. Bientôt, par le recours à l'inspiration surréaliste et à son intransigeance dans sa critique de l'oppression coloniale, *Légitime défense* inspirera les écrivains noirs qui clameront haut et fort leur prise de conscience identitaire et culturelle[191].

Les premières conceptions de la négritude : *L'Étudiant noir* (1935)

En mars 1935 sort à Paris le seul numéro du journal corporatif, *L'Étudiant noir*, rédigé par un groupe d'étudiants africains et antillais réunis autour d'Aimé Césaire, Léopold Sédar Senghor et Léon-Gontran Damas. Après l'interdiction de la publication de *Légitime défense* au motif de sédition, cet unique numéro de *L'Étudiant noir* marque une nouvelle étape dans l'affirmation de la littérature antillaise grâce à ses articles à caractère programmatique qui vont mettre en avant le concept de négritude comme argument polémique de première importance.

Dans l'article « Nègreries, Jeunesse noire et assimilation », Aimé Césaire présente l'urgence d'une rupture avec l'assimilation comme condition préalable et incontournable afin de rendre à la littérature noire une expression

---

[190] Lilyan Kesteloot, *Histoire de la littérature nègre-africaine, op.cit.*, p. 19.

[191] L'impact qu'aura *Légitime défense* est à comparer avec celui de la poésie surréaliste en Haïti sur les poèmes de Magloire Saint-Aude et de René Depestre. De ce point de vue, on peut également signaler les similitudes entre le manifeste des automatistes québécois *Refus global* (1948) et le manifeste antillais. *Cf.* Michał Obszyński, « Entre la tradition et l'avenir : les enjeux sociaux et esthétiques des manifestes littéraires au Québec et dans la Caraïbe », dans Maciej Abramowicz et Joanna Durczak, éds., *Rémanences, espérances et valeurs canadiennes*, Lublin, Wydawnictwa Uniwersytetu im. Marii Curie-Skłodowskiej, 2008, pp. 151-158.

authentique. Il s'agit là d'une conception militante de la négritude nettement différente de celle préconisée par Senghor. Comme le constate Buata Malela, en plaçant l'héritage français et l'apport africain sur un pied d'égalité, ce dernier semble favoriser « une synthèse entre l'assimilation et le désir d'émancipation »[192]. Césaire, quant à lui, se place du côté du refus radical de l'assimilation, ce qui le pousse à appeler la jeunesse noire à « tourn[er] le dos à la tribu des Vieux. La tribu des Vieux dit "assimilation", nous répondons : résurrection ! »[193] Il souhaite également l'apparition de poètes et de romanciers noirs qui mettront au cœur de leur réflexion les questions brûlantes pour les Noirs et la lutte pour l'égalité raciale.

Les conceptions de Senghor et de Césaire restent influencées par le réveil de la conscience raciale des Noirs, courant de pensée dominant à l'époque, mais qui donne à la cause des Noirs une dimension universelle, au-delà de tout repli sur soi. À l'opposé de *Légitime défense*, l'appel lancé par Césaire à rompre avec l'assimilation s'adresse non pas à ses seuls compatriotes, mais bien à l'ensemble des Noirs [194]. Ce n'est que dans la première partie de *Cahier d'un retour au pays natal* que Césaire changera de perspective pour interroger d'abord la réalité des Antilles et, plus précisément, celle de la Martinique, où l'injustice et le racisme l'auront choqué après son long séjour parisien.

---

[192] Buata Malela, *Les Écrivains afro-antillais à Paris (1920-1960), op. cit.* p. 130. Il est significatif que dans son article paru dans *L'Étudiant noir*, « L'Humanisme et nous : René Maran », Senghor salue le précurseur de la prise de conscience des Noirs et accentue l'idée d'un mouvement qui réunirait tous les Noirs et qui aurait « l'homme noir comme but, la raison occidentale et l'âme noire comme instruments de recherche. ». Cité dans Locha Mateso, *La Littérature africaine et sa critique*, Paris, Karthala, 1980, p. 111.

[193] Cité dans Buata Malela, *Les Écrivains afro-antillais à Paris (1920-1960), op. cit.* p. 130.

[194] Signalons toutefois la parution dans *L'Étudiant noir* de l'article de Léon Sainville qui adopte un point de vue différent dans la réflexion sur l'identité des Noirs. Sainville affirme « [qu'une] littérature d'Amérique française, si elle veut être géniale, si elle veut même être digne de ce nom, ne peut avoir pour objet que d'étudier ce peuple, son tempérament, ses mœurs et ses coutumes, son travail, ses luttes. » (cité dans Buata Malela, *Les Écrivains afro-antillais à Paris (1920-1960), op. cit.* p. 131.) L'article de Sainville préfigure la réflexion des intellectuels et des écrivains antillais qui, dans l'avenir, porteront leur attention sur l'élaboration d'une identité culturelle locale et non plus sur l'affirmation raciale des Noirs du monde entier. Une telle perspective sera notamment patente dans la revue *Tropiques* qu'Aimé Césaire dirigera à Fort-de-France dans les années 1940.

Une révolution poétique : *Cahier d'un retour au pays natal* (1939) d'Aimé Césaire

Aux Antilles, *Les Pigments* de Léon-Gontran Damas, publié en 1937 avec une préface de Robert Desnos, est la première œuvre littéraire qui relève de l'esthétique de la négritude. Dans ce recueil de poèmes, Damas procède à la dénonciation des stéréotypes eurocentrés incrustés dans la mentalité de la bourgeoisie de couleur guyanaise. Au niveau de la forme, l'usage des sonorités et des rythmes, signale l'inspiration du blues et du jazz qui puisent dans les musiques africaines. Or, l'œuvre de Damas se voit très vite éclipsée par *Cahier d'un retour au pays natal* d'Aimé Césaire dont la première version, parue dans la revue martiniquaise *Volontés* en 1939, précède les deux éditions en volume de 1943 et 1947, ainsi que l'édition préoriginale partielle de 1942 dans la revue *Tropiques*, intitulée « En guise de manifeste littéraire »[195]. *Cahier d'un retour au pays natal* s'impose comme l'œuvre majeure de l'éveil identitaire aux Antilles par ses thèmes et par l'originalité de sa forme poétique.

La portée révolutionnaire du texte de Césaire est visible aussi bien dans son énoncé (le poème plaide en faveur de l'affirmation de la culture noire) que dans sa structure énonciative qui rompt avec la pratique littéraire connue aux Antilles (une poésie romantique, parnassienne ou symboliste) pour privilégier une écriture semblable à la stylistique surréaliste. Le long poème de Césaire constitue une cristallisation et une réalisation directe d'une conception idéologique et esthétique précise, ce qui permet, au regard de la théorie de l'esthétique manifestaire de Claude Abastado, de considérer *Cahier* comme un texte manifestaire.

En particulier, *Cahier d'un retour aux pays natal* s'articule en trois mouvements qui, sans être nettement distincts, indiquent le cheminement de la pensée du « je » parlant et reflètent trois phases de l'affirmation de l'identité antillaise. Le premier mouvement constitue un réquisitoire contre la colonisation qui plonge la Martinique dans une situation économique et sociale catastrophique :

> Au bout du petit matin bourgeonnant d'anses frêles les Antilles qui ont faim,
> les Antilles grêlées de petite vérole, les Antilles dynamitées d'alcool,

---

[195] *Cf.* Pierre Laforgue, « Le *Cahier d'un retour au pays natal* de 1939 à 1947 (de l'édition *Volontés* à l'édition Bordas) : étude de génétique césairienne. », *Études françaises*, vol. 48, n° 1, 2012, p. 132.

échouées dans la boue de cette baie, dans la poussière de cette ville sinistrement échouées.[196]

Césaire semble ici retrouver la tradition des poètes « indigénistes » haïtiens. Il prend à contre-pied l'image mythique, « édulcorée » des Antilles, propagée jusqu'alors par l'idéologie coloniale, et dénonce la misère qui frappe la plupart des habitants du pays. L'évocation de la léthargie profonde des Noirs, tout comme de la morosité de l'existence dans la colonie, met en question le canon littéraire de la poésie « doudouiste » qui présentait la Martinique comme une île paradisiaque et enchanteresse par son exotisme.

Cette dénonciation inaugurale permet à Césaire de revendiquer au nom de ses compatriotes le droit à la dignité et à la liberté, à l'exemple d'Haïti où « la négritude se mit debout pour la première fois et dit qu'elle croyait à son humanité [...]»[197]. Or, chez Césaire, le geste fondateur ne signifie pas la négation totale des séquelles de la colonisation comme dans le cas de l'Indépendance haïtienne de 1804, mais son dépassement dans la logique d'une auto-humiliation qui n'est qu'une prise de conscience de sa situation du Noir. Le deuxième mouvement du poème apporte l'acceptation et la revalorisation de la condition bafouée des Noirs vivant en Martinique. Dans un élan spirituel et poétique, le « je » proclame haut et fort :

> [...]
> J'accepte...j'accepte...entièrement, sans réserve...
> ma race qu'aucune ablution d'hysope et de lys mêlés
> ne pourrait purifier
> ma race rongée de macules
> ma race raisin mûr pour pieds ivres
> ma reine des crachats et des lèpres
> [...]
> et le nègre chaque jour plus bas, plus lâche, plus stérile, moins profond, plus répandu au dehors, plus séparé de soi-même, plus rusé avec soi-même, moins immédiat avec soi-même,
>
> j'accepte, j'accepte tout cela [....]¹⁹⁸.

---

[196] Aimé Césaire, *Cahier d'un retour au pays natal*, Paris, Présence Africaine, (1939) 2005, p. 8.
[197] *Ibid.*, p. 24.
[198] *Ibid.*, p. 52.

L'affirmation de la fraternité avec la communauté des Noirs ne passe pas ici par l'idéalisation mais, au contraire, par la mise à nu des « plaies » coloniales. Tout en dénonçant l'Europe qui « [...] nous a pendant des siècles gavés de mensonges et gonflés de pestilences [...] »[199], Césaire sublime l'humiliation des Noirs laquelle figure alors le socle d'une nouvelle identité.

Le troisième mouvement du *Cahier* traduit la naissance du sentiment d'appartenance au pays, mais aussi à la race de tous les « damnés de la terre », au-delà des frontières. Il ouvre le poème sur la vision d'une solidarité universelle apportant la paix, ce qui est marqué dans le texte par le passage du « je » au « nous ». Cette transition signale par ailleurs l'abandon d'une perspective purement individuelle (d'un Césaire intellectuel parisien et démiurge, en quelque sorte) et l'assomption d'une perspective et d'une solidarité collectives.

Quant à la forme, l'énergie insurrectionnelle et l'espoir d'une renaissance identitaire s'expriment ici par la rupture avec le réalisme au profit du surréalisme. L'esthétique surréaliste, fondée sur la brisure du rythme et la violence des images, favorise l'expression de la révolte des Noirs contre la colonisation :

> [...]
> ma négritude n'est pas une taie d'eau morte sur l'œil
> mort de la terre
> ma négritude n'est ni une tour ni une cathédrale
>
> elle plonge dans la chair rouge du sol
> elle plonge dans la chaire ardente du ciel
> elle troue l'accablement opaque de sa droite patience. [...][200].

On assiste alors à une explosion verbale qui mène finalement le « je » à l'affirmation de son réconciliation avec sa communauté d'origine :

> [...]
> Et nous sommes debout maintenant mon pays et moi, les cheveux dans le vent, ma main petite maintenant dans son poing énorme [...][201].

---

[199] *Ibid.*, p.57.
[200] *Ibid.*, p. 57.
[201] *Ibid.*, p. 47.

En analysant dans *Orphée noir* le rôle du discours poétique chez les écrivains noirs, Jean-Paul Sartre affirme que le surréalisme est un mode d'expression parfaitement adapté à l'expression des données profondes de la mentalité du colonisé : « On reconnaît la vieille méthode surréaliste [...]. Il faut plonger sous la croûte superficielle de la réalité, du sens commun, de la raison raisonnante pour toucher au fond de l'âme et réveiller les puissances immémorielles du désir »[202]. Chez Césaire, la déstructuration du langage et le lyrisme visionnaire semblent précisément remplir cette fonction de révolte libératrice par laquelle le poète essaie de créer son propre langage et d'accéder à soi-même dans la langue aliénante de l'Autre, celle du maître. Par conséquent, l'appropriation du français et son dérèglement s'imposent comme une reconquête d'un « je » et d'un « nous » souverains, aptes à dépasser la condition de colonisé.

Cahier d'un retour au pays natal véhicule aussi un message qui transcende la condition des Noirs. Il propose une perspective où le passé et le présent douloureux se voient retravaillés par un immense espoir tourné vers l'avenir. La dimension contestatrice, non dépourvue d'accents optimistes, du long poème de Césaire postule la possibilité pour les sociétés opprimées de se défaire de l'hégémonie culturelle qui pèse sur elles. En rapprochant *Cahier* de la vision élaborée au Québec par Émile Borduas et les autres artistes « automatistes »[203], Bernard Lecherbonnier constate significativement :

> *Cahier d'un retour au pays natal* et *Refus global* sont mus par la dynamique de la négation et de son dépassement. [...] Les problématiques, sans se confondre, se rapprochent : contre la colonisation spirituelle et politique de son peuple, Aime Césaire s'élève au nom d'un projet de reconquête morale dont la réalisation suppose une longue et pénible cure de désintoxication collective ; contre l'ordre moral incarné au Québec par un clergé tout-puissant et ses suppôts, Borduas se fait le porte-parole de la liberté d'esprit dégagée de tout engagement partisan.[204]

Manifeste de la désaliénation et de l'émancipation, *Cahier d'un retour au pays natal* met en œuvre toutes les ressources idéologiques et esthétiques de la négritude pour offrir une des plus fortes expressions des revendications

---

[202] Jean-Paul Sartre, *Orphée noir*, dans Léopold Sédar Senghor, *Anthologie*, *op. cit.*, p. 25.
[203] Nous avons déjà évoqué le manifeste *Refus global* dans le contexte de la dimension révolutionnaire de *Légitime défense*. Voir *supra*, p. 116.
[204] Bernard Lecherbonnier, *La Chair du verbe*, *op. cit.*, pp. 135-136.

identitaires des Antillais, et, plus largement, des Noirs. La pratique d'écriture de Césaire trouvera sa conceptualisation théorique dans la revue *Tropiques* (1941-1945) qu'il fonde en Martinique avec sa femme Suzanne et René Ménil. À l'instar de Césaire, les rédacteurs de la revue vont tenter de formuler tout un programme artistique pour la nouvelle société antillaise.

Vers une pensée archipélique : *Tropiques* (1941-1945)

D'avril 1941 à septembre 1945 paraissent à Fort-de-France quatorze numéros de *Tropiques*, première revue antillaise publiée en Martinique à incarner les idées de la négritude. Elle est un lieu institutionnel permettant à une jeune génération d'écrivains et d'intellectuels antillais de dominer la scène littéraire antillaise et de garder leurs distances avec le champ littéraire parisien. La plupart des contributions qui paraissent dans la revue sont signées par trois auteurs : Aimé Césaire, sa femme, Suzanne Césaire, et René Ménil (l'un des cosignataires de *Légitime défense*). Si les textes abordent une grande diversité de sujets, tels que la littérature, l'histoire, le folklore, la politique et même la botanique, ils restent focalisés sur les Antilles, ce qui différencie *Tropiques* des autres publications et revues des intellectuels noirs. Les anthologies afro-américaines, telles que *New Negro* d'Alain Locke, *Negro, an anthology* de Nancy Cunard ou encore *La Revue du monde noir*, présentaient l'univers socioculturel des Noirs plutôt comme une totalité. *Tropiques* abandonne cette perspective globale pour se concentrer sur la dimension locale des enjeux identitaires aux Antilles.

Parmi tous les sujets évoqués, l'art, et notamment la poésie, occupent une place prépondérante. Pour montrer l'ampleur de la réflexion sur l'esthétique, citons les titres des plus importants articles consacrés à cette thématique parus dans *Tropiques* au cours des années : « Naissance de notre art » (n° 1), « Orientation de la poésie » (n° 2), « Introduction au merveilleux » (n° 3), « Laissez passer la poésie » (n° 4), « Situation de la poésie aux Antilles » (n° 11) tous signés par René Ménil ; « Introduction à la poésie nègre américaine » (n° 2), « En guise de manifeste littéraire » (n° 4), « Maintenir la poésie » (n° 8-9), « Poésie et connaissance » (n° 12) d'Aimé Césaire ; « Alain et l'esthétique » (n° 2), « André Breton, poète » (n° 3), « Misère d'une poésie » (n° 4), « Malaise d'une civilisation » (n° 4) , « 1943 : le surréalisme et nous » (n° 8-9) de Suzanne Césaire. Tous ces articles signalent une prise de position face aux différentes tendances ou courants littéraires et peuvent être considérés comme les « professions de foi » artistiques de leurs auteurs. Dans leur ensemble, ils nous renseignent sur certains éléments du programme de la nouvelle littérature antillaise.

La plupart des articles mentionnés s'opposent aux anciennes pratiques littéraires dominées par l'imitation des œuvres françaises. Reprenant à leur compte les idées présentées dans *Légitime défense* et les postulats exprimés par Aimé Césaire dans *L'Étudiant noir*, les rédacteurs de *Tropiques* s'insurgent contre l'hégémonie des goûts métropolitains et dénigrent l'attitude assimilationniste des écrivains antillais comme preuve de leur aliénation mentale. Ils mettent en question le passé littéraire de leur patrie, jugé infertile, artificiel et dépourvu de toute valeur artistique :

> Toutes nos manifestations culturelles, dans le domaine de l'art, n'ont été jusqu'à ce jour que pastiches. Or, l'imitation dans ce domaine, comme partout ailleurs, ne mène à rien de valable […]. Aussi cette imitation nécessairement stérile ne nous a-t-elle valu que des « œuvres » nulles. Nulles, parce qu'elles ne sont pas viables étant des produits contre-nature. Formes sans contenu.[205]

Or, la révolte contre l'ancien implique que la littérature antillaise prenne un tournant décisif :

> C'est par une conversion totale de notre attitude esthétique que nous pourrons passer de la conception formelle de notre art à cet art même. Il n'est pas question d'améliorer l'art condamné. Améliorer le mauvais, c'est aggraver le mal. C'est altérité qu'il faut et non modification du même. Il nous faut opérer un changement de qualité. C'est lui que nous annonçons.[206]

Ainsi, les rédacteurs opèrent tous les gestes que Jeanne Demers et Line Mc Murray identifient comme inhérents à la « phase déclarative » du manifeste littéraire : le refus et la condamnation du passé littéraire, le constat de la nécessité d'un changement et l'annonce de l'avènement d'une nouvelle conception littéraire[207].

Le refus de la tradition littéraire exotisante s'accompagne dans les textes de la revue de plusieurs déclarations à caractère injonctif ayant pour but de

---

[205] René Ménil, « Naissance de notre art », *Tropiques*, n° 1, avril 1941, p. 60, dans Coll., *Tropiques : 1941-1945, n° 1 à 13/14*, Paris, Jean-Michel Place, 1994. Désormais, toutes les références bibliographiques aux articles de *Tropiques* renvoient à cette édition.

[206] *Ibid.*, p. 64.

[207] Voir *supra*, p. 25.

montrer la voie pour la littérature à venir. Selon les rédacteurs, la nouvelle production littéraire antillaise n'apparaîtra qu'à condition de donner aux Antillais l'accès à une existence digne d'un être humain, de faire émerger une identité antillaise désaliénée et de garantir aux écrivains la liberté d'expression. René Ménil perçoit cette relation entre l'authenticité de la vie et celle de la littérature comme essentielle : « Le poète martiniquais fera son Entrée quand sa vie se sera changée en vivante habitude et quand, par suite, dansant le jeu naturel du monde, il atteindra, de soi, la plus grande Expression possible c'est-à-dire la plus grande liberté. »[208] Ménil reste ici proche des postulats qu'il a lui-même formulés dans *Légitime défense*, mais, significativement, il abandonne les concepts et les slogans d'obédience marxiste au profit d'un discours accentuant davantage les enjeux culturels.

La rédaction de *Tropiques* revendique une littérature proche du réel, d'où l'appel de Ménil qui incite les écrivains à s'impliquer dans les problèmes concrets de la vie de la société : « Pour créer il faut s'engager non pas dans les nuées de sa vie conceptuelle mais dans le cours de sa vie réelle et de la vie réelle de sa collectivité. Il faut jouer, se risquer dans le cours *actuel* des événements. »[209] Authentique et libre, la littérature doit être également engagée, tandis que le rôle de l'écrivain s'élargit au domaine de la responsabilité communautaire. Ces trois principes fondamentaux : l'authenticité du vécu antillais, la liberté créatrice et l'engagement sociopolitique sont étroitement liés à une autre composante programmatique : la révolte contre le joug colonial. Or, signalons tout de suite que plutôt que d'une révolte politique, il s'agit ici davantage d'une révolte artistique, tournée contre l'empire de la raison, au sens de l'assise idéologique qui justifie la suprématie de l'Occident.

Cette parole insurrectionnelle se fait entendre de façon particulièrement forte dans les contributions d'Aimé Césaire. La révolte contre l'Occident s'étend chez lui à tout ce qui a trait au *Logos* qui entrave la liberté personnelle. Dans l'article « Maintenir la poésie », Césaire déclare qu'à la Martinique la poésie « [...] égale insurrection » et définit cette première comme « [...] le système généralisé d'inadaptation qui tend à substituer l'hallucination à la sensation, l'illogique au logique, l'image au raisonnement, l'arbitraire au prouvé, la discontinuité d'instants présents à la continuité de la mémoire aveugle. »[210] On voit que pour Césaire, contester le

---

[208] *Ibid.*, p. 64 (les majuscules figurent dans le texte).
[209] *Ibid.* p. 60 (souligné dans le texte).
[210] Aimé Césaire, « Maintenir la poésie », *Tropiques*, n° 8-9, octobre 1943, p. 7.

colonialisme exige l'écart de la rationalité occidentale. Le poète rejette aussi l'autorité de la mémoire, marquée par l'arbitraire de l'idéologie coloniale. Il la condamne en tant que garante d'une histoire linéaire, écrite par les colons, qui occulte volontairement les faits dérangeants et inconfortables pour l'image positive du colonialisme. Dès lors, Césaire réoriente sa conception de la poésie vers le présent et l'avenir afin de la libérer du fardeau de l'histoire et l'ouvrir à l'impulsion de la modernité. Césaire semble en ceci préfigurer le discours postcolonial, notamment celui d'Édouard Glissant qui s'insurgera contre la pensée systémique gommant les phénomènes périphériques, en marge de la rationalité occidentale[211].

Dans sa critique de la domination de la raison, Césaire puise ouvertement dans les idées des surréalistes dont les auteurs de *Tropiques* se réclament à plusieurs reprises. À partir du troisième numéro, publié en octobre 1941[212], la revue fait paraître plusieurs articles destinés à présenter les fondements de l'esthétique surréaliste au lectorat antillais. Ainsi, dans « Situations de la poésie » de René Ménil, le surréalisme apparaît comme un passage obligé menant à la désaliénation de la littérature antillaise :

> Un des moyens les plus efficaces pour opérer ce renouvellement est, à n'en pas douter, le surréalisme tel qu'il se trouve défini par Breton dans son *Manifeste du surréalisme*. Cette technique, fondée sur les considérables découvertes de Freud, est, à ce jour, sur le plan psychologique, la meilleure qui puisse nous permettre de ramener au grand jour la pêche miraculeuse des tendances, des sentiments et des réactions refoulés dans la mentalité antillaise [...][213].

Ménil confirme de la sorte les affinités de *Tropiques* avec la poésie surréaliste et valide les procédés stylistiques mis en œuvre par Césaire dans *Cahier d'un retour au pays natal*. Dès lors, dans le programme de *Tropiques*, le renouveau de la littérature antillaise passe par la poésie, synonyme de la libération totale de la personnalité antillaise. Cette émancipation doit

---

[211] Voir Édouard Glissant, *Introduction à une poétique du Divers*, Paris, Gallimard, 1996, pp. 8-16.

[212] C'est-à-dire peu après la visite de Breton en Martinique (le premier voyage de Breton en Martinique a eu lieu en 1941, le deuxième en 1943). Le premier séjour permettra au chef du mouvement de découvrir la poésie de Césaire. Dans son texte *Martinique charmeuse de serpents*, Breton désignera *Cahier d'un retour au pays natal* de Césaire comme « le plus grand monument lyrique de ce temps ».

[213] René Ménil, « Situation de la poésie aux Antilles », *Tropiques*, n° 11, mai 1944, pp. 131-132.

s'exprimer dans une esthétique originale qui permettrait de « [...] reconnaître le poème à sa charge de poudre, de scandale, de déroute, de folie, d'éblouissements. »[214] Résolu à privilégier le potentiel provocateur de l'écriture, Ménil formule ainsi l'un des grands mots d'ordre de cette nouvelle esthétique : « La poésie martiniquaise sera virile. La poésie martiniquaise sera cannibale. Ou ne sera pas. »[215]

Il est cependant essentiel de remarquer que le recours à l'esthétique surréaliste ne se fait pas sur un mode exclusif et, tout comme ce fut le cas pour *Légitime défense*, il suppose une certaine autonomie par rapport au mouvement européen. Si, comme nous l'avons vu, Ménil affirme que le surréalisme est le meilleur moyen de la désaliénation, il ajoute, de manière significative, « à ce jour », signalant par là qu'il se réserve une certaine marge de manœuvre pour élaborer à l'avenir une esthétique nouvelle encore plus efficace.

D'obédience surréaliste, sans être pleinement intégrée au mouvement surréaliste, *Tropiques* favorise un usage conscient et autonome des techniques d'écriture élaborées par le groupe de Breton. La revue recommande ouvertement l'adaptation de cette esthétique européenne au vécu antillais :

> Et nous posons cet autre principe : si le contenu de notre vie ne peut résulter que de notre physiologie nègre, le style de cette vie ne peut venir que de l'Occident, embarqués que nous sommes dans le courant de la culture française. Mais ajoutons, toutefois, qu'une forme qui rencontre un contenu étranger s'adapte, par les mystérieuses opérations de la vie, à ce contenu pour faire corps avec lui et change, par là même, nécessairement.[216]

Ménil ne se contente pas d'emprunter à la culture occidentale certaines de ses esthétiques, il prétend se les approprier pour donner naissance à une écriture authentiquement antillaise, démarche qui donne tout son sens au mot d'ordre initial : « La poésie martiniquaise sera cannibale ou ne sera pas. » Métaphore de l'agressivité de la nouvelle poésie, le « cannibalisme » est aussi une stratégie d'absorption et d'exploitation des courants esthétiques

---

[214] Aimé Césaire, « Maintenir la poésie », *op. cit.*, p. 8.

[215] René Ménil, « Laissez passer la poésie », *Tropiques*, n° 4, janvier 1942, p. 27. Le même slogan apparaît dans la contribution de Suzanne Césaire, « Misère d'une poésie », parue dans le même numéro. *Cf.* Suzanne Césaire, « Misère d'une poésie », *Tropiques*, n° 4, janvier 1942, p. 50.

[216] René Ménil, « Situation de la poésie aux Antilles », *op. cit.*, p. 133.

venus d'Europe. Cette conception est à rapprocher des idées des modernistes brésiliens exprimées dans le *Manifeste de la poésie Bois-Brésil* (1925) et *Le manifeste anthropophage* (1928) d'Oswald de Andrade[217]. Elle inscrit également le discours de la revue dans la logique postcoloniale « avant la lettre » puisque, sans renier sa lutte contre l'oppression de l'Occident, *Tropiques* renonce à l'anticolonialisme radical et à exprimer au premier degré l'hostilité vouée par le dominé (les Antillais) envers la culture du dominant (la France). Au rejet total de l'héritage colonial, typique du discours anticolonial, *Tropiques* oppose la force créatrice des Antillais, capables désormais d'utiliser la langue et la culture du « maître » sans en devenir victimes ou prisonniers. Jean-Marc Moura indique l'abolition de l'opposition entre le monde du colonisé et celui du colon comme un des éléments de la pensée postcoloniale. Moura note aussi l'importance du principe de l'appropriation pour l'approche postcoloniale : « L'œuvre postcoloniale veut s'inscrire dans le temps dynamique de la recherche, entre tradition culturelle autochtone et tradition littéraire européenne. Elle insère par là son énonciation dans une temporalité de l'appropriation active. »[218]

À côté du dépassement d'une logique purement anticoloniale, les articles de *Tropiques* témoignent également d'une prise de distance par rapport à la « mythologie africaine » instaurée par la négritude. Suzanne Césaire insiste par exemple sur la pluralité culturelle des Antilles :

> Il ne s'agit point d'un retour en arrière, de la résurrection d'un passé africain que nous avons appris à connaître et à respecter. Il s'agit, au contraire, d'une mobilisation de toutes les forces vives mêlées sur cette terre où la race est le résultat du brassage le plus continu ; il s'agit de prendre conscience du formidable amas d'énergies diverses que nous avons jusqu'ici enfermées en nous-mêmes. Nous devons maintenant les employer dans leur plénitude, sans déviation et sans falsification. Tant pis pour ceux qui nous croient des rêveurs.[219]

---

[217] *Cf.* L'entrée « Manifeste Anthropophage », dans l'Encyclopédie Itaú Cultural. En ligne : www.itaucultural.org.br (visité le 28 août 2010). On pourra lire également Erdmute Wenzel White, *Les Années vingt au Brésil : le modernisme et l'avant-garde internationale*, Paris, Éditions Hispaniques, 1977 ainsi que Luciana Stegagno Picchio, *La Littérature brésilienne*, Paris, Presses Universitaires de France, coll. « Que sais-je », (1981) 1996, pp. 78-80.

[218] *Cf.* Jean-Marc Moura, *Littératures francophones et théorie postcoloniale*, Paris, Presses Universitaires de France, coll. « Écritures francophones », 1999, p. 131.

[219] Suzanne Césaire, « Malaise d'une civilisation », *Tropiques*, n° 5, avril 1942, p. 49.

Dans ce texte, paru en 1942, Suzanne Césaire en appelle à une prise de conscience qui va bien au-delà de l'horizon idéologique de la négritude comprise comme « l'éveil de la race noire » puisqu'elle insiste sur l'hétérogénéité culturelle de la société antillaise. Dans « Le grand camouflage » (texte final du dernier numéro de la revue), elle place significativement la Martinique dans le cadre plus large de la Caraïbe et situe son île natale dans un monde ouvert aux relations avec les autres espaces : « [...] il y a quinze ans, révélation des Antilles, du flanc est de la Pelée. De là je sus, très jeune, que la Martinique était sensuelle, lovée, étendue, détendue dans la Caraïbe, et je pensai aux autres îles si belles. »[220] Bien que se nourrissant du pittoresque et de l'émotionnel, cette description n'en révèle pas moins une nouvelle conscience identitaire, celle qui accentue la dimension archipélique de la communauté culturelle des Antilles.

Le même recours à l'espace de la Caraïbe qui dénote un univers culturel commun est présent dans d'autres textes, signés par René Ménil et Aimé Césaire. Il est donc légitime de dire que les rédacteurs de *Tropiques* s'éloignent de l'absolutisation des questions ethniques et ouvrent leur réflexion à celle de la diversité culturelle. Ils découvrent ainsi un champ conceptuel qui, plus tard, dans le discours postcolonial de la deuxième moitié du XXe siècle, permettra d'élaborer une vision identitaire fondée sur la pluralité des apports culturels aux Antilles. Là comme ailleurs, *Tropiques* assume encore une fois la modernité comme primordiale parmi ses propositions socioculturelles et littéraires.

La prise en charge de la modernité constitue par ailleurs un autre point important du programme des rédacteurs de la revue. Fondée sur les principes de l'authenticité, de la liberté et de l'engagement, la poésie antillaise devrait également chercher des moyens d'expression appropriés à son époque. Cet impératif de modernité se retrouve tout d'abord dans la nécessité d'élaborer une nouvelle forme poétique à partir du brassage de différents apports et de différentes traditions littéraires. Même si, tout comme dans l'improvisation de jazz (évoqué par Ménil comme exemple), l'effet final d'un tel mélange est imprévisible, *Tropiques* privilégie l'hétérogénéité esthétique, sans « [...] jet[er] l'ostracisme sur aucun style. »[221]

Nourri par la conviction que la littérature peut influencer l'homme et transformer la réalité, le programme de *Tropiques* accorde au poète le rôle du démiurge et du « voyant », dont la mission est de se comprendre soi-même et

---

[220] Suzanne Césaire, « Le Grand Camouflage », *Tropiques*, n° 13-14, 1945, p. 271.
[221] René Ménil., « Situation de la poésie aux Antilles », *op. cit.*, p. 133.

d'accéder ainsi à une vérité profonde sur la communauté dont il fait partie et qu'il incarne :

> Le poète est cet être très vieux et très neuf, très complexe et très simple qui aux confins vécus du rêve et du réel, du jour et de la nuit, entre absence et présence, cherche et reçoit dans le déclenchement soudain des cataclysmes intérieurs le mot de passe de la connivence et de la puissance[222].

En ce sens, la conception de la nouvelle littérature antillaise, telle qu'avancée par *Tropiques*, s'inscrit dans la tradition romantique, explicitement revendiquée par René Ménil :

> Le romantisme antillais est là et sa nouvelle conception de la beauté créole.
> Résumons :
> ROMANTISME ANTILLAIS : mouvement culturel du peuple antillais saisi convulsivement du sentiment de sa propre vie. Conçu en 1932 dans *Légitime défense*, ce mouvement ne fut effectivement déclenché qu'en 1940, de façon insolite, par volontaire suggestion poétique. Il fut constamment orienté par le moyen de techniques sûres issues des sciences humaines telles que la psychanalyse, le matérialisme historique, l'ethnographie. Le maître opérateur de cette révolution fut Aimé Césaire.[223]

Tropiques annonce la naissance aux Antilles d'un mouvement littéraire nouveau qui se présente comme une synthèse de différentes conceptions élaborées par les écrivains noirs au cours des années 1920 et 1930. Sur le plan idéologique, le « romantisme antillais » puise dans la conception de l'affirmation culturelle et identitaire des Noirs propagée par la négritude et exprimée de façon essentielle dans *La Revue du monde noir*, *L'Étudiant noir* et *Cahier d'un retour au pays natal*. Il est inspiré par l'idée de la désaliénation mentale des Antillais promue par *Légitime défense* et assume le principe indivisible de révolte sociale et poétique, avancé dans *Légitime défense* et mis en pratique dans *Cahier d'un retour au pays natal*.

Ce qui est incontestablement neuf ici, c'est la revendication du droit à l'exploration esthétique ouverte aux impulsions étrangères qui abolit les clivages entre les cultures antillaise et européenne pour aboutir à une création artistique moderne. Bref, luttant pour l'émancipation culturelle des Antilles,

---

[222] Aimé Césaire, « Poésie et connaissance », *Tropiques*, n° 12, janvier 1945, p. 170.
[223] René Ménil, « Situation de la poésie aux Antilles », *op. cit.*, p. 133 (en majuscules dans le texte).

aux prises avec le colonialisme, engagée dans le combat pour la réhabilitation des Noirs, la revue *Tropiques* porte les germes des conceptions identitaires et esthétiques à venir. Les écrivains et intellectuels antillais formés par René Ménil et Aimé Césaire ne manqueront pas d'explorer ce nouvel horizon[224]. Pour voir l'essor de ce type de pensée, il faudra attendre les années 1950 et 1960. Avant ce tournant, les textes manifestaires majeurs auront pour but de donner au discours idéologique de la négritude et à l'esthétique de celle-ci leur légitimité.

La poésie au service du discours manifestaire : « En guise de manifeste littéraire » (1942) d'Aimé Césaire

Publié dans le numéro 5 de *Tropiques* en avril 1942, le poème d'Aimé Césaire « En guise de manifeste littéraire » mérite une attention particulière. Premièrement parce que son titre annonce le caractère manifestaire du texte et, deuxièmement, parce qu'il constitue un remaniement de différentes citations directes de *Cahier d'un retour au pays natal*. Il s'agit donc d'une reprise où la matière poétique devient une base pour un discours manifestaire.

L'utilisation créative de certains passages de *Cahier d'un retour au pays* dans « En guise de manifeste littéraire » apporte un important glissement de sens : l'impulsion révolutionnaire tournée contre le monde colonial (essentielle pour *Cahier d'un retour au pays natal*) se dirige dans le poème publié dans *Tropiques* contre les tenants de la littérature classique, hostiles aux recherches d'avant-garde de Césaire et de ses confrères. Sans abandonner les questions sociopolitiques, « En guise de manifeste littéraire » devient alors un texte d'affirmation proprement artistique. Pierre Laforgue note bien le dédoublement de la portée du poème programmatique de Césaire :

> Le titre de ces pages, « En guise de manifeste littéraire » peut étonner à première vue, dans la mesure où l'essentiel du texte est consacré à l'exaltation de la folie nègre, à la dénonciation de l'ordre colonial et à la célébration de l'apocalypse. La nature de ce « Manifeste littéraire » semble plus politique et idéologique que poétique. En fait, Césaire se livre à une construction philosophique de grande ampleur où une place centrale est ménagée à la poésie, à ses moyens et ses fins.[225]

---

[224] Les deux ont été professeurs au lycée Schœlcher à Fort-de-France. Des écrivains tels que Frantz Fanon ou Édouard Glissant ont eu l'un ou l'autre comme professeur.

[225] Pierre Laforgue, « Le *Cahier d'un retour au pays natal* de 1939 à 1947 », *op. cit.*, p. 137.

Les premières parties du texte donnent libre cours à la haine qui semble se diriger contre les oppresseurs européens :

> [...]
> Parce que nous vous haïssons, vous et votre raison, nous nous réclamons de la démence précoce, de la folie flambante, du cannibalisme tenace.
>
> Comptons :
> La folie qui se souvient
> La folie qui hurle
> La folie qui voit,
> La folie qui se déchaîne. [...][226].

Les quatre dernières lignes du passage cité synthétisent les idées principales de *Cahier d'un retour au pays natal* : l'acte du retour mémoriel aux souffrances infligées aux Noirs durant l'esclavage, le cri émancipateur d'un témoin bouleversé, l'accès à une conscience de soi et l'élan d'une insurrection. Le passage résume, dans une forme scandée, toutes les phases de la désaliénation des Antillais avancées sur le mode lyrique par Césaire dans son long poème. Cette révolte émancipatrice des Antillais repose sur une base philosophique précise. Comme le note Pierre Laforgue,

> [...] la folie est revendiquée contre la raison, c'est-à-dire la raison cartésienne, occidentale. Cette revendication de la folie nègre est d'ordre philosophique et politique, les deux sont intimement liés : la raison blanche est stigmatisée comme ce qui philosophiquement a permis et cautionné l'asservissement politique des noirs, au nom de la volonté de conquête du monde reposant sur la conviction formulée dans le *Discours de la méthode* selon laquelle l'homme est « comme maître et possesseur de la nature. »[227]

Césaire appelle également à une apocalypse qui, fondamentalement, a pour signification la chute de l'Occident :

> [...]
> Il faut bien commencer.
> Commencer quoi ?

---

[226] Aimé Césaire, « En guise de manifeste littéraire », *Tropiques*, n°5, octobre 1942, p. 7.

[227] Pierre Laforgue, « Le *Cahier d'un retour au pays natal* de 1939 à 1947 », *op. cit.*, p. 137.

> La seule chose du monde qu'il vaille la peine de commencer,
> La Fin du monde, parbleu ! [...][228].

Mais il y a plus. En modifiant le texte original, Césaire parvient à donner à son avatar la portée d'un « art poétique » qui tient lieu du manifeste, c'est-à-dire s'écrit « *en guise* de manifeste littéraire »[229]. La critique du monde occidental devient alors l'expression d'une révolte contre les anciennes esthétiques et donne lieu à l'affirmation d'une nouvelle poésie, capable de s'opposer à l'emprise coloniale. Observons ce glissement de sens dans le passage tiré du poème paru dans *Tropiques*, où nous avons marqué par l'italique les ajouts absents dans *Cahier d'un retour au pays natal* :

> [...]
> On voit encore des madras aux reins des femmes, des anneaux à leurs oreilles, des sourires à leur bouche, des enfants à leur mamelle, et j'en passe :
> ASSEZ DE CE SCANDALE !
> En vain dans la tiédeur de votre gorge mûrissez-vous vingt fois la même pauvre consolation que nous sommes des marmonneurs de mots.
>
> *En vain : quand passe dans le ciel floche*
> *La fulgurante sentence poétique,*
> *ô niais*
> *votre fébrile sidération et vos occlusions d'yeux, et vos*
> *paralysies*
> *et vos contractures*
> *et vos pouls en galop*
> *vous ont lumineusement démentis !*
>
> Des mots ? quand nous manions des quartiers de ce monde, quand nous épousons des continents en délire [...][230].

Faute de références à l'univers européen et grâce à un renvoi ironique dans les premières lignes de la citation aux images édulcorées des femmes, typiques de la poésie doudouiste, le pronom « vous » et les adjectifs possessifs « votre » et « vos », qui dans *Cahier d'un retour au pays natal*

---

[228] Aimé Césaire, « En guise de manifeste littéraire », *op. cit.*, p. 9.
[229] Pierre Laforgue, « Le *Cahier d'un retour au pays natal* de 1939 à 1947 », *op. cit.*, p. 142.
[230] Aimé Césaire, « En guise de manifeste littéraire », *op. cit.*, p. 8 (les italiques sont de nous).

symbolisaient uniquement le monde occidental, peuvent dénoter ici les ennemis des écrivains qui sont désignés comme « nous ». Dès lors, ce « vous » ne correspond pas seulement aux « oppresseurs Blancs », mais aussi aux partisans de la poésie classique et aux lecteurs (français ou antillais) conservateurs quand toute la partie ajoutée au texte original salue la force de la poésie des jeunes écrivains antillais.

Au diapason des autres articles de *Tropiques*, « En guise du manifeste littéraire » place ainsi la poésie au cœur du combat en faveur d'un renouveau social et littéraire et l'exalte comme une « arme miraculeuse », capable de transformer le monde et de hâter la naissance d'une nouvelle conscience de soi des Antillais.

Un « quasi-manifeste » de la négritude : *Anthologie de la nouvelle poésie nègre et malgache de langue française* (1948) de Léopold S. Senghor

À la fin de la Seconde Guerre mondiale, les concepts de base de la négritude sont d'ores et déjà esquissés et mis à l'honneur dans les œuvres de René Maran et de Jean Price-Mars, dans les colonnes de *La Revue du monde noir*, *Légitime défense*, *L'Étudiant noir* et *Tropiques* ainsi qu'à travers le travail poétique de Jacques Roumain, Léon-Gontran Damas, Aimé Césaire et Léopold Sédar Senghor. Toutefois, lorsqu'en 1947, Alioune Diop fonde la revue *Présence africaine*, appelée à devenir l'organe central de toute l'intelligentsia afro-antillaise, la négritude manque toujours d'un texte fondateur qui légitimerait son esthétique et exposerait le lyrisme viscéral qui l'exprime et la constitue. *Anthologie de la nouvelle poésie nègre et malgache de langue française* publiée en 1948 par Léopold Sédar Senghor va venir combler ce manque en réunissant des poètes originaires des colonies françaises d'Afrique et d'Amérique et en leur donnant une visibilité littéraire forte dans le champ littéraire parisien.

Dans son analyse du rôle des anthologies dans l'espace littéraire francophone, Jean-Marc Moura constate :

> Elles réunissent dimensions mémorielle et prospective. Il s'agit de montrer qu'existe une littérature, la composition est créatrice en un double sens : on crée un bouquet littéraire et une littérature (jusque-là non reconnue comme telle). Leur vocation définitoire est nette, non seulement de ce qu'est la littérature mais surtout de ce qu'est l'unité littéraire (et en deçà culturelle) postulée (unité noire, africaine, maghrébine, antillaise…) et du style, de la forme qui lui sont les mieux adaptées. L'anthologie francophone a une

dimension pragmatique, elle permet à une littérature d'*exister* pour les publics de la francophonie. Elle relie en même temps la création artistique à une communauté de culture ou de race, engageant dès lors une certaine lecture des textes qui influencera la scénographie des œuvres à venir. Combien de textes ont été écrits dans le sillage de la négritude après l'anthologie de Senghor ?[231]

Par sa force de codification, toute anthologie délimite un champ symbolique qui devient un point de référence pour les écrivains lors de la conception de leurs projets individuels. L'ouvrage anthologique peut donc confirmer la pratique littéraire officielle ou légitimer un courant montant. Emmanuel Fraisse saisit bien ce double effet de l'anthologie qui s'approche, au niveau pragmatique, du manifeste littéraire : « Musée et manifeste, l'anthologie, à des degrés divers, garde nécessairement ces deux faces parce qu'elle est par essence porteuse d'une "certaine idée" de la littérature. »[232] C'est à ce titre qu'*Anthologie de la nouvelle poésie nègre et malgache* de Léopold Sédar Senghor peut aussi être tenue pour le manifeste de la négritude. Selon Daniel Delas, l'ouvrage de Senghor est manifestaire « [...] par son titre (*'poésie nègre'* brandit haut le mot scandaleux), par la sélection des auteurs qu'elle réunit ensemble sur la base de la négritude (explicite dans le cas de certains, implicite pour d'autres) et par la préface de Sartre, qui lui a assuré une réception éclatante. »[233] Sans avoir inventé les principes esthétiques de la négritude, l'*Anthologie* de Senghor recense les différentes réalisations individuelles d'une poétique qui se pratique et évolue depuis les années 1920 (fonction de conservation) et, en même temps, la structure théoriquement (fonction fondatrice). Publié aux Presses Universitaires de France dans la série « Colonies et Empires » (dirigée par Charles-André Julien, chercheur de renommé) et préfacé par Jean-Paul Sartre, l'ouvrage de Senghor profite du capital symbolique de l'université ainsi que de la popularité montante du jeune philosophe pour légitimer la négritude comme un courant esthétique de plein droit.

Dans une étude présentée lors du 5ᵉ Printemps des Poètes des Afriques et d'Ailleurs (le 2-16 mars 2008), Thierry Sinda analyse l'*Anthologie* de

---

[231] Jean-Marc Moura, *Littératures francophones et théorie postcoloniale*, *op. cit.*, pp. 116-117.

[232] Emmanuel Fraisse, *Les Anthologies en France*, Paris, Presses Universitaires de France, 1997. Cité dans Anthony Mangeon, « Miroirs des littératures nègres : d'une anthologie l'autre, revues », *Gradhiva*, n° 10, 2009, p. 46.

[233] Daniel Delas, « Retour sur un texte fondateur : l'*Anthologie* de Léopold Sédar Senghor », *Culture Sud*, n° 164, janvier-mars 2007, p. 9.

Senghor et énumère plusieurs éléments qui attribuent à cet ouvrage une force manifestaire. D'après Sinda, le titre même choisi par Senghor annonce une rupture. Parler d'une « nouvelle poésie » sous-entend une prise de distance par rapport au passé et signale l'avènement d'une pratique littéraire sans précédent. Senghor réalise ainsi un des gestes classiques de la rhétorique manifestaire : le rejet du passé et l'annonce d'un changement[234].

Par ailleurs, Senghor désigne quelques figures de proue autour desquelles s'organise le mouvement : René Maran (comme précurseur), Étienne Léro (comme un des initiateurs du mouvement), René Ménil (particulièrement important pour la prise de conscience identitaire des Antillais) et, finalement, Aimé Césaire comme chef de file et inspirateur principal. Ainsi le travail de Senghor contribue à structurer un milieu d'écrivains jusqu'alors disséminés, en dépit de leur proximité thématique. D'un amas dispersé d'œuvres et d'esthétiques personnelles, Senghor forme un groupe virtuel mais bien hiérarchisé de poètes « [...] qui affirm[ent], avec leur talent, leur négritude. »[235] Conçue dans une logique manifestaire, *Anthologie* se présente ainsi comme un geste de proclamation d'un groupe littéraire nouveau.

Enfin, en choisissant seize représentants[236] issus de quatre espaces géographiques et culturels (Afrique, Antilles-Guyane, Haïti et Madagascar), Senghor semble tenter de définir l'étendue à la fois territoriale et socio-culturelle de la négritude. Celle-ci serait fondée notamment sur l'appartenance de ses adeptes aux peuples noirs ayant leurs racines ou étant établis en Afrique. En posant l'origine africaine (consciemment revendiquée dans les œuvres) comme le principe d'appartenance au mouvement, Senghor délimite la négritude et, de ce fait, lui attribue un cadre organisateur. À ce titre, il est important de noter l'incorporation des poètes haïtiens qui ne figuraient pas dans l'anthologie de Léon-Gontran Damas, *Poètes d'expression française 1900-1945* (1947), qui incluait uniquement les écrivains issus de l'espace

---

[234] Thierry Sinda, « L'*Anthologie de la nouvelle poésie nègre et malgache* de Léopold Sédar Senghor : un manifeste de la négritude ». En ligne : www.lenouveau recueil.fr/Antbhologie%20de%20Senghor.pdf, p. 10 (visité le 25 août 2010).

[235] Léopold Sédar Senghor, *Introduction*, dans *Anthologie de la nouvelle poésie nègre et malgache de langue française*, op. cit., p. 2.

[236] Le Guyanais Léon-Gontran Damas ; les Martiniquais Gilbert Gratiant, Étienne Léro et Aimé Césaire; les Guadeloupéens Guy Tirolien et Paul Niger; les Haïtiens Léon Laleau, Jacques Roumain, Jean-Fernand Brière et René Bélance ; les Sénégalais Birago Diop, Léopold Sédar Senghor et David Diop ; les Malgaches Jean-Joseph Rabéarivelo, Jacques Rabémananjara et Flavien Ranaivo.

colonial français[237]. Senghor, au contraire, dépasse les frontières et étend la négritude au-delà des limites géopolitiques de l'ancien empire colonial français.

L'anthologie de Senghor ne se limite pas à regrouper des écrivains dotés d'une sensibilité artistique commune. Elle apporte aussi, sous forme d'*Introduction* et des notes consacrées à chaque auteur, une étude des principes esthétiques des poèmes du recueil. Ce discours théorique d'accompagnement devient un cadre axiomatique privilégié et s'offre comme un exemple à suivre. Thierry Sinda relève trois principes qui forment le socle programmatique de « la nouvelle poésie nègre ». D'abord, l'idée principale avancée par Senghor est celle d'une poésie orphique et prométhéenne exploitant le motif du retour aux origines africaines. Deuxièmement, l'influence des sources africaines passe avant tout par le mélange esthétique de la forme poétique élaborée par les poètes européens avec les apports artistiques des cultures noires. En troisième lieu, à l'instar du postulat de René Ménil qui, dans *Tropiques*, préconisait l'appropriation et l'adaptation des pratiques poétiques européennes aux besoins de la nouvelle poésie antillaise, Senghor privilégie « [...] une poésie métissée où se mêlent, s'entremêlent et se démêlent des règles de versification propres tant aux lettres françaises qu'aux lettres africaine ou malgache. »[238]

Senghor souligne l'engagement politique et social des œuvres comme un autre trait spécifique de la nouvelle « poésie nègre ». Ce constat qui devient en même temps un postulat s'inscrit dans la lignée des textes manifestaires de *La Revue indigène*, *Légitime défense* et *Tropiques* –, ceux qui appellent les écrivains à rendre compte de l'émancipation des Noirs. Cela étant, Senghor soutient aussi l'idée de solidarité entre les races contre l'exploitation de l'homme par l'homme. Comme chez Jacques Roumain ou Aimé Césaire, l'engagement des adeptes de la négritude doit, selon lui, aboutir à la propagation d'un humanisme universel étendu sur toutes les nations ou les classes sociales dominées sans distinction de races.

---

[237] Au sujet de l'anthologie de Damas, dans son texte consacré aux anthologies « nègres », Anthony Mangeon fait ce constat: « [....] l'exposition d'une pluralité d'expressions en français prépare l'avènement d'une francophonie littéraire qui cherche certes à dépasser la relation coloniale, mais qui n'en continue pas moins de se penser dans un cadre impérial – d'où l'exclusion des auteurs haïtiens, en bonne logique politique ». *Cf.* Anthony Mangeon, « Miroirs des littératures nègres », *op. cit.*, p. 52.

[238] Thierry Sinda, « L'*Anthologie de la nouvelle poésie nègre et malgache* de Léopold Sédar Senghor », *op. cit.*, p. 10.

De manière générale, Senghor a largement puisé dans les idées de ses prédécesseurs pour nourrir le contenu programmatique de son *Introduction* et faire de son *Anthologie* un essai de théorisation et de codification des principes pratiques de la négritude.

Orphée noir de Jean-Paul Sartre et la critique de la négritude

L'effet manifestaire de l'*Anthologie* de Senghor est renforcé par la préface de Jean-Paul Sartre intitulée *Orphée noir*. Comme on l'a vu, selon Daniel Delas, qui perçoit le texte de Sartre comme un manifeste, l'*Anthologie* doit sa place dans l'histoire de la littérature à la capacité de consécration institutionnelle que lui confère *Orphée noir*[239]. En parlant de l'*Anthologie* de Senghor, il est indispensable d'aborder la préface de Sartre non seulement parce qu'elle occupera une place très importante dans l'histoire du mouvement de la négritude lui-même, mais surtout parce qu'elle propose une nouvelle interprétation de ses assises idéologiques.

Plusieurs facteurs contextuels et textuels sont ici à considérer. À l'époque où Sartre rédige ce texte, il jouit déjà d'une certaine renommée, et le capital symbolique accumulé par le philosophe augmente sans nul doute la légitimité de l'*Anthologie* de Senghor. Le texte de Sartre représente également la réflexion d'un Blanc sur la production littéraire des Noirs qui expriment dans leurs poèmes leur révolte contre le système colonial. Cette prise de parole par un intellectuel blanc en faveur d'une poésie de révolte contre l'Occident constitue le point fort de la réflexion sur les relations entre les sociétés dominées et la France. Enfin, la lecture proposée par Sartre aura un impact majeur sur la réception de la négritude parmi les lecteurs français et, de plus, invitera les artistes noirs eux-mêmes à repenser les soubassements idéologiques de leur pratique poétique.

Prise dans sa globalité, la préface de Sartre est un hommage rendu aux écrivains noirs. Sartre salue chez ces derniers leur effort pour briser le joug de l'assimilation à la culture européenne et vante leurs tentatives d'émancipation à la fois identitaire et artistique. Dans les toutes premières phrases de son texte il use de la provocation pour déjouer les attentes du public occidental, convaincu de sa supériorité et imbu de propagande coloniale : « Qu'est-ce donc que vous espériez, quand vous ôtiez le bâillon qui fermait ces bouches noires? Qu'elles allaient entonner vos louanges? Ces têtes que nos pères avaient courbées jusqu'à terre par la force, pensiez-vous,

---

[239] Daniel Delas, « Retour sur un texte fondateur », *op. cit.*, p. 6.

quand elles se relèveraient, lire l'adoration dans leurs yeux? »[240] Le style péremptoire de Sartre ainsi que le ton sarcastique lui permettent de mettre à nu l'échec de la culture occidentale qui perd sa puissance symbolique à l'issue de la Seconde Guerre mondiale : « Si pourtant ces poèmes nous donnent de la honte, c'est sans y penser : ils n'ont pas été écrits pour nous […]. C'est aux noirs que ces noirs s'adressent et c'est pour leur parler des noirs; leur poésie n'est ni satirique ni imprécatoire: c'est une prise de conscience. »[241] Sartre force le lecteur européen à abandonner la perspective du Blanc, qui se croit supérieur pour lui faire adopter le point de vue du Noir, tout à fait nouveau et surprenant.

Analysant la portée idéologique de la poésie de la négritude, Sartre perçoit l'acte poétique comme l'effet direct de la prise de conscience identitaire et politique des Noirs. Dès lors, la sensibilité poétique de l'écrivain noir n'est ni un don, ni un talent, mais le résultat d'une descente dans les profondeurs de son être pour accéder, par un « dépouillement systématique »[242], à la liberté. Dans ce processus de purification, « en s'abandonnant aux transes, en se roulant par terre comme un possédé en proie à soi-même, en chantant ses colères, ses regrets ou ses détestations, en exhibant ses plaies, sa vie déchirée entre la 'civilisation' et le vieux fond noir, bref en se montrant le plus lyrique, […] le poète noir atteint le plus sûrement à la grande poésie collective […] »[243].

D'après Sartre, ce geste cathartique aboutit à l'invention d'un langage nouveau, apte à traduire la nouvelle conscience de soi dans la langue de l'ancien maître, la seule dont disposent les poètes noirs[244]. Pour surmonter ce déchirement, les écrivains noirs choisissent une stratégie subversive qui permet d'élaborer, à l'intérieur de la langue française, un langage poétique original :

> À la ruse du colon ils répondent par une ruse inverse et semblable : puisque l'oppresseur est présent jusque dans la langue qu'ils parlent, ils parleront cette langue pour la détruire. Le poète européen d'aujourd'hui tente de déshumaniser les mots pour les rendre à la nature; le héraut noir, lui, va les

---

[240] Jean-Paul Sartre, *Orphée noir, op. cit.*, p. 9.

[241] *Ibid,*. p. 11.

[242] *Ibid.*, p. 17.

[243] *Ibid.*, p. 17.

[244] C'est Léon Laleau qui, dans son poème bien connu « Trahison » du recueil *Musique nègre* (1931), exprimait cette aporie linguistique des poètes issus des pays colonisés.

défranciser; il les concassera, rompra leurs associations coutumières, les accouplera par la violence.[245]

Cette recherche d'un mode d'expression authentique se laisse observer dans l'emploi des créolismes et des africanismes, mais aussi, comme nous l'avons vu chez Césaire, dans la pratique des techniques surréalistes qui permettent aux écrivains noirs de dérégler le français afin de l'adapter à l'expression de leur propre culture.

En somme, Sartre apporte sa caution à la négritude dans sa démarche insurrectionnelle et libératrice. Il souligne en même temps que celle-ci est un point et non pas l'aboutissement, le chemin inéluctable d'un dépassement dialectique :

> Il s'agit donc pour le noir de mourir à la culture blanche pour renaître à l'âme noire [...]. Ce retour dialectique et mystique aux origines implique nécessairement une méthode. Mais cette méthode ne se présente pas comme un faisceau de règles pour la direction de l'esprit. Elle ne fait qu'un avec celui qui l'applique; c'est la loi dialectique des transformations successives qui conduiront le nègre à la coïncidence avec soi-même dans la négritude. Il ne s'agit pas pour lui de connaître, ni de s'arracher à lui-même dans l'extase mais de découvrir, à la fois, et de devenir ce qu'il est.[246]

Sartre perçoit le danger du « racisme antiraciste » qui pointe dans la négritude, et souligne que la « négation de la négation des Noirs » ne peut pas être figée dans une idéologie de type essentialiste :

> Mais ce moment négatif n'a pas de suffisance par lui-même et les noirs qui en usent le savent fort bien; ils savent qu'il vise à préparer la synthèse ou réalisation de l'humain dans une société sans races. Ainsi, la Négritude est pour se détruire, elle est passage et non aboutissement, moyen et non fin dernière.[247]

Tout en saluant la naissance du mouvement, Sartre opère donc un retour critique sur les principes qui fondent la négritude. Suivant sa perspective qui participe du matérialisme historique, le processus dialectique devrait permettre de dépasser la révolte raciale des Noirs (le stade négatif) et

---

[245] Jean-Paul Sartre, *Orphée noir, op. cit.*, p. 20.
[246] *Ibid.*, p. 23.
[247] *Ibid.*, p. 41.

d'accéder, une fois la révolution socialiste accomplie, à une humanité sans races et sans classes où tous les opprimés seraient libres. Ainsi, *Orphée noir* légitime la pratique poétique de la négritude tout en indiquant l'horizon révolutionnaire d'obédience socialiste comme primordial pour les écrivains noirs dans leur quête identitaire.

Aujourd'hui, la lecture sartrienne d'*Anthologie de la nouvelle poésie nègre et malgache* est devenue sujet à caution, surtout dans la perspective des études postcoloniales, pour avoir associé la négritude à une nature et à une sexualité débordante ainsi que pour l'avoir interprétée, de manière forcée, sous le signe de la lutte prolétarienne et de la condition juive. « Le mérite du *paratexte* sartrien – écrit à ce propos Kathleen Gyssels – est d'avoir défendu une parole jusque-là jugulée, d'avoir œuvré pour un changement radical de mentalités, au risque d'un certain monolithisme et d'une représentation eurocentriste. »[248]

Il n'en reste pas moins que, grâce à la consécration de la négritude, mais aussi à son questionnement, la préface de Sartre servira désormais de référence majeure dans la réflexion des auteurs noirs sur la culture et sur leur engagement littéraire.

Les apories de la négritude : *Peau noire, masques blancs* (1952) de Frantz Fanon

L'essai de Frantz Fanon *Peau noire, masques blancs*, publié en 1952, s'offre comme une première réaction à la remise en question de la négritude comme « essence » par Sartre, mais aussi comme une contestation de la négritude collective et « historique » de Césaire ou celle de Senghor, comprise par ceux-ci comme une identité première, associée à l'émotion originelle de l'être noir. Psychiatre martiniquais en poste à l'hôpital de Blida en Algérie et engagé politiquement entre 1955 et 1961 pour l'indépendance algérienne, Fanon examine les différentes manifestations racistes dans les relations entre les Antillais et les Blancs dans le contexte colonial. En s'appuyant sur *Réflexions sur la question juive* et *Orphée noir* de Sartre, sur Freud, mais aussi sur les recherches d'Octave Mannoni en psychanalyse de la colonisation, il analyse plusieurs cas d'intériorisation du préjugé raciste. Le détour par l'antisémitisme, dans le sillage de la comparaison sartrienne, lui permet de signaler que les Juifs et les Noirs sont enfermés dans une identité

---

[248] Kathleen Gyssels, « Sartre postcolonial ? Relire *Orphée noir* plus d'un demi-siècle après », *Cahiers d'Études africaines*, XLV (3-4), n° 179-180, 2005, p. 646.

essentialisée (« Le nègre représente le danger biologique. Le Juif le danger intellectuel. »[249]), la spécificité de la question noire (de la négrophobie) résidant cependant dans la peau et le préjugé de couleur. Dans son analyse de l'aliénation des Antillais, il met en évidence la névrose coloniale comme expérience vécue qui fait que « [...] l'Antillais ne se pense pas Noir, il se pense Antillais. Le Nègre vit en Afrique. Subjectivement, intellectuellement, l'Antillais se comporte comme un Blanc. »[250]

Il faut noter que de nombreuses comparaisons à la littérature antillaise font avancer la réflexion de Fanon. En tant que psychiatre, celui-ci analyse les pièges identitaires qui guettent – sur le mode refoulé – l'héroïne du roman de Mayotte Capécia, *Je suis martiniquaise* (1948), chez qui s'exprime pleinement le « complexe de lactification », à savoir le désir de la femme noire de prendre pour mari plus clair que soi afin de « se blanchir » et avoir un enfant mulâtre. Si la métaphore de Fanon, son ambivalence foncière – peau noire, masques blancs – traduit le désir compulsif d'assimilation et, par la même, l'aliénation du sujet colonial disloqué symétriquement, la négritude comme retour aux « valeurs nègres » et signe de rupture avec le monde blanc lui paraît être une autre perspective identitaire close et purement compensatoire. Il est intéressant de noter à cet égard que Fanon, qui fut élève de philosophie de Sartre, estime que les propos de celui-ci dans *Orphée noir* sur le racisme *à rebours* des Noirs (la négation de la négation des Noirs) mènent à l'étouffement de l'élan révolutionnaire dans le combat contre le colonialisme[251]. Ce diagnostic sera surtout validé lorsque Fanon proclamera dans *Les damnés de la terre* (1961) la nécessité d'entreprendre une révolution armée pour libérer les colonies de la mainmise impérialiste. Il n'en reste pas moins que dans *Peau noire, masques blancs* Fanon en arrive au constat d'un double échec que représentent le mimétisme (l'assimilation) et la négritude comme absolutisation de la race noire.

Significativement, Fanon délaisse à la fin de son livre sa critique radicale de l'aliénation coloniale (du « mirage blanc » et du « mirage africain ») pour imaginer les solidarités, fondées sur le respect et la réciprocité et aptes à dépasser les crispations identitaires et à encourager le déplacement de soi à l'Autre :

---

[249] Frantz Fanon, *Peau noire, masques blancs, op. cit.*, p. 134.
[250] *Ibid.*, p. 120.
[251] *Cf.* Józef Kwaterko, *Dialogi z Ameryką, op. cit.*, p. 116.

> [...]
> Je ne suis pas prisonnier de l'Histoire.
> Je ne dois pas y chercher le sens de ma destinée.
> [...]
> Je ne suis pas esclave de l'Esclavage qui déshumanisa mes pères
> [...]
> Et c'est en dépassent la donnée historique, instrumentale, que j'introduis le cycle de ma liberté.
> [...]
> Le nègre n'est pas. Pas plus que le Blanc.
> Tous deux ont à s'écarter des voix inhumaines qui furent celles de leurs ancêtres respectifs afin que naisse une authentique communication.
> [...]
> Supériorité? Infériorité?
> Pourquoi tout simplement ne pas essayer de toucher l'autre, de sentir l'autre, de me révéler l'autre?
> Ma liberté ne m'est-elle donc pas donnée pour édifier le monde du *Toi*?
> [...][252].

Du point de vue des effets de réception, c'est-à-dire de sa portée pragmatique et programmatique, l'essai de Fanon apparaît comme doublement révélateur. Malgré son appel final à un dépassement de la négritude, il sera lu comme l'un des manifestes de la négritude, comme un plaidoyer anticolonialiste qui stigmatise l'aliénation et le désir d'assimilation au monde blanc du Noir minoritaire. En même temps, par sa capacité à montrer une possible désaliénation afin de sortir du cercle vicieux de l'essentialisme, il reste éclairant pour les théories du postcolonialisme aujourd'hui. Pour Homi K. Bhabha par exemple, Fanon ouvre une marge d'interrogation sur la négociation entre l'identité et l'altérité, où s'exprime l'hybridité contemporaine[253]. Selon Kathleen Gyssels, « [t]raduisant Fanon en anglais, Bhabha lui accorde une place primordiale dans sa propre théorie d'hybridité et d'interstices. Bhabha ne sous-estime nullement la pérennité de ce que Fanon avait bien raison d'appeler un facteur surdéterminant, à savoir l'épiderme, marqueur de 'différence négative' : le sujet (ex-) colonisé a beau imiter et s'éreinter à ressembler au Blanc, jamais il n'arrivera à être son pareil ('almost the same,

---

[252] Frantz Fanon, *Peau noire, masques blancs*, *op. cit.*, pp. 186-189 (souligné dans le texte).
[253] *Cf.* Homi K. Bhabha, *Les lieux de la culture : une théorie postcoloniale*, trad. François Bouillot, Paris, Payot, 2007, pp. 113-120.

but not white'). »[254] Nous verrons que cet espace d'interrogations où *l'autre* est, selon différentes modalités, partie prenante de soi sera le centre d'intérêt des textes manifestaires caribéens dans la seconde moitié du XXe siècle.

---

[254] Kathleen Gyssels, « Sartre postcolonial ? », *op. cit.*, p. 645.

III

Entre l'hybridité et les pièges de l'identité

La période qui suit la fin de la Seconde Guerre mondiale voit le processus de la décolonisation s'accélérer partout dans le monde. La désagrégation ou la chute des empires coloniaux favorisent l'apparition, dans les sociétés dominées, d'une effervescence politique et sociale nourrie par l'enthousiasme de la conquête de l'indépendance. La propagation du communisme qui devient l'idéologie dominante parmi les élites intellectuelles en France et aux Caraïbes francophones joue ici un rôle primordial. Fédératrices, les idées communistes marquent aussi bien le discours intellectuel que l'articulation des projets esthétiques portés par les écrivains haïtiens et antillais.

Par la loi sur la départementalisation du 19 mars 1946, la IVe République française étend à la Guadeloupe, à la Martinique et à la Guyane le statut de « département », et garantit à ces territoires une stabilité politique et économique, favorable à leur développement culturel. La multiplication des contacts avec la métropole et le développement du système scolaire (sur le modèle métropolitain) vont également assurer aux populations un meilleur accès à l'éducation.

Ces trois éléments : le progrès de la décolonisation, la montée du marxisme et, dans le cas des Antilles, la départementalisation, définissent l'horizon politique dans lequel les écrivains haïtiens et antillais mènent leur réflexion à la fois sociale et artistique à l'issue de la Seconde Guerre mondiale. Ce contexte exercera une forte influence sur les programmes littéraires de la deuxième moitié du XXe siècle. Le politique et l'idéologique seront en effet explicitement intégrés dans les projets littéraires et constitueront souvent une référence majeure pour les différentes conceptions artistiques de cette époque.

Les années 1950 marquent un tournant. En Haïti, après quelques années de stabilité politique et de croissance économique, le docteur François

Duvalier est élu président en 1957, avant de s'autoproclamer président à vie en 1964. Désormais commence pour les Haïtiens une des périodes les plus sombres de leur histoire – la dictature militaire – qui va durer jusqu'en 1987 et qui va profondément modifier le rapport au réel des écrivains eux-mêmes dont plusieurs seront opprimés ou contraints à l'exil.

Aux Antilles, les années 1950 coïncident avec le sentiment grandissant parmi les écrivains et les intellectuels que l'intégration à la France en tant que département d'outre-mer est loin de résoudre les rapports de dépendance et qu'un néo-colonialisme de type administratif et culturel pratiqué par la métropole est une forme d'anéantissement « en douce » qui conforte la sujétion des Antillais et écorche la culture antillaise de son expression authentique.

Quant aux idéologies en place, les idéaux progressistes qu'elles incarnent entrent eux aussi en crise : l'indigénisme et la négritude avec ses idées d'humanisme universaliste se voient discrédités par les crimes trouvant leur justification dans le noirisme haïtien. Dans le même temps, l'idéologie marxiste commence, elle aussi, à être mise en question suite aux répressions sanglantes en Hongrie et aux révélations des forfaits staliniens.

En ce qui concerne la vie intellectuelle et les échanges artistiques entre les écrivains noirs, il faut mentionner la fondation, en 1947, de la revue *Présence africaine* par Alioune Diop. Dédiée aux questions sociales, politiques et littéraires, *Présence africaine* devient rapidement la plus importante tribune des intellectuels noirs. La revue de Diop constitue également un important réseau de sociabilité intellectuelle où les écrivains noirs francophones côtoient les écrivains français. D'éminents auteurs comptent parmi ses collaborateurs, comme Aimé Césaire, Léopold Sédar Senghor, Richard Wright, André Gide ou Albert Camus. Dotée en 1949 d'une maison d'édition, elle contribue à diffuser les idées de la lutte anticoloniale de même que les principes de la négritude.

Cependant, si au sein de *Présence Africaine*, la négritude reste une référence majeure pour tous ces artistes et intellectuels qui veulent mettre fin aux barrières raciales, sa récupération par Duvalier et son enlisement dans le noirisme entraînent une prise de distance critique croissante. Face aux pièges idéologiques de la négritude et à ses limites thématiques et discursives, certains écrivains, parmi lesquels Jacques-Stephen Alexis et Édouard Glissant, vont chercher à se situer dans le concret d'un rapport au monde créole et à interroger l'hybridité des cultures caribéennes.

Domaine haïtien

Pour l'autonomie de la littérature haïtienne : « Du réalisme merveilleux des Haïtiens » (1956) de Jacques-Stephen Alexis

En Haïti, l'esthétique du réalisme merveilleux est un bon exemple de ce pluralisme qui éclipse la négritude. Ses caractéristiques fondamentales ont été définies par Jacques-Stephen Alexis dans sa conférence « Du réalisme merveilleux des Haïtiens », prononcée en 1956 pendant le Premier Congrès des Écrivains et des Artistes Noirs organisé par *Présence africaine* à la Sorbonne et publiée par cette revue la même année. À cette époque, Alexis est déjà un romancier connu (en 1955 il publie son premier roman *Compère Général Soleil* chez Gallimard) et un activiste de gauche remarqué. Cofondateur avec René Depestre de *La Ruche* en 1945, il participe au coup d'État de janvier 1946 qui renverse le gouvernement d'Élie Lescot ; il est aussi membre du Parti Communiste Haïtien et entretient des relations avec les partis communistes français et chinois[1].

Telle que présentée lors du Congrès, l'intervention d'Alexis porte le sous-titre « Prolégomènes à un manifeste du réalisme merveilleux des Haïtiens ». Selon la terminologie proposée par Rod S. Heimpel, le texte d'Alexis appartiendrait aux « manifestes auctoriaux originaux », c'est-à-dire à ceux qui sont assignés au genre manifestaire par leurs auteurs au moment de la publication. L'intention qui sous-tend l'intervention d'Alexis confirme ce caractère manifestaire. En effet, le texte proclame la volonté de rallier une communauté d'écrivains et d'artistes autour d'un programme où le social, le politique et le littéraire sont étroitement imbriqués :

> Il est donc utile que, dépassant leur conscience individuelle de leur mission et de leurs tâches, que tous ensemble, librement, les artistes progressistes d'un pays, les seuls en qui le peuple entier se reconnaisse, confrontent leurs points de vue sur les tâches présentes de l'art national en fonction de l'histoire de leur peuple, de ses traditions, de ses tendances manifestes, de ses goûts, de ses espoirs, de ses rêves, de ses certitudes et de ses combats. Il est utile qu'un *programme général de travail*, simple et concret, lié à la fois aux traditions

---

[1] Son engagement politique lui vaudra de mourir des mains de la police secrète de François Duvalier en 1961. *Cf.* Yves Chemla, « Jacques-Stephen Alexis ». En ligne : *île-en-île*, www.lehman.cuny.edu/ile.en.ile/paroles/alexis.html (visité le 8 août 2011).

artistiques nationales, aux valeurs nouvelles qui naissent, à l'avenir et à l'homme de partout, soit mis sur pied.[2]

La visée du texte d'Alexis cadre bien avec celle que nous avons relevée comme fondamentale pour tout écrit à caractère manifestaire : rendre manifestes les principes d'un courant artistique nouveau qui cherche à s'assurer une résonance sur la scène littéraire. L'importance du texte s'explique également par son pouvoir de nomination que Jean-Nicolas Illouz identifie comme une des principales fonctions du manifeste[3]. En effet, Alexis prend la parole au nom d'un groupe d'artistes représentant une esthétique nouvelle qu'il nomme « l'École du Réalisme Merveilleux » :

> Puisque tout démontre qu'il y a une manière propre aux Haïtiens en art, qu'il y a actuellement une École de Réalisme Nouveau particulier aux Haïtiens, une École qu'on commence à appeler École du Réalisme Merveilleux, cette contribution présentée devant les intellectuels des peuples frères nègres, pourrait, grâce à l'apport de tous, hâter la constitution de cette École haïtienne sur des bases fondamentales claires.[4]

Le texte d'Alexis aspire au rôle d'un écrit fondateur. Il veut codifier une pratique artistique qui cherche sa légitimité parmi les courants dominants. Pour lui donner un aspect engagé, Alexis organise son programme selon une triple prise de position polémique : envers l'art bourgeois, l'indigénisme haïtien et la négritude.

L'un des enjeux majeurs du texte d'Alexis est d'opposer le réalisme merveilleux à la culture de la classe bourgeoise haïtienne qui impose aux artistes les goûts européens. Fidèle à ses convictions politiques de gauche, Alexis accuse les élites haïtiennes d'afficher « [un] vernis tout apparent de leur culture française et leur cosmopolitisme »[5] et de percevoir Haïti comme une province culturelle de la France. À cette attitude assimilationniste, Alexis oppose les œuvres ancrées dans l'imaginaire populaire :

---

[2] Jacques-Stephen Alexis, « Du réalisme merveilleux des Haïtiens », *Présence africaine*, n° 8, 9, 10, juin-novembre 1956, p. 247 (souligné dans le texte).
[3] Voir *supra*, p. 26.
[4] Jacques-Stephen Alexis, « Du réalisme merveilleux des Haïtiens », *op. cit.*, p. 248 (les majuscules figurent dans le texte).
[5] *Ibid.*, p. 257.

> Nous restons fidèles, jusqu'à plus ample démonstration, à la formule selon
> laquelle le peuple, pris dans sa masse, est la seule source de toute culture
> vivante ; il en est en quelque sorte la base, le fondement sur lequel viennent
> rejaillir les apports des hommes de culture [...][6]

Insurgé contre la distinction entre la culture « haute » et la culture du peuple, Alexis est conscient de l'originalité des créations culturelles nationales : « Nous ne pensons pas que la culture haïtienne soit une succursale, une province de la culture française, elle est quelque chose de bien propre à notre sol et aux fils de ce sol ».[7]

En accentuant le rôle du peuple dans la formation d'une culture haïtienne authentique, Alexis situe le réalisme merveilleux dans la filiation de l'indigénisme, initié par *La Revue indigène* et valorisé par Jean Price-Mars ainsi que par les écrivains latino-américains proches du mouvement *indigenismo*. En même temps, il désavoue une négritude dogmatique qui reste aveugle aux particularités des différents peuples noirs et les enferme dans un univers homogène :

> Décanté d'un certain « négrisme », d'un certain populisme, ce cours
> indigéniste dans l'art et la littérature est une chose dynamique et profitable à
> la culture haïtienne. Cependant, nous devons dire aussi que toutes les gloses et
> toutes les gorges chaudes en faveur d'une prétendue « négritude » sont
> dangereuses dans ce sens qu'elles cachent la réalité de l'autonomie culturelle
> du peuple haïtien et la nécessité d'une solidarité avec tous les hommes, avec
> les peuples d'origine nègre également, cela va de soi.[8]

Alexis attaque frontalement le noirisme des écrivains de la revue *Les Griots*, dont un des membres fondateurs, François Duvalier, deviendra président d'Haïti en 1957. Cette prise de distance par rapport à la négritude montre bien un important revirement idéologique : pour Alexis, l'idée de l'émancipation des Noirs, centrale pour la négritude, doit céder la place à l'impératif de garantir l'indépendance culturelle aux Haïtiens et devant la lutte en faveur de la solidarité humaine universelle. Par conséquent, sur le plan idéologique, le programme d'Alexis représente une tentative pour concilier deux postures à première vue dissonantes : le patriotisme haïtien et l'internationalisme socialiste. Ainsi le réalisme merveilleux devrait

---

[6] *Ibid.*, p. 251.
[7] *Ibid.*, p. 256.
[8] *Ibid.*, p. 256.

> [...] chanter les beautés de la patrie haïtienne, ses grandeurs comme ses misères, avec le sens des perspectives grandioses que lui donnent les luttes de son peuple et la solidarité avec tous les hommes ; atteindre ainsi à l'humain, à l'universel et la vérité profonde de la vie.[9]

Dès lors, le programme du renouveau artistique révèle son aspect tensionnel car il repose sur une contradiction non dépassée entre une plongée dans la temporalité nationale, elle-même ancrée dans le passé (représenté par les vestiges de la culture amérindienne, les croyances héritées d'Afrique, les arts et musiques africains, le créole comme langue originaire de la plantation esclavagiste), et le discours internationaliste prolétaire qui appelle les créateurs noirs à l'engagement en faveur de la solidarité entre les peuples, au-delà des contingences nationales.

Cette double prise de position idéologique se reflète, au niveau littéraire, dans le postulat central du projet : la conjonction du réalisme et du merveilleux. Les convictions politiques amènent Alexis à inscrire son programme dans l'esthétique du « réalisme social », courant officiellement promu par les communistes. C'est pourquoi il fustige le formalisme et l'art pur comme « [...] le fait d'une mince frange d'artistes liés à des classes sociales décadentes [...] »[10]. Opposé à l'élitisme et à l'indifférence idéologique des artistes, Alexis postule un art engagé qui se donne pour but de « [...] produire une nourriture saine et vivifiante pour l'esprit et le cœur des hommes, une nourriture qui satisfasse en même temps au bon goût. »[11]

Quant au merveilleux, Alexis présente les Haïtiens comme une société particulièrement sensible au spirituel et à l'irrationnel, émanant de la culture populaire. Selon lui, habitués à l'omniprésence des symboles vaudou, les Haïtiens adoptent volontiers une attitude réaliste envers la vie quotidienne, qui ne s'oppose en rien à l'acceptation du merveilleux comme partie intégrante de la réalité. D'après Alexis, les artistes haïtiens reflètent ce mélange dans leurs œuvres : « [...] l'art haïtien comme l'art des autres peuples d'origine nègre se différencie beaucoup de l'art occidental qui nous a enrichis. Ordre, beauté, logique et sensibilité contrôlée, nous avons reçu tout cela mais nous entendons le dépasser. L'art haïtien présente en effet le réel avec son cortège d'étrange, de fantastique, de rêve, de demi-jour, de mystère

---

[9] *Ibid.*, p. 268.
[10] *Ibid.*, p. 260.
[11] *Ibid.*, p. 261.

et de merveilleux [...] »[12]. Pour Alexis, cette pratique artistique doit être hissée au rang de principe esthétique primordial. Pour aborder les problèmes quotidiens des masses et contribuer au progrès de l'homme, l'art se doit aussi de rendre compte du côté magique de la vie et stimuler les émotions : « Foin de ce réalisme analyste et raisonneur qui ne touche pas les masses ! Vive un réalisme vivant, lié à la magie de l'univers, un réalisme qui ébranle non seulement l'esprit, mais aussi le cœur et tout l'arbre des nerfs ! »[13]

D'après Charles W. Scheel, le concept du réalisme merveilleux d'Alexis s'inspire partiellement des réflexions d'Alejo Carpentier. Dans le prologue de son roman, *Le royaume de ce monde* (1944), celui-ci reste admiratif devant une réalité haïtienne marquée du sceau du merveilleux[14]. En proposant la notion de « real maravilloso americano », Carpentier est le premier à faire de l'association du réel et du merveilleux une spécificité de la culture haïtienne, et, par extension, sud-américaine. Bien qu'Alexis ne fasse jamais explicitement référence à la pensée de Carpentier, il est évident que la manière dont il comprend le concept de merveilleux est proche de celle envisagée par l'écrivain cubain, notamment lorsque ce dernier écrit :

> Le réel merveilleux naît, de manière évidente, d'une altération inattendue de la réalité, d'une révélation privilégiée de la réalité, d'une illumination inhabituelle, ou singulièrement favorable des richesses insoupçonnées de la réalité, d'une amplification de l'échelle et des catégories de la réalité, perçues avec une intensité particulière, en raison d'une exaltation de l'esprit qui le conduit à un état libre.[15]

Le réel merveilleux, tel que conçu par Carpentier et Alexis, suppose une perception plus sensible, plus « forte » de la réalité. À ce propos, Régis Antoine note une nette différence entre le réalisme merveilleux d'Alexis et le réalisme magique sud-américain « en ce qu[e ce premier] ne cherche pas une fantasmagorie qui feindrait d'accepter pour réel ce qui est travail littéraire. Son merveilleux se perçoit au contraire dans un matériau extérieur inchangé. »[16] Pour Alexis, le merveilleux trouve sa source authentique non

---

[12] *Ibid.*, p. 263.

[13] *Ibid.*, p. 263.

[14] Charles W. Sheel, *Réalisme magique et réalisme merveilleux : des théories aux pratiques*, Paris, L'Harmattan, 2005, p. 18.

[15] Cité dans Régis Antoine, « Le Réalisme merveilleux dans la flaque », *Notre Librairie*, n° 133 janvier-avril 1998, p. 65.

[16] Régis Antoine, « Le Réalisme merveilleux dans la flaque », *op. cit.*, p. 65.

pas dans le travail créatif de l'écrivain, mais directement dans le réel, notamment dans la culture populaire et le folklore haïtien.

La filiation entre le programme formulé par Alexis et le concept proposé par Carpentier permet de dégager la dimension interculturelle du réalisme merveilleux. Comme nous l'avons déjà dit, Alexis cherche à situer son programme au sein d'un espace qui est à la fois national (en conformité ave la recherche d'une spécificité haïtienne) et universel (par sa prétention à contribuer au progrès humain). L'hybridité de la culture haïtienne et l'extension des références identitaires à l'archipel caribéen constituent le troisième pôle du cadre conceptuel défini par Alexis. D'autant plus que l'idée de l'autonomie culturelle des Haïtiens qui sous-tend son programme n'est pas synonyme de l'absolutisation d'une haïtianité figée et monolithique. En effet, l'auteur du manifeste met en relief le caractère composite de l'héritage culturel de son pays : haïtien (déjà métissé de l'intérieur par la langue créole), africain (étant donné l'omniprésence du vaudou) et européen (grâce à la langue française et espagnole). Face à cette richesse, Alexis affirme que « tous ces apports d'une diversité incroyable se sont brassés pour ne former qu'un seul corps [...] »[17]. S'il était jusqu'alors totalement extérieur, l'Autre (i.e. l'apport européen) se voit maintenant immiscé dans la structure identitaire haïtienne et contribue à fonder la conception d'une culture et d'une identité hétérogènes, métissées[18]. Ainsi Alexis propose une vision pluriethnique et pluriculturelle de l'identité et de l'art haïtiens.

C'est un nouveau type de discours, proche de la pensée postcoloniale, qui pointe ici. En proposant d'intégrer l'héritage européen au sein de la nouvelle identité haïtienne et du nouvel art haïtien, Alexis rejette la rhétorique anticolonialiste, fondée sur l'opposition binaire entre l'Occident dominant et les peuples noirs dominés. Il abandonne l'idéalisation du Noir, propre au discours de la négritude, et introduit une optique culturelle et identitaire plus complexe où l'opposition entre le « Je » noir et l'Autre blanc est dépassée par l'ouverture sur la problématique de l'altérité[19].

La volonté de fonder la culture nationale haïtienne sur l'idée de la diversité (très en avance par rapport à l'époque de la publication du texte) se

---

[17] Jacques-Stephen Alexis, « Du réalisme merveilleux des Haïtiens », *op. cit.*, p. 255.

[18] Alexis est ici particulièrement proche de Frantz Fanon qui, à la fin de *Peau noire, masques blancs*, fait de l'ouverture à l'Autre le moyen de dépasser l'aliénation coloniale.

[19] D'après Jean-Marc Moura, la chute des oppositions binaires entre le dominé et le dominant est une des marques fondamentales du discours postcolonial. *Cf.* Jean-Marc Moura, *Littératures francophones et théorie postcoloniale*, *op.cit.*, p. 4.

double d'une vision « archipélique » des Antilles où Haïti est intégré à l'univers caribéen. En devançant de quelques trente ans les réflexions sur la créolisation d'un Édouard Glissant, Alexis constate :

> D'ailleurs la confluence culturelle zonale n'est pas seulement propre à l'Amérique Centrale et Latine, toutes les nations d'Europe Occidentale semblent être entrées dans un processus d'interpénétration des diverses cultures nationales et dans toutes les grandes régions du globe, on constate le même phénomène. En Europe Occidentale, les écoles artistiques, la musique, la littérature, les modes vestimentaires, les coutumes, la technique, la science, et bien d'autres domaines s'influencent les uns les autres, même le vocabulaire des langues se charge de mots puisés dans les pays voisins. De même, en considérant les nations slaves d'Europe Centrale, l'Asie Mineure et l'Afrique du Nord, le Sud-Est asiatique, l'Asie du Nord, l'Afrique noire on doit se demander en présence de cette confluence des cultures nationales par zone, si nous n'assistons pas dans le monde d'aujourd'hui à un début de constitution de cultures zonales qui, à un étage supérieur, coifferaient les cultures nationales.[20]

On comprend bien que, dans la pensée d'Alexis, la diversité culturelle d'Haïti est double : d'une part, au niveau intérieur, elle traduit l'interpénétration des différentes composantes ethniques qui au fil du temps ont construit l'identité haïtienne et, d'autre part, elle se laisse observer à travers les flux culturels communs (« zonaux ») pour les différents pays de la Caraïbe. Notons au passage que la présence du motif des influences culturelles réciproques entre Haïti et l'Amérique latine dans le texte d'Alexis semble confirmer la proximité entre ses idées et celles qui avaient été diffusées dans *La Revue indigène*.

À travers ses multiples prises de position idéologiques et esthétiques, le manifeste « Du réalisme merveilleux des Haïtiens » propose aux écrivains haïtiens de s'inscrire dans un nouveau champ d'action. Grâce à cette dimension programmatique, le texte d'Alexis se fait pleinement un écrit à caractère manifestaire, statut que viennent consolider sa composition, sa rhétorique et son style. En effet, divisé en treize parties, numérotées (exceptée l'adresse initiale aux participants du Congrès) et dotées de titres, dans un souci d'ordre et de clarté, l'article d'Alexis présente bien les trois parties constitutives du manifeste d'opposition telles que définies par Jeanne Demers et Line Mc Murray : déclarative, explicative et démonstrative. Dans

---

[20] Jacques-Stephen Alexis, « Du réalisme merveilleux des Haïtiens », *op. cit.*, p. 258.

les premières parties du texte, tous les éléments de la phase déclarative du « manifeste d'opposition » se retrouvent : identification du sujet collectif du manifeste, refus de formes esthétiques jugées obsolètes et annonce d'un changement. Alexis signale explicitement son rôle de représentant de tout un groupe d'artistes composé « [...] de nombreux écrivains et artistes haïtiens qui [lui] ont fait le redoutable honneur de présenter les vues dominantes parmi [eux], sur ce que doit être l'orientation de la Littérature et de l'Art haïtiens [...] »[21]. Il note également l'urgence qu'il y a à introduire de profonds changements dans l'art afin de l'adapter à un monde où de nouvelles possibilités techniques contribuent au progrès social. Le texte d'Alexis s'inscrit ainsi dans la logique propre aux manifestes littéraires qui, selon Anna Boschetti, « [...] s'appuient sur le principe suivant lequel l'art doit changer car la société change. »[22]

À la lumière du modèle défini par Jeanne Demers et Line Mc Murray, les parties centrales du texte (qui exposent les différents aspects du programme) correspondent à la composante explicative du modèle du « manifeste d'opposition », tandis que la dernière partie intitulée « Problèmes contemporains de la culture haïtienne » en représente la composante démonstrative indiquant la mise en pratique de la nouvelle esthétique. C'est précisément dans cette partie finale qu'Alexis proposera d'articuler l'engagement social des écrivains à leur écriture, notamment par l'usage de la langue créole, parlée par les pauvres, le plus souvent analphabètes :

> Sur le plan de la littérature, nous pensons qu'il faut concurremment utiliser les deux langues : français et créole, et non pas une langue mitoyenne, française dans sa forme grammaticale et créole dans son allure grâce à une utilisation du vieux français qui a fini son temps. [...] Nous ne considérons pas comme des Don Quichotte les écrivains haïtiens qui commencent à publier des œuvres en créole, la question est inséparable de la désanalphabétisation, et il faut dès maintenant des textes en créole pour mener à bien cette désanalphabétisation.[23]

Alexis annonce ici une des directions poursuivie par certains écrivains haïtiens, à savoir l'essor d'une littérature écrite en créole qui, surtout dans le domaine théâtral, remportera un grand succès auprès du public haïtien.

---

[21] *Ibid.*, p. 246.

[22] Anna Boschetti, « La Notion de manifeste », *Francofonia*, n° 59 automne 2010, p. 18.

[23] Jacques-Stephen Alexis, « Du réalisme merveilleux des Haïtiens », *op. cit.*, p. 270.

Prononcée avant d'être publiée, la conférence d'Alexis épouse également la forme stylistique propre aux manifestes canoniques. Le texte abonde en passages où l'enthousiasme et la force de conviction poussent l'auteur au sarcasme envers d'hypothétiques adversaires et à emprunter une tonalité injonctive, propre à mobiliser de nouveaux adhérents :

> Nous sommes convaincus que [...] cette tendance à 'l'art pur', [...], cette tendance à la gratuité, n'est que le fait de d'une mince frange d'artistes liés à des classes sociales décadentes, l'expression de véritables pédérastes de la culture. [...] Il est impossible que tous les moyens du passé soient à la hauteur des messages des temps présents : il faut résolument rajeunir les anciens organons, en découvrir et en redécouvrir, sinon en inventer, selon l'optique de notre peuple, bien entendu[24].

Le style d'Alexis se caractérise aussi par la grandiloquence et la préciosité qui donnent un registre prophétique, typique, selon Claude Leroy, du discours manifestaire[25]. Le caractère visionnaire du texte se laisse alors observer, surtout dans les passages exposant l'ampleur des tâches qui s'imposent aux écrivains, passages qui se rapprochent de l'exhortation par le ressassement de certaines tournures :

> En ce siècle où les hommes voyagent déjà à la vitesse du son, où les idées franchissent les frontières sans passeport, ce siècle de la plus grande découverte énergétique de tous les temps, – découverte qui permet tant de libérations et tant de bonds en avant, hier encore inconcevables –, ce siècle où s'est entamé l'éradication définitive de l'injustice et de l'exploitation, ce siècle où toutes les races, tous les peuples, toutes les patries s'élancent impétueusement à la conquête d'un standard de vie enfin humain, ce siècle où égalité et progrès sont à l'ordre du jour, il est naturel que le contenu fondamental des œuvres d'art tende à atteindre l'ensemble des problèmes qui se posent à l'homme de partout[26].

Alexis emprunte également au discours internationaliste prolétaire appelant les créateurs noirs à l'engagement et à la participation au concert des nations :

---

[24] *Ibid.*, pp. 261-262.
[25] Claude Leroy, « La Fabrique du lecteur dans les manifestes », *Littérature*, n° 39, octobre 1980, p. 120.
[26] Jacques-Stephen Alexis, « Du réalisme merveilleux des Haïtiens », *op. cit.*, p. 247.

> Le moment est venu de lever nos mains noires dans le débat à côté de toutes
> les mains fraternelles jaunes, blanches ou rouges. Des difficultés temporaires
> existent encore dans le monde d'aujourd'hui, il y a bien des oppressions, bien
> des injustices contre lesquelles tous les hommes de cœur doivent lutter, mais
> dès maintenant il est possible de dire que nous nous orientons vers un concert
> harmonieux des cultures nationales. L'esprit souffle partout et nulle race, nulle
> zone du monde, n'a de monopole sur la culture ; la réalité du monde actuel le
> démontre.[27]

Les registres messianique et prolétaire (socialiste) alternent dans le manifeste d'Alexis sans se donner pour contradictoires. Unifiés par l'emploi de la première personne du pluriel, ils rendent bien compte de l'efficacité rhétorique d'Alexis qui utilise toutes les ressources de l'argumentation pour proposer un véritable programme aux écrivains haïtiens.

La direction indiquée par Alexis sera l'une des plus influentes de la littérature haïtienne de la deuxième moitié du XXe siècle[28]. Alexis lui-même l'illustrera par ses romans, tels que *Les arbres musiciens* (1957), *L'espace d'un cillement* (1959) ou par son recueil de contes, *Romancero aux étoiles* (1960). Le programme d'Alexis sera également au centre des débats littéraires en Haïti car certains écrivains verront dans le concept même du réalisme merveilleux une nouvelle forme d'exotisme qui réduirait les légendes et les traditions haïtiennes à une étrangeté culturelle difficile à expliquer et, de ce fait, leur ôterait la puissance fondatrice, créatrice d'une culture nouvelle[29].

La littérature face à la dictature : *Haïti littéraire* et le spiralisme

L'instauration de la dictature militaire en Haïti dans les années 1960 et 1970 entraîne des répressions brutales contre les opposants politiques et la violation des droits civils qui paralysent le pays. Privée d'investissements étrangers et de revenus du tourisme, l'économie plonge dans une profonde stagnation et aggrave la précarité de la vie des citoyens.

La dictature frappe aussi la vie culturelle. La censure s'acharne sur toute activité culturelle indépendante au point de provoquer une grande vague

---

[27] *Ibid.*, p. 259.

[28] *Cf.* Marie Dominique Le Rumeur, « Apogée ou déclin du réalisme merveilleux haïtien », *Francofonia*, n° 7, 1998, pp. 207-224.

[29] *Cf.* Jean-Claude Fignolé, « Réalisme merveilleux! Métamorphose du réel ? », *Journal of Haitian Studies*, vol. 16, n° 1, printemps 2010, pp. 23-40.

d'émigration vers les États-Unis, le Canada et la France. En diaspora, les exilés créent une vie associative importante qui veut montrer au public international les crimes de la dictature en Haïti. Quant aux rares intellectuels qui décident de rester sur place, ils s'exposent aux menaces et aux condamnations, y compris aux peines de prison et de mort. Le groupe *Haïti littéraire* et les écrivains réunis autour du programme du « spiralisme » apparaissent comme les plus importants pôles de résistance intellectuelle de cette époque.

Fondé en 1961 par cinq poètes, Anthony Phelps, Serge Legagneur, René Philoctète, Villard Denis (Davertige) et Roland Morisseau[30], *Haïti littéraire*, appelé aussi *Le groupe de Cinq*, s'apparente à un cénacle visant à moderniser la poésie haïtienne et à défendre la liberté artistique contre la dictature. Liés par des affinités politiques et artistiques, les membres de ce groupe se réunissent fréquemment[31] et font connaître en Haïti une voix littéraire collective qui, sans se doter d'un manifeste, réalise un programme artistique original. Dans son article-témoignage « *Haïti littéraire* : rupture et nouvel espace littéraire. Exemplaire fraternité », Anthony Phelps évoque comme élément unificateur du groupe la volonté de rompre avec le concept de négritude :

> [...] [les] écrivains [haïtiens] étaient à la traîne de la négritude, alors que, sinon le mot, du moins la chose, avait déjà été inventée, concrétisée par les milliers d'esclaves de Saint Domingue qui ont revendiqué leur dignité d'êtres humains à part entière, dignité que le colon pensait avoir confisquée.[32]

Les jeunes écrivains s'en prennent également à la littérature folklorisante d'obédience indigéniste ainsi qu'à la présence explicite de l'idéologie dans

---

[30] Les amis et les personnes proches du groupe sont plus nombreux. On trouve parmi eux des noms tels que : Léon Laleau, Marie Chauvet, Émile Ollivier, Franketienne (écrivains) et Luckner Lazar, Denis, Cédor, Tiga (peintres). *Cf.* Anthony Phelps, « *Haïti littéraire* : rupture et nouvel espace littéraire. Exemplaire fraternité ». En ligne : *île-en-île*, www.lehman.cuny.edu/ile.en.ile/paroles/phelps_haiti-litteraire.html (visité le 14 avril 2010).

[31] Dans son article-témoignage consacré à *Haïti littéraire*, Phelps évoque des rencontres quatre ou cinq fois par semaine chez la romancière Marie Chauvet, des rendez-vous chez lui à Pétionville ainsi que dans d'autres lieux de rencontres : La Galerie Brochette à Carrefour et La Galerie Kalfou à Port-au-Prince, la Bibliothèque de Jean Fouchard à Pétionville ainsi que l'appartement des beaux-parents de René Philoctète. *Cf.* Anthony Phelps, « *Haïti littéraire* », *loc. cit.*

[32] Anthony Phelps, « *Haïti littéraire* », *loc. cit.*

les œuvres. Ils y opposent le travail de la forme et l'impératif d'enrichir la poésie en s'inspirant des grands courants artistiques tels que le dadaïsme, le surréalisme, ou des arts plastiques, notamment du cubisme. Le refus de l'engagement direct de l'art dans la vie sociale et politique du pays ne signifie pas pour autant que le groupe écarte de manière radicale cette question. Bien au contraire, *Haïti littéraire* réagit à la dictature de Duvalier par un intense travail sur la culture, devenue un champ privilégié de résistance. Comme mode d'action, le groupe se sert des manifestations culturelles pour saper l'autorité de la dictature[33]. Il s'agit de la revue sonore *Prisme* ainsi que d'autres émissions de Radio Cacique, station fondée et animée par Phelps, qui avait pour objectif de contribuer à l'éducation et à la vie culturelle de la capitale. Par ce travail « organique », près du peuple, les écrivains haïtiens semblent s'éloigner du modèle de l'engagement intellectuel proposé par Jean-Paul Sartre et sont proches de la conception de l'intellectuel spécifique, définie par Michel Foucault, celle d'« un intellectuel qui ne travaille plus dans 'l'universel', 'l'exemplaire', 'le-juste-et-le-vrai-pour-tous', mais dans des secteurs déterminés, en des points précis où les situent soit leurs conditions professionnelles, soit leurs conditions de vie [...] »[34].

Haïti littéraire sera un important modèle de communauté artistique pour les milieux intellectuels haïtiens en exil au Québec, tels ceux groupés autour des revues *La nouvelle optique* (1971-1973) et *Collectif Paroles* (1979-1987). Les membres du groupe, eux-mêmes installés au Québec et le Canada après 1965, y tisseront un réseau artistique et littéraire où la circulation d'idées, proche de milieux intellectuel et littéraire du pays hôte, aboutira à de nouveaux programmes littéraires[35].

Les écrivains restés au pays vont vivre dans un isolement emblématique de l'étouffement politique et social de toute vie littéraire lors de la dictature. Ils vont trouver une voie de survie dans la pratique d'une écriture de résistance qualifiée de « spiralisme ». Fondé en 1965, le spiralisme n'est pas une école dotée d'une structure claire et d'un programme esthétique

---

[33] Phelps met en relief une différence essentielle entre le refus de l'engagement politique dans l'écriture littéraire et la responsabilité sociale de l'écrivain qui lutte contre l'oppression totalitaire.

[34] Michel Foucault, « La Fonction politique de l'intellectuel », dans *Dits et écrits 2 : 1976-1988*, *op. cit.*, p. 109.

[35] *Cf.* Józef Kwaterko, « 'Ouvrir le Québec sur le monde' : la revue *Dérives* et la transculturation de la sociabilité littéraire au Québec », dans Yvan Lamonde et Jonathan Livernois, éds, *Culture québécoise et valeurs universelles*, Québec, Presses de l'Université Laval, 2010, pp. 97-110.

prédéfini. Il se rapporte plutôt à trois écrivains dont les visions artistiques convergent : René Philoctète (un des membres d'*Haïti littéraire*), Franketienne (l'un des jeunes collaborateurs du même groupe) et Jean-Claude Fignolé. Comme dans le cas d'*Haïti littéraire*, il n'existe aucun texte fondateur du spiralisme. Les éléments théoriques permettant de définir ce projet littéraire proviennent seulement de quelques interviews accordées par les écrivains qui se réclament de cette esthétique.

Au regard des témoignages des « spiralistes », le point central du projet est une libération de l'écriture censée rendre le chaos qui règne dans la réalité haïtienne sous le joug de la dictature. Comme l'explique Philippe Bernard, le spiralisme « est [...] une sorte de rébellion totale contre toute tentation d'enfermement, une folie revendiquée [...] »[36]. Les auteurs « spiralistes » utilisent volontiers l'humour noir et l'esthétique du chaos – l'absence de ponctuation, l'éclatement des instances narratives, l'exacerbation des images maléfiques du vaudou, l'intercalation de graffiti et de slogans, – qui renvoient en tant qu'allégorie politique à Haïti, île déchirée en proie à la dictature et à une profonde désintégration sociale. C'est donc par une sorte d'anarchie formelle que les « spiralistes » tentent d'accéder à une forme littéraire capable d'exprimer l'absurde quotidien, les déchirements et les blessures de la société haïtienne. À un niveau pratique, ce principe se réalise dans la « spirale », nouvelle forme narrative pratiquée par les trois écrivains, et qui se caractérise principalement par la décomposition de la structure textuelle traditionnelle, livrée à diverses manipulations visant à rendre compte de l'instabilité de la vie sous la dictature duvaliériste :

> C'est une méthode d'approche pour essayer de saisir la réalité qui est toujours en mouvement. Le problème fondamental de l'artiste est celui-ci : essayer de capter une réalité, transmettre cette réalité, tout en gardant les lignes de force, de manière que ce réel transmis sur le plan littéraire ne soit pas une chose figée, une chose morte. C'est là le miracle de l'art : essayer de capter le réel sans le tuer. Capter : c'est saisir, c'est immobiliser. Il s'agit d'appréhender sans étouffer. Au fond, l'écrivain est un chasseur à l'affût d'une proie. Mais, il faut saisir cette proie sans la tuer. À ce niveau, le spiralisme est appelé à rendre certains services. Essayer d'être en mouvement en même temps que le réel, s'embarquer dans le réel, ne pas rester au-dehors du réel, mais s'embarquer dans le même train. Et, cela, à la longue, reproduit le mouvement

---

[36] Philippe Bernard, « Le Spiralisme », *Notre librairie*, n° 133, janvier-avril, 1998, pp. 108-110.

de la spirale. La spirale est comme une respiration. Spirale signifie : *vie* par opposition au cercle qui, selon moi, traduit la mort.[37]

Ce programme se trouve mis en œuvre dans les « romans-spirales » de Franketienne, *Les affres d'un défi* (publié en créole en 1975 et en français en 1979), *Ultravocal* (1972), *L'Oiseau schisophone* (1993), et dans *Les possédés de la plaine lune* (1987) de Jean-Claude Fignolé. En tentant de reproduire la complexité et la multiplicité de l'univers dans la forme littéraire de la « spirale », le mouvement se met au diapason des théories et des pratiques littéraires postmodernes et rapproche la littérature haïtienne des autres courants qui, à la même époque, privilégient les notions de flou et de déconstruction dans la production littéraire[38]. Les pratiques du spiralisme ne sont également guère éloignées de la vision du réel présentée par les écrivains engagés dans les expériences de l'Oulipo, elles-mêmes nourries du constat que le texte littéraire n'est jamais capable de représenter la réalité qui échappe essentiellement à l'écriture. Comme chez les écrivains de l'Oulipo[39], les expériences formelles du spiralisme ont aussi pour objectif d'octroyer un rôle important au lecteur :

> Rien n'est imposé au lecteur qui peut ainsi évoluer, dans l'espace du livre, sans être contraint d'observer un itinéraire pré-établi. Dans un tel cas, la pagination ne sert que de système de repérages ; elle ne modifie pas l'ordre de la lecture. Le titre n'est qu'un indice problématique à résonances multiples. [...] L'œuvre n'appartient à personne ; elle appartient à tout le monde. En somme, elle se présente comme un projet que tout un chacun exécutera, transformera, au cours des phases actives d'une lecture jamais la même.[40]

Franketienne pousse l'ouverture de la forme littéraire à l'extrême. Il abolit les instances traditionnelles (telles que l'autorité de l'auteur ou les classifications génériques), qui jusqu'alors étaient garantes du sens de l'œuvre,

---

[37] Saint-John Kauss, « Le Spiralisme de Franketienne ». En ligne : *potomitan*, www.potomitan.info/kauss/spiralisme.php (visité le 14 avril 2011).

[38] Parmi ses inspirateurs, Franketienne cite, entre autres, Marcel Proust, Franz Kafka, James Joyce, Nathalie Sarraute, le courant du Nouveau Roman et le groupe *Tel Quel*. *Cf.* Saint-John Kauss, « Le Spiralisme de Franketienne », *loc. cit.*

[39] *Cf.* Jean-Yves Tadié, *Le Roman au XXe siècle*, Paris, Éditions Pierre Belfond, coll. « Les Dossiers Belfond », 1990, pp. 108-124.

[40] *Cf.* Yves Chemla, « Entrée dans une spirale : lecture de *Aube tranquille* de Jean-Claude Fignolé ». En ligne : www.ychemla.net/fic_doc/aub_tranq.html (visité le 12 août 2013).

pour livrer le texte littéraire à la force créatrice de la subjectivité et de l'arbitraire.

À côté de la forme ouverte de l'œuvre, il convient aussi d'évoquer un autre procédé formel important : l'effacement du sujet collectif au profit du sujet individualisé. Dans *Les Affres d'un défi* de Franketienne, on assiste ainsi à l'enchevêtrement de deux trames, l'une et l'autre marquées par l'intériorisation du récit. Dans l'une, l'instance narrative, désignée par un « nous », prend la forme d'un monologue intérieur où se reflètent les pensées désordonnées d'un Haïtien persécuté par la dictature. Dans l'autre, la narration est assumée par un jeune Haïtien zombifié par un prêtre vaudou malveillant (un *bokó* en créole), mais qui, grâce à l'amour d'une femme, retrouvera la liberté. Ce passage du collectif au particulier semble témoigner d'un glissement important de la perspective des « spiralistes » qui abandonneront la vision collective de la réalité pour favoriser un point de vue intime qui organise le texte. Sur le plan idéologique, cette technique traduit le passage d'une perception communautaire de l'univers haïtien à une optique individuelle, plus intérieure et subjective[41]. Celle-ci frôle souvent le délire verbal, signe manifeste d'une non-histoire et symptôme d'une société malade et elle-même « zombifiée ». Cette modification, récurrente chez les « spiralistes » au niveau de la forme, est symptomatique d'une tendance qui sera largement développée par les théories et les conceptions littéraires forgées par les écrivains haïtiens en exil.

Le refus des pratiques littéraires traditionnelles, le souci de la modernité esthétique et le désir de libérer l'œuvre littéraire sous-tendent les projets d'*Haïti littéraire* et du spiralisme. Opposés à la perspective essentialiste de la négritude et à la logique conflictuelle entre les périphéries (les pays au passé colonial) et le centre (l'Occident), les deux orientations prétendent puiser librement dans les esthétiques postmodernes et s'inspirer des autres cultures

---

[41] Évoquons ici la même évolution de l'écriture chez Jacques-Stephen Alexis qui, dans ses premiers romans *Compère général Soleil* (1955) et *Les Arbres musiciens* (1957) met au centre de l'intrigue l'intérêt d'une collectivité ou les actions de personnages exemplaires schématisés (la narration étant menée par un narrateur extradiégétique et hétérodiégétique, à la troisième personne) alors que dans sa dernière œuvre, les nouvelles *Romancero aux étoiles* (1960), on assiste à une concentration sur le destin d'un personnage concret (le lieutenant Wheelabarrow – dans *Le Sous-lieutenant enchanté*) ou au passage du narrateur omniscient au narrateur autodiégétique (dans *La Chronique d'un faux amour*).

pour explorer l'univers haïtien sur un mode déroutant, afin de pouvoir mieux le soumettre à de nouveaux discours critiques[42].

Le transit québécois

Les postulats principaux de Jacques-Stephen Alexis, d'*Haïti littéraire* et des spiralistes constitueront un important point de référence pour les écrivains haïtiens exilés au Québec. Confrontés au pluralisme identitaire du pays d'accueil, ces derniers confirmeront les choix idéologiques et esthétiques de leurs prédécesseurs : à la logique anticoloniale représentée par la négritude, ils opposeront l'ouverture sur la problématique de l'altérité.

Les théories culturelles et esthétiques développées par les écrivains haïtiens de la diaspora semblent rejoindre l'évolution de la pensée philosophique occidentale et le climat intellectuel de la deuxième moitié du XXe siècle. Dans son ouvrage consacré aux avant-gardes des arts plastiques au XXe siècle[43], Hal Foster montre que les discours culturel, intellectuel et artistique occidentaux des années 1960 et 1970 sont marqués par la tentative d'abolir la puissance du « sujet » au sens de « cogito » cartésien qui vise à fonder et préserver son intégralité et sa cohérence[44]. Consécutif à l'expérience de la Seconde Guerre mondiale, le combat contre l'hégémonie du « sujet » se trouve au cœur des travaux des poststructuralistes, tels que Jacques Lacan, Gilles Deleuze, Michel Foucault ou Roland Barthes. En analysant le rapport du « sujet » à l'inconscient (Jacques Lacan), en mettant la folie et sa valeur créative en contrepoint de la rationalité cartésienne (Gilles Deleuze), en annonçant la mort du « sujet » (Michel Foucault) ou celle de l'auteur (Roland Barthes), ces intellectuels opèrent un considérable revirement : ils mettent en question la légitimité du modèle de l'homme proposé par la philosophie occidentale. Ils pointent du doigt le caractère monolithique de celle-ci et sa tendance à dominer les autres cultures. Le refus de l'hégémonie de la pensée unique, la conception de l'identité hybride et la

---

[42] Sur ces nouvelles recherches esthétiques au temps de la dictature des Duvalier on lira avec profit Philippe Bernard, *Rêve et littérature romanesque en Haïti : de Jacques Roumain au mouvement spiraliste*, Paris, L'Harmattan, 2003.

[43] *Cf.* Hal Foster, *Powrót realnego : awangarda u schyłku XX wieku*, trad. Mateusz Borowski et Małgorzata Sugiera, Kraków, Universitas, (1996) 2010, pp. 242-254.

[44] La bataille philosophique contre le sujet comme notion ontologique et épisté-mologique dans les sciences ainsi que les conséquences de cette lutte pour la pensée européenne sont analysées par Jürgen Habermas dans son œuvre *Le Discours philosophique de la modernité* (1985).

migrance comme « lieu de la culture » semblent être à l'origine des projets littéraires de certains écrivains haïtiens exilés au Québec ou aux États-Unis. Nous retrouverons ces projets dans plusieurs écrits théoriques qui s'apparentent à des textes programmatiques. Avant de les aborder, il convient de présenter brièvement le contexte sociohistorique de la migration haïtienne dans la seconde moitié du XXe siècle.

La diaspora haïtienne compte plus de quatre millions d'individus établis un peu partout à travers le monde avec comme centres d'immigration les plus importants la République Dominicaine, les États-Unis, la France et le Canada (principalement la province du Québec). L'arrivée massive des Haïtiens dans ces pays commence dans les années 1960 en réaction à la terreur instaurée par la dictature de François Duvalier. C'est surtout au Québec que la diaspora haïtienne se dote d'une vie culturelle et artistique intense[45]. Arrivés durant la « Révolution tranquille » (1960-1970), les premiers immigrants haïtiens se voient confrontés à une société québécoise qui cherche à affirmer son identité collective en soulignant les différences culturelles et linguistiques qui la distinguent du Canada anglophone. Les Haïtiens se retrouvent dans un pays d'accueil démocratique, en plein changement institutionnel, et qui ne cessera d'accepter l'afflux migratoire durant les décennies à venir.

Il est essentiel de noter que la première vague d'immigrants haïtiens est largement constituée d'intellectuels et d'artistes persécutés ou réduits au silence par le régime de Duvalier. D'où un rapide développement de leurs activités culturelles en exil. L'arrivée au Québec en 1964 d'Anthony Phelps[46], suivi par Émile Ollivier, Serge Legagneur et Roland Morisseau, tous membres d'*Haïti littéraire*, marque le point de départ de la formation d'un milieu intellectuel et artistique au sein de la diaspora haïtienne auquel vont être liés des écrivains exilés de la deuxième vague, comme Dany

---

[45] *Cf.* Frantz Voltaire et Stanley Péan, « Contributions dans le secteur de la culture », dans Samuel Pierre, éd., *Ces Québécois venus d'Haïti : contribution de la communauté haïtienne à l'édification du Québec moderne*, Montréal, Presses Internationales Polytechniques, 2007, pp. 345-392.

[46] Phelps a séjourné au Québec durant sa carrière en Haïti. En 1948 il entre en contact épistolaire avec la poète québécoise Rina Lasnier qui l'invite au Québec en 1951. Durant ce premier séjour, Phelps fait des études en céramique à l'École du meuble et en sculpture à l'École des beaux-arts de Montréal. Il rencontre également Michèle et Yves Thériault. Avec ce dernier il étudie l'écriture radiophonique qu'il utilise lors de son travail à la Radio Cacique en Haïti où il popularise également les auteurs québécois. *Cf.* Frantz Voltaire et Stanley Péan, « Contributions dans le secteur de la culture », dans Samuel Pierre, éd., *Ces Québécois venus d'Haïti, op. cit.*, pp. 379-384.

Laferrière, Joël Des Rosiers, Stanley Péan ou Marie-Célie Agnant, arrivés au Québec dans les années 1970.

Le restaurant-bar haïtien Le Perchoir d'Haïti est l'un des lieux où se tisse un important réseau de sociabilité intellectuelle et artistique qui fédère non seulement les exilés haïtiens mais aussi les artistes québécois[47]. C'est là qu'ont lieu les soirées poétiques et les concerts de musique haïtienne auxquels participent, aux côté des Haïtiens, des écrivains québécois tels que Gaston Miron, Paul Chamberland, Nicole Brossard ou Michel Beaulieu.

L'entrée de chercheurs haïtiens dans les universités québécoises, l'apparition d'émissions radiophoniques dédiées à la culture créole (« Planète créole » sur Radio-Québec) et la création de revues (*Nouvelle optique*, *Collectif Paroles* et puis *Dérives*)[48] et de maisons d'édition (Nouvelle optique et CIDIHCA[49]) sont autant de signes de la riche vie culturelle et intellectuelle de la diaspora haïtienne. Peu à peu, celle-ci se dote d'experts, de lieux de diffusion, de revues et d'institutions qui encadrent une activité intellectuelle et artistique puissante et inscrivent durablement la présence haïtienne dans le paysage culturel québécois.

L'expérience de l'exil forcé, la confrontation avec les francophones québécois et, plus largement, avec la culture américaine ainsi que les relations avec d'autres minorités ethniques installées au Québec, poussent les intellectuels haïtiens à modifier leur perception de l'appartenance culturelle et nationale. Plus particulièrement sur le plan littéraire, le statut d'immigrant engendre de nouvelles conceptions qui vont être formulées par de nombreux écrivains haïtiens habitant au Québec ou y séjournant. L'un des premiers d'entre eux est Robert Berrouët-Oriol, linguiste et poète, qui publie en 1987, dans la revue *Vice Versa*, son article « L'Effet d'exil »[50]. Dans ce texte, qui deviendra par la suite l'une des références majeures quant à l'histoire de la

---

[47] Sur le rôle des cafés dans la formation des communautés artistiques, voir Frédéric Mantoni, « Quelques hypothèses sur les cafés littéraires », dans Nicole Racine et Michel Trebitsch, éds, *Cahiers de l'Institut d'Histoire du Temps Présent*, n° 20, mars 1992, pp. 101-111.

[48] *Cf.* Józef Kwaterko, « 'Ouvrir le Québec sur le monde' : la revue *Dérives* et la transculturation de la sociabilité littéraire au Québec », dans Yvan Lamonde et Jonathan Livernois, éds, *Culture québécoise et valeurs universelles*, *op. cit.*, pp. 97-110.

[49] Centre International de Documentation et d'Information Haïtienne, Caribéenne et Afro-Canadienne fondé en 1983 à la suite de la fermeture du Centre de recherches caraïbes de l'Université de Montréal.

[50] Robert Berrouët-Oriol, « L'Effet d'exil », *Vice Versa*, n° 17, décembre 1986-janvier 1987, pp. 20-21.

notion d'« écriture migrante »[51], Berrouët-Oriol réclame pour les écrivains haïtiens immigrés au Québec une place de plein droit au sein du champ littéraire québécois. Prenant acte de l'accueil indifférent que le milieu littéraire québécois a réservé à la parution de l'ouvrage *Le pouvoir des mots, les maux du pouvoir* de Jean Jonassaint[52], Berrouët-Oriol accuse l'institution littéraire québécoise de marginaliser les écrivains migrants au Québec et de rester aveugle aux changements considérables que leur présence provoque dans le paysage littéraire québécois, longtemps marqué par l'idéologie de résistance à la domination politique et culturelle anglophone. Stylistiquement placé entre un état de lieux et un réquisitoire, l'article de Berrouët-Oriol véhicule un appel latent mais vigoureux à l'ouverture du champ littéraire québécois qui devrait rompre avec le discours nationaliste, parfois xénophobe, des années 1960 et 1970 et privilégier une vision multiculturelle de la littérature québécoise :

L'ENJEU, ICI CULTUREL ET POLITIQUE, EST BIEN LA CAPACITÉ DU CHAMP LITTÉRAIRE QUÉBÉCOIS D'ACCUEILLIR L'AUTRE VOIX, LES VOIX D'ICI, VENUES D'AILLEURS ET, SURTOUT, D'ASSUMER À VISIÈRE LEVÉE QU'IL EST TRAVAILLÉ, TRANSVERSALEMENT, PAR DES VOIX MÉTISSES.[53]

De plus, dans son texte, Berrouët-Oriol propose sa lecture de l'ouvrage de Jonassaint qui, rappelons-le, se compose de témoignages, d'extraits d'œuvres littéraires (et de commentaires d'accompagnement) des auteurs haïtiens migrants tels que Gérard Étienne, Roger Dorsinville, Anthony Phelps ou Roger Pradel. Il tire de cette lecture quelques hypothèses sur la nature de l'écriture haïtienne confrontée à l'exil. Ainsi, chez les écrivains haïtiens migrants, l'« effet d'exil » se traduit, selon Berrouët-Oriol, par l'attachement quasi-obsessionnel à la mémoire du pays natal, la favorisation du français au détriment du créole (ce qui s'explique par la pression du marché éditorial

---

[51] Sur ce point, il importe de signaler une autre publication du même auteur, « Les écritures migrantes et métisses au Québec », consacrée plus spécifiquement à l'écriture migrante dans une perspective large alors que « L'Effet d'exil » est concentré sur la littérature haïtienne. *Cf.* Robert Berrouët-Oriol et Robert Fournier, « Les écritures migrantes et métisses au Québec », *LittéRéalité*, vol. 3, n° 2, 1991, pp. 9-35.

[52] *Cf.* Jean Jonassaint, *Le pouvoir des mots, les maux du pouvoir : des romanciers haïtiens de l'exil*, Arcantère/PUM, 1986.

[53] Robert Berrouët-Oriol, « L'Effet d'exil », *op. cit.*, p. 20 (en majuscules dans le texte).

québécois, tourné vers le lectorat francophone) et le passage obligé par la problématique identitaire (pensée toujours en termes de patriotisme, de dépossession et de déculturation). Précis et pertinent, le diagnostic de Berrouët-Oriol marque un point à partir duquel certains écrivains haïtiens tenteront de redéfinir leur rapport à Haïti, à l'exil et à l'écriture. Pour interroger les programmes littéraires qu'ils conçoivent, nous nous servirons de trois textes critiques : *Théories caraïbes* de Joël Des Rosiers publié en 1996 aux éditions Tryptiques à Montréal, l'article « L'Enracinerrance » publié par Jean-Claude Charles dans la revue haïtienne *Boutures* (1999-2002) et l'essai d'Émile Ollivier, *Repérages*, édité en 2001 chez Leméac à Montréal.

Nous avons choisi ces trois textes parce qu'ils abordent deux questions fondamentales pour les écrivains de la diaspora haïtienne : l'expérience de l'exil et de la migration ainsi que les nouveaux enjeux identitaires et littéraires dans le contexte migratoire mondial et celui du multiculturalisme québécois et canadien. Chez Ollivier nous retrouvons également une réflexion sur les attitudes adoptées par l'écrivain haïtien en vue de se positionner sur la scène littéraire québécoise et internationale. Les trois écrits n'ont pas de statut manifestaire « pur » : ils ne résultent pas d'une prise de parole collective d'un groupe d'artistes et sont étrangers au style injonctif des manifestes classiques. Toutefois, ils exposent tous les trois des visions esthétiques bien concrètes ou tentent de définir la production littéraire de la diaspora haïtienne selon une approche théorique ou critique, par quoi ils rejoignent des énoncés programmatiques. Aussi à travers les projets esthétiques personnels de ces trois auteurs est-il possible d'observer une certaine « poétique de la migration », conceptualisée et pratiquée par les écrivains haïtiens en exil.

Contre la pureté : *Théories caraïbes* (1996) de Joël Des Rosiers

Joël Des Rosiers appartient à la deuxième génération des écrivains migrants haïtiens au Québec. Né aux Cayes en Haïti, mais arrivé encore enfant (en 1966, à l'âge de dix ans) dans le nord québécois, il représente les Haïtiens qui gardent de leur pays un souvenir vague. Ces immigrés à un âge précoce sont également presque entièrement immergés dans la culture québécoise et, plus largement, nord-américaine. Cette situation de départ privilégie l'apparition d'une conception artistique qui doit beaucoup aux effets des contacts des immigrés avec les Québécois et entre les exilés eux-mêmes, parmi lesquels les écrivains diasporiques sont en nombre croissant. Selon Daniel Chartrier, à la fin du XXe siècle, « [...] les écrivains nés à l'étranger forment le cinquième des écrivains du Québec, soit le double de la proportion que l'on retrouve dans la population en général. »[54]

Théories caraïbes marque la prise de position d'une nouvelle génération d'écrivains haïtiens de la diaspora qui refusent tout investissement idéologique au nom d'une identité « unique », nationale ou ethnique. Ces écrivains optent pour une vision du monde qui prend la diversité culturelle et l'hétérogénéité identitaire pour matière première. Sur le plan de l'écriture, cette première modification engendre un nouveau mode d'expression qui repose sur l'intime ou l'autobiographique. Refusant la fonction collective de la littérature, Des Rosiers appelle à concentrer le travail d'écriture sur la pénétration des profondeurs du langage poétique tissé de toutes les langues et à rester sensible à la richesse de la forme ouverte.

L'abandon de la posture idéologique de l'écrivain ainsi que l'intérêt porté à l'hybridité culturelle entraînent un changement important du statut de l'écriture manifestaire. Chez Des Rosiers, celle-ci perd sa place privilégiée pour devenir seulement une des composantes stylistiques du texte. Elle se voit happée par le discours essayistique, plus proche de l'attitude antidogmatique des jeunes écrivains haïtiens.

Dans *Théorie caraïbes*, Des Rosiers cherche à expliciter l'idée conductrice de sa réflexion : le déracinement. En donnant à son ouvrage le sous-titre « Poétique de déracinement », il place l'expérience de la perte des racines au centre de son analyse de la littérature haïtienne contemporaine. Or, il ne perçoit pas cette expérience comme une dépossession mais comme une émancipation. Dans un chapitre au titre provocateur, « Le XXIe siècle sera tribal », il affirme : « Je suis un homme de déracinement comme valeur de la modernité. Le déracinement autorise l'hybridation, le métissage et l'ouverture aux autres. »[55] Pour rendre compte de cet important changement de perspective, Des Rosiers se sert à dessein du terme « ex-île » où la mutation graphique du mot « exile » symbolise l'avènement d'une logique « postexilique » qui désavoue la notion d'identité monolithique.

Sur le plan littéraire, Des Rosiers fait du déracinement une métaphore du travail d'écriture :

---

[54] Daniel Chartrier, *Dictionnaire des écrivains émigrés au Québec : 1800-1999*, Québec, Nota Bene, 2003, p. 7.
[55] Joël Des Rosiers, *Théories caraïbes : poétique du déracinement*, Montréal, Triptyque, 1996, p. 165.

> [...] sans cesse [le poète] trahit son origine, son sexe, sa race, voire son identité. La seule chose à laquelle il reste fidèle, c'est l'écriture. Mais elle est pour lui déracinement, perte des certitudes, car quiconque entre dans l'écriture se rend très vite compte que toutes les langues maternelles sont abusives, et qu'il s'agit d'oser transgresser et la langue et le sens. Écrire est essentiellement une perte d'identité : le poète se dépossède de son œuvre en faveur d'un autre.[56]

En accordant au déracinement la faculté de libérer l'imaginaire des contraintes de l'attachement au pays d'origine, Des Rosiers rompt avec les idées de la première génération des exilés haïtiens qui, d'habitude, articulaient la douleur liée à l'expérience de l'exil[57]. La littérature, de son côté, est « [...] le dernier rempart contre l'identité. Elle nous apprend qu'il est impossible d'achever l'adéquation de soi à soi, que nous devons vivre dans le manque, avec l'autre en soi [...] »[58]. Dès lors, l'écriture devient l'espace privilégié de la rencontre des cultures et des communautés. En parlant de sa génération d'écrivains haïtiens au Québec, Des Rosiers constate :

> Sans doute sommes-nous parvenus à la fin des coïncidences entre langage, culture et identité. Pour nous, toute langue est teintée d'étrangeté ; et notre art poétique cherche à se distancier de toute velléité d'enracinement. Pour nous, le déracinement est une valeur positive ; porteuse de modernité, parce qu'il autorise l'hybridation, l'hétérogénéité, l'ouverture à l'Autre en soi.[59]

L'ouverture à la problématique de l'altérité se traduit essentiellement par des interactions (aussi intertextuelles) entre la production littéraire des

---

[56] *Ibid.*, p. 169.

[57] L'œuvre la plus significative pour cette génération a été le long poème d'Anthony Phelps *Mon pays que voici* (1966), popularisé parmi les immigrants haïtiens dans sa forme sonore : lu par l'auteur lui-même et enregistré sur un disque qui circulait parmi les membres de la diaspora. Exprimant la douleur de la perte du pays natal, traçant les moments dramatique de l'histoire d'Haïti, le poème de Phelps est devenu en quelque sorte l'hymne de la première diaspora haïtienne au Québec. *Cf.* la notice biographique d'Anthony Phelps dans Frantz Voltaire et Stanley Péan, « Contributions dans le secteur de la culture », dans Samuel Pierre, éd., *Ces Québécois venus d'Haïti*, *op. cit.*, pp. 380-383. Voir aussi Józef Kwaterko, « Les Fictions identitaires chez les romanciers haïtiens du Québec », *Revue de littérature comparée*, n° 2/2002, pp. 212-229.

[58] Joël Des Rosiers, *Théories caraïbes*, *op. cit.*, p. 172.

[59] *Ibid.*, p. 183.

écrivains haïtiens en diaspora et la littérature québécoise, de même que par l'abandon du rôle social de l'écrivain.

Dès lors, il n'est pas étonnant que le refus de l'engagement idéologique de la littérature donne lieu à une prise de position contre l'indigénisme et le réalisme merveilleux de Jacques-Stephen Alexis. Des Rosiers considère le programme d'Alexis comme une sublimation du nationalisme haïtien :

> À l'insulte collective que constitue l'occupation américaine d'Haïti en 1915, l'intelligentsia avec Jean Price-Mars vitupère les déprédations des nouveaux colons, oppose avec superbe l'indigénisme, exaltation de la culture nationale. Entreprise courageuse et nécessaire. Dans le même temps cependant, ivres de théorie, et grisés par leur nouveau rôle de protecteurs de l'âme nationale, des gardiens de la culture n'ont de cesse que de célébrer l'identité collective contre les dégradations de l'ethnocentrisme. [...] La confrontation est accablante. Le programme réaliste merveilleux, dans ses principes comme dans ses intentions, reprend mot pour mot les concepts du *Volksgeit* et l'impasse idéologique et politique survient lorsqu'avec les mêmes armes il prétend combattre les méfaits de l'ethnocentrisme. Car si le *Volksgeit* aboutit au nazisme, le programme réaliste merveilleux [...] pourra culminer lui aussi dans un spasme politique où le romancier révolutionnaire Alexis aura été immolé, corps, âme et manuscrits inachevés, sur l'autel de l'identité culturelle.[60]

Quant à la négritude, représentée dans le texte par Aimé Césaire, Des Rosiers met en cause sa signification éminemment collective qui nivèle l'expérience subjective : « Sans doute nous nous distançons de la tradition et de Césaire – nous nous risquons à mettre en scène nos vies intimes. »[61] Selon Des Rosiers, la nouvelle littérature haïtienne, née en dehors du pays, abandonne le sujet collectif (social, national ou racial) et privilégie la vision personnelle. Fondamental, ce retournement possède chez Des Rosiers la force d'une prise de position manifestaire – celle d'une jeune génération d'écrivains qui s'écartent de la tradition littéraire d'Haïti et, en même temps, celle qui prend ses distances avec la première génération de la diaspora haïtienne au Québec. En utilisant résolument le pronom « nous », Des Rosiers s'attribue le rôle de porte-parole de la deuxième génération des écrivains immigrés qui veulent imposer sur la scène littéraire un imaginaire

---

[60] *Ibid.*, pp. 24-25.
[61] *Ibid.*, p. 184.

encore faiblement reconnu par les « anciens » et par lequel s'exprime l'hétérogénéité constitutive du sujet migrant.

Pour mieux rendre compte de l'état actuel de la condition migrante, Des Rosiers propose la notion de « métaspora » que Piotr Sadkowski explique ainsi en comparaison de la diaspora :

> Si par le terme de diaspora nous entendons la situation d'un peuple qui garde une identité communautaire malgré sa dispersion à travers le monde, le néologisme proposé par Des Rosiers – avec le préfixe grec « méta- » signifiant *ce qui se dépasse* et *englobe* – désigne en même temps des relations et interpénétrations des cultures diverses.[62]

À l'encontre de la puissance du mythe de la « pureté » nationale ou ethnique, le néologisme forgé par Des Rosiers privilégie « l'impureté », le mélange, des transferts culturels incessants dans un espace géographique et intellectuel que l'on pourra appeler « transdiasporique ».

Sur le plan proprement esthétique, l'exploration de l'imaginaire métasporique amène Des Rosiers à privilégier les valeurs esthétiques reliées principalement au travail sur le langage poétique : « L'écrivain [...] [l]e voilà désormais à la rencontre du seul langage, de cette impure vérité qui est sans doute le lieu contemporain de la littérature. »[63] Hors du carcan de l'appartenance identitaire, l'écriture, selon Des Rosiers, signifie avant tout l'exploration de la pluralité des univers et la transgression des frontières entre différentes langues. La littérature devient alors un moyen de se tenir à l'affût du développement actuel du monde :

> Face à l'homogénéisation sans frein ni loi de la Terre, la littérature insère l'homme haïtien dans la Caraïbe puis dans l'univers. Elle développe une écologie du regard qui dans le meilleur des cas permet à chacun de se concevoir autre. C'est la condition du vouloir vivre ensemble, c'est-à-dire que chacun puisse se vivre à la fois comme sujet et construire la grande phrase

---

[62] Piotr Sadkowski, « *L'Énigme du retour* ou le voyage *métasporique* de Dany Laferrière », dans Ewelina Bujnowska, Marcin Gabryś et Tomasz Sikora, éds, *Vers un multiculturalisme critique : dialogues entre les diasporas canadiennes*, Katowice, Agencja Artystyczna Para, 2011, p. 305.

[63] Joël Des Rosiers, *Théories caraïbes, op. cit.*, p. 83.

commune prise au peuple. La littérature nous affranchit de nous-mêmes et cet affranchissement saisit l'élan du monde.[64]

Reposant sur les effets de paradoxe, de surprise et de mélange de langues, la poésie doit arriver à une nouvelle synthèse, apte à rendre compte de l'ébullition du monde contemporain. Néobaroque, la poésie selon Des Rosiers doit également engager le lecteur qui, pris dans un labyrinthe des mots, contribuerait à sa véritable signification :

> La poésie nommera la violence comme la jubilation de vivre ici en venant d'ailleurs ; elle sapera l'opulence d'une pensée qui prétendait tout embraser, tout conquérir, tout maîtriser d'un point de vue unique.
>
> Séductrice, la page reflétera des images infiniment déployées à piéger le lecteur, elle sera la membrane perméable entre le passé et futur, l'interface télématique où affleurent toutes les formes de jeu et d'enchantement, de magie et de supercherie, de vrai et de faux ; véritable respiration du langage.
>
> La page portera des langues étrangères. Elle accueillera des sonorités diverses, pulsations périphériques, et rythmes vitaux de l'oralité. Parsemée de trappes, d'oasis dérobant des sables mouvants, elle campera des colonnes doriques et des poteaux-mitan, signes sur le désert de la surface.[65]

Il est significatif que cette réflexion de Des Rosiers sur la nouvelle poétique et son potentiel libérateur se développe pleinement dans le chapitre intitulé « Manifeste pour une poésie impure, même l'ex-île, vivement ! ». Des Rosiers y examine son refus de l'homogène et du figé dans le passé et proclame l'avènement de formes poétiques plurielles, mouvantes et neuves que tous n'accepteront pas. Étalé sur quatre pages et demi, ponctué par de courts paragraphes, ce manifeste de Des Rosiers respecte une des règles de l'écriture manifestaire, celle de la concision du style et de la rigueur de l'exposition des idées. On y perçoit avant tout la prédominance du ton exclamatoire par lequel les idées tentent de s'imposer au jugement du lecteur. Par exemple, dans la citation ci-dessus où Des Rosiers expose son « art poétique », le caractère manifestaire apparaît dans l'usage du futur simple. Habituel dans le cas des manifestes, cet usage donne aux idées exposées la puissance d'un ordre et renforce leur portée injonctive.

---

[64] « Le Soleil du poète Joël Des Rosiers brille de tous ses feux : interview avec Joël Des Rosiers », *Le Nouvelliste*. En ligne : www.lenouvelliste.com/article.php?Pub ID=1&ArticleID=57720 (visité le 11 août 2011).
[65] Joël Des Rosiers, *Théories caraïbes*, *op. cit.*, p. 67.

Au niveau rhétorique, « Manifeste pour une poésie impure, même l'ex-île, vivement ! » réalise également des gestes manifestaires typiques : celui de rupture (avec le réalisme merveilleux et la négritude), mais aussi celui d'alliance. En effet, en convoquant les noms de Virgile, Villon, Hugo, Baudelaire, Rimbaud, Mallarmé, Saint-John Perse, René Char, Francis Ponge ou Magloire Saint-Aude, l'auteur cherche à placer son projet dans la lignée de glorieux prédécesseurs dont le capital symbolique se voit du même coup récupéré au profit des thèses de son manifeste.

La spécificité du texte de Des Rosiers consiste dans l'enchâssement des énoncés manifestaires (qui se rapportent à la critique du nationalisme littéraire) dans un ouvrage dominé par le style essayistique qui laisse plus de place à l'hésitation ou à une réflexion libre, et donc éloigné des rigueurs du manifeste. Le chapitre nommé « Manifeste » est le seul à faire appel de façon conséquente à la poétique manifestaire classique. Dans d'autres chapitres de l'ouvrage, on remarque au contraire la présence d'un sujet personnalisé par le pronom « je » qui aborde de nombreux sujets sous la forme d'une réflexion « en train de se faire » fondée sur l'expérience personnelle de l'auteur. La juxtaposition de ces styles si différents bouscule les codes générique et stylistique de l'écriture manifestaire. Confronté aux autres parties du texte, le chapitre en question perd alors de sa radicalité et s'inscrit dans un discours essayistique d'ensemble, ouvert au dialogue et au vagabondage de la pensée. D'ailleurs, l'auteur ébranle lui-même le statut manifestaire du texte, dans un geste autoironique dénonçant sa grandiloquence et, de la sorte, installant une distance entre ses idées et lui : « Malgré le côté dérisoire de cet emportement soudain, sous forme d'envoi de lumière, d'élan de conscience, je parie que l'art dans la poésie est la dernière chance d'humanisation de notre époque, que l'aspiration au sublime est une impérieuse nécessité dans cette société affairée et affairiste. »[66] On peut dire que Des Rosiers négocie son style entre la radicalité des jugements et la distance inscrite dans la langue. Il arrive ainsi à proposer un texte hybride qui échappe à tout classement univoque et qui, par la même, s'adapte mieux à la posture identitaire et artistique de la nouvelle génération des écrivains haïtiens attirée par une littérature postnationale et postidéologique.

---

[66] *Ibid.*, p. 69.

Échapper au spectre du pays natal : « L'Enracinerrance » (2001) de Jean-Claude Charles

L'idée de libre circulation des cultures et des esthétiques alimente également la réflexion d'un autre écrivain haïtien migrant, Jean-Claude Charles. Né en 1949, Charles quitte Haïti à l'âge de vingt et un ans pour partager sa vie entre Paris et New York comme journaliste, scénariste et reporter. Il pratique aussi l'essai, la poésie et le roman. Il publie son premier roman *Sainte dérive des cochons* en 1977, à Montréal dans la maison d'édition Nouvelle optique. Il nous fournit les principes de son esthétique personnelle dans l'article « L'Enracinerrance » publié en 2001 dans la revue haïtienne *Boutures*. Les idées esthétiques de Charles rappellent celles de Des Rosiers et son article programmatique s'approche au plan énonciatif de *Théories caraïbes*.

Hostile à la notion d'une identité unique, Charles n'en récuse pas moins les formules toutes faites telles qu'« écrivain migrant », « diasporique » ou « de l'exil », « artiste cosmopolite » ou « citoyen du monde ». Il les trouve toutes inadéquates à son expérience personnelle à laquelle il applique le concept oxymorique d' « enracinerrance ». Comme l'explique l'auteur, ce néologisme « [...] tient compte à la fois de la racine et de l'errance ; il dit à la fois la mémoire des origines et les réalités nouvelles de la migration ; il remarque un enracinement dans l'errance. »[67] D'après Charles, qui revendique « [...] le droit de n'exercer aucune police de l'identité »[68], il n'est pas question d'obnubiler l'attachement à la mémoire des origines, mais il s'agit d'en garder les traces tout en restant ouvert à la dynamique interculturelle du monde moderne. Il faut adopter une attitude qui privilégie les transferts identitaires et culturels : « Le concept d'enracinerrance s'inscrit dans la logique d'une idée simple : laissez circuler le monde entier ! »[69]

Relevant d'une vision utopique de la réalité, le terme proposé par Charles n'en affirme pas moins sa valeur émancipatrice et inspiratrice sur le plan littéraire. Charles présente l'enracinerrance comme « [...] la mise en mouvement, dans la langue, des lieux traversés, des cultures rencontrées, des langues données, apprises, acquises, reprises [...] »[70]. Dès lors, l'écriture

---

[67] Jean-Claude Charles, « L'Enracinerrance », *Boutures*, 1/4, mars-août 2001, pp. 37-41. En ligne : *île-en-île*, www.lehman.cuny.edu/ile.en.ile/boutures/0104/charles.html (visité le 29 novembre 2010).

[68] *Ibid.*

[69] *Ibid.*

[70] *Ibid.*

s'alimente constamment du brassage de ces lieux et de ces cultures de la transhumance qui s'offrent à l'écrivain nomade, ce qui mène à l'élaboration d'une œuvre hybride, faisant fusionner différentes formes et langues :

> L'enracinerrance en mouvement part d'un petit bout de rue à Port-au-Prince, prend la mer, file vers le Mexique, passe à New York, fait l'aller-retour entre cette mégapole et Strasbourg, flâne au Texas, débarque à Paris, y installe durablement son bivouac, fait l'aller retour entre Paris et New York, organise des virées en diverses contrées. Assurée de la racine et de l'errance, elle n'a pas peur des mots des autres. Elle dit oui à la mondialisation des flux d'écritures, de signes, de sons. Oui à la migration des genres à l'intérieur d'un texte qui, du coup, devient a-typique. Oui à la part d'ombre que marquent les textes et qui s'accorde à un vécu (pourquoi pas ?) transnational.[71]

L'article de Jean-Claude Charles, postérieur à *Théories caraïbes*, confirme le développement des idées et les modifications stylistiques observé dans le texte de Joël Des Rosiers. Sur le plan idéologique, la priorité accordée à la conception de l'identité transculturelle ou hybride supplante chez Charles la « dictature » de la mémoire du pays natal alors que l'écriture autobiographique[72], postmoderne dans son hétérogénéité générique et linguistique, éclipse l'idée d'une littérature engagée dans la cause nationale au premier degré.

Quant au style, le texte de Charles abandonne l'écriture manifestaire classique au profit d'un discours personnel, plus explicatif qu'injonctif. Le style manifestaire est encore présent dans la structure de l'article où la numérotation des différentes parties accorde au texte la forme d'une exposition claire et raisonnée. Il se laisse également voir dans certaines tournures qui s'apparentent au registre de la proclamation. Évoquons à ce titre l'usage de l'impératif dans l'appel déjà cité où Charles revendique la liberté de circuler dans le monde entier ainsi que la répétition anaphorique du mot « oui » dans le passage où il définit l'« enracinerrance ». On ressent également un certain dédain dans les passages exprimant le refus des idéologies et de l'identité unique (« [...] on connaît le blabla habituel de ceux que j'appelle les flics de l'identité »[73]) et l'apparition du sujet collectif et du mot *manifeste* lui-même : « Le travail de Peck, comme le mien, comme celui

---

[71] *Ibid.*
[72] Toute la première partie de la citation se réfère aux déplacements personnels de Charles.
[73] Jean-Claude Charles, « L'Enracinerrance », *loc. cit.*

de nombreux autres aujourd'hui, est un manifeste en mouvement contre les petits enfermements nationaux ou ethniques. Notre travail […] ruine toute possibilité de retour à la sédentarisation dans un espace national ou ethnique. »[74] Or, comme dans *Théories caraïbes* de Des Rosiers, ces effets typiquement manifestaires apparaissent dans un article où domine la volonté non plus d'imposer un programme tout prêt et valable pour tous, mais déjà celle d'éclairer un projet artistique personnel en dehors des combats d'écoles et de mouvements.

Une approche diasporique de l'écriture migrante : *Repérages* (2001) d'Émile Ollivier

À travers *Théories caraïbes* et « L'Enracinerrance », il est possible d'observer le statut ambigu de l'écriture manifestaire dans le discours théorique et critique des écrivains haïtiens de la diaspora. La force perlocutoire du discours manifestaire ne cesse de tenter ces écrivains qui emploient certains effets du style manifestaire, mais celui-ci se révèle de moins en moins adapté aux nouvelles attitudes artistiques où la préférence n'est plus donnée aux projets littéraires collectifs, mais au développement des poétiques individuelles. Cette individualisation des projets artistiques favorise, voire exige un discours plus consensuel que celui du manifeste canonique qui clame habituellement son veto à ce qui précède. Le texte d'Émile Ollivier, *Repérages* (2001), semble synthétiser ces nouveaux enjeux et fournit la meilleure conceptualisation des tensions observées dans les écrits de Joël Des Rosiers et de Jean-Claude Charles.

Émile Ollivier (1940-2002) fait partie de la première vague d'immigration des Haïtiens au Québec lors de la dictature duvaliériste. Né en 1940, il est contraint à l'exil en 1964 en raison de son engagement militant au sein de l'Union Nationale des Étudiants Haïtiens. Après avoir vécu un an en France, Ollivier part au Québec où il commence une carrière universitaire à la Faculté des Sciences de l'Éducation de l'Université de Montréal. Il se lance également dans l'écriture et signe six romans, quelques recueils de nouvelles et plusieurs essais.

Paru en 2001, *Repérages* est un texte qu'Émile Ollivier publie un an avant sa mort. Il se présente surtout comme un bilan du chemin personnel et artistique de l'écrivain lequel durant de longues années a été une figure de proue de la diaspora intellectuelle haïtienne au Québec. Or, tout au long de

---

[74] *Ibid.*

son texte, Ollivier affiche aussi l'ambition de généraliser son exemple particulier en l'étendant à l'écriture diasporique à l'époque postnationale. Par la conceptualisation de sa propre pratique littéraire et ses réflexions à caractère programmatique, Ollivier semble vouloir ainsi fournir des points de repères plus généraux afin de dialoguer avec d'autres écrivains et ses lecteurs.

En raison de son destin d'exilé, Ollivier accorde une place importante à la question de la migration, sans se limiter aux aspects pénibles de cet éloignement contraint. Certes, le départ forcé d'Haïti et l'arrivée au Québec se présentent initialement à l'écrivain comme un risque de perte et d'acculturation totale. Mais, très vite, dans le contexte des profonds changements socioculturels apportés par la Révolution tranquille, Ollivier découvre au Québec un espace en pleine ébullition politique et culturelle, le centre d'importants flux migratoires internes et externes. Côtoyant des Québécois récemment arrivés des campagnes à la recherche d'un travail en ville, ainsi que des étrangers venus de tous les horizons culturels, l'écrivain haïtien s'intègre dans une société familière de la problématique de la déterritorialisation et ouverte au multiculturalisme. Pour cette raison l'exil apparaît à Ollivier non pas comme le drame de la dépossession, mais plutôt comme une épreuve de la diversité du monde : « Je proclame à tout vent que je n'aime pas le mot racine. Je lui préfère celui de route. L'homme 'sans racines', quel être magnifique ! suis-je tenté de dire. L'absence de racines ne permet-elle pas une liberté totale ? Oui, probablement. »[75] À l'idée d'une identité unique, imposée et figée, Ollivier préfère celle d'une identité multiple, volontaire et évolutive, se construisant au gré des découvertes d'autres cultures, plus en phase avec un monde de plus en plus ouvert aux échanges culturels et artistiques. Sur ce point, Thomas Spear compare la posture identitaire d'Ollivier à celle de Jean-Claude Charles :

> Selon Jean-Claude Charles, l'enracinerrance « dit à la fois la mémoire des origines et les réalités nouvelles de la migration ; il remarque un enracinement dans l'errance ». Enracinerrant, Ollivier n'ignore ni la mémoire de ses origines ni les réalités nouvelles de la migration, que ce soit dans sa fiction ou dans ses écrits scientifiques. Son appartenance est multiple, il parle à partir

---

[75] Émile Ollivier, *Repérages*, Montréal, Leméac, coll. « Écritoire », 2001, p. 74.

des « marges » différentes et ses personnages sont souvent, comme lui, des enracinerrants.[76]

Selon Ollivier, la littérature devrait répondre à la conception plurielle de l'homme au lieu de soutenir l'impérialisme culturel (à l'instar des grandes littératures) ou de se cantonner dans un repli identitaire et culturel souvent propre aux littératures « mineures ». Comme chez Des Rosiers, l'expérience de l'exil se trouve chez lui dotée d'un grand potentiel de libération et de fécondité artistique[77]. Elle prédispose l'écrivain exilé à devenir un « écrivain de frontières »[78], placé à la fois à l'intérieur et à l'extérieur de son espace communautaire, au plus près de la condition de l'homme du XXIe siècle : « Il ne faut pas confondre l'espace littéraire national avec le territoire national. Il faut rappeler ici que, à l'ère de la globalisation, le triangle nation/État/ territoire est éclaté et qu'il y a une non-coïncidence entre l'espace littéraire et la nation politique. Il est à souhaiter que les écrivains continuent à dialoguer et à débattre par-delà les frontières. »[79]

D'après Ollivier, le travail de l'« écrivain de frontières » devrait ressembler à une exploitation des espaces médians entre les différents univers culturels et « [...] célébrer le voyage, le hasard, le déplacement, la rencontre. »[80] L'écrivain haïtien est proche sur ce point des analyses d'Homi Bhabha, l'un des théoriciens du postcolonialisme, lequel fait de la figure de l'exilé l'un des points centraux de l'émergence de la pensée postcoloniale et tient les espaces intermédiaires entre les nations pour les nouveaux « lieux de la culture ». Comme l'écrit Tiphaine Samoyault,

> les figures du marginal, de l'exilé, du migrant sont pour Homi Bhabha celles qui viennent troubler l'homogénéité de la nation et la disséminer. [...] Surtout, ils sortent le rapport à l'autre de tout le système dialectique hégéliano- marxiste. Ne pas reproduire ni inverser la relation entre dominant et dominé, entre centre et périphérie, ne pas statufier leur représentation impliquent de

---

[76] Thomas Spear, « Enracinerrant de Notre-Dame-de-Grâce », *Études littéraires*, vol. 34, n° 3, 2002, p. 23.

[77] *Cf.* Léon-François Hoffmann, « Émile Ollivier : romancier haïtien », dans Maryse Condé et Madeleine Cottenet-Hage, éds, *Penser la créolité*, Paris, Karthala, 1995, p. 220.

[78] Émile Ollivier. *Repérages, op. cit.*, p. 69.

[79] *Ibid.*, p. 100.

[80] *Ibid.*, p. 77.

privilégier les zones interstitielles où les rapports se défont, où les identités se troublent.[81]

La réflexion sur le rôle de « l'écrivain de frontières » permet à Ollivier d'aborder les enjeux de la dépendance idéologique et artistique de la littérature francophone face à la domination institutionnelle de Paris. En effet, les écrivains migrants francophones font partie des littératures dites « mineures » qui cherchent à se distinguer des « grandes littératures » : française, anglaise ou espagnole. Ainsi, le statut d'écrivain périphérique, situé hors des champs littéraires des anciens centres, favorise l'originalité et l'innovation :

> Sur le plan littéraire, on commence à connaître cette littérature et à voir ses illustrations : littérature anglo-américaine, coréenne, caribéenne et sud-américaine. Les écrivains en provenance de ces espaces s'inscrivent dans une radicale nouveauté, une sorte d'espace interstitiel. Ils ne reproduisent plus les formes de l'Occident, ne sont plus sensibles à ses moindres soubresauts ; leurs œuvres ne sont plus les simples déplacements, des pas de côté. Elles rendent compte d'un monde chaotique, fragmenté, éclaté où plus rien n'est à sa place. En rupture avec le localisme, pétries de références fournies par les sciences et la philosophie, c'est sur le plan de l'imaginaire qu'elles prennent leur envol. [...] Les œuvres des écrivains de l'espace médian de la Caraïbe, de l'Afrique, de l'Amérique du Sud ... indiquent des voies.[82]

Selon Ollivier, les écrivains francophones prennent acte d'une réalité contemporaine mondialisée qui complexifie les rapports entre l'institution littéraire française et les périphéries : ils développent un imaginaire inédit qui ne correspond pas aux canons métropolitains et qui participe « [...] à la plus grande modernité littéraire. »[83]

Publié vers la fin de la carrière d'Ollivier, *Repérages* s'inscrit dans une stratégie particulière, celle d'un écrivain qui veut positionner son œuvre face à un important essor de la pensée poststructuraliste et aux nouvelles conceptions littéraires lancées par les jeunes générations des écrivains de la diaspora haïtienne. L'essai traduit ainsi une tentative pour s'adapter au

---

[81] Tiphaine Samoyault, « Traduire pour ne pas comparer », *Acta Fabula*, Vol. 11, n° 1, « Autour de l'œuvre d'Homi K. Bhabha », Janvier 2010. En ligne : www.fabula.org/revue/document5450.php (visité le 9 août 2011). Voir aussi Homi Bhabha, *Les Lieux de la culture : une théorie postcoloniale, op. cit.*, p. 9-25.

[82] Émile Ollivier, *Repérages, op. cit.*, p. 106.

[83] *Ibid.*, p. 107.

nouveau type de discours identitaire et culturel qui domine les débats littéraires au début du XXIe siècle.

Quant au style, le texte d'Ollivier s'inscrit dans la tendance, observée dans les écrits de Joël Des Rosiers et Jean-Claude Charles, à abandonner les procédés propres au discours manifestaire. Certes, comme nous l'avons dit, l'auteur généralise parfois, tenant son cas personnel pour exemplaire de la littérature migrante. Il recourt également aux tournures d'appel grandiloquentes pour activer l'énergie collective des écrivains migrants et québécois face à l'urgence des changements : « Levons-nous de bonne heure, car la tâche est immense et nous ne disposons pas de beaucoup de temps ! »[84] Pourtant, le plus souvent, Ollivier privilégie l'écriture essayistique. L'apparition du « je » identifiable à l'auteur, une réflexion sinueuse qui se permet de multiples digressions ainsi que la mise au premier plan des expériences personnelles placent le texte d'Ollivier dans le domaine de l'essai, révélant un écrivain toujours en quête de sa propre conception esthétique et privilégiant cette quête au détriment des certitudes et des postulats. Le passage où Ollivier explique le choix du titre de son texte rend bien compte de cette réorientation intellectuelle et stylistique fondamentale :

> Repérage, tel est le mot qui spontanément me vient à l'esprit. Je ne le prends pas ici dans son acception propre, celle de l'acte accompli par le géomètre arpenteur qui consigne scrupuleusement distances calculées, surfaces mesurées, angles définis. Je privilégie le point de vue esthétique, celui du cinéaste, choisissant et délimitant son lieu de tournage. Aucune certitude absolue ne l'habite quand il découpe en plans son espace selon les besoins spécifiques de son scénario.[85]

En analysant la migration comme un des éléments de la modernité et en soulignant les effets positifs de l'exil et du déracinement, Joël Des Rosiers, Jean-Claude Charles et Émile Ollivier élaborent des conceptions esthétiques où la littérature est identifiée comme postnationale. Ancrés dans l'expérience de la migration, les trois auteurs proclament la fin des « grands récits » collectifs, idéologiquement engagés, et revendiquent l'arrivée d'une écriture plus autonome et plus personnelle. Dans les conceptions d'Ollivier, de Charles et de Des Rosiers, la littérature s'oppose également à l'idée d'un multiculturalisme compris comme une coexistence étanche, côte-à-côte, de

---

[84] *Ibid.*, p. 121.
[85] *Ibid.*, p. 28.

différentes cultures. Plus proches d'une conception transculturelle, leurs programmes esthétiques émergent de l'exploration et de la transgression des frontières entre les hommes et leurs communautés.

*

Les textes manifestaires et programmatiques ainsi que les projets artistiques que nous avons analysés dans cette partie témoignent de profonds changements dans la pensée théorique et critique sur la littérature haïtienne.

Le manifeste de Jacques-Stephen Alexis, les projets d'*Haïti littéraire* et du spiralisme, les textes de Joël Des Rosiers, Jean-Claude Charles et Émile Ollivier articulent le travail de l'écrivain à la nécessité de discuter, voire de discréditer l'idée d'identité unique et homogène de culture nationale. Tous ces écrivains rejettent au même titre les postulats de la négritude et le traditionnel discours culturel occidental pour promouvoir un nouveau mode de penser l'homme et le monde selon les critères de pluralité et d'hybridité.

Ce premier changement d'ordre intellectuel pousse également à redéfinir l'engagement idéologique des écrivains. Si Jacques-Stephen Alexis prône encore un activisme politique des intellectuels, les membres d'*Haïti littéraire* et les fondateurs du spiralisme privilégient déjà la culture comme contribution au progrès social en dehors des impératifs idéologiques ou politiques. L'art doit selon eux se retirer des combats directs pour s'investir dans le travail plus subtil de développement démocratique de la société de droit, tout en respectant la frontière entre l'esthétique et le politique. Les écrivains de la diaspora refusent radicalement de s'inféoder à toute idéologie qui, à leurs yeux, devient synonyme d'emprisonnement intellectuel.

Cet affaiblissement de la portée idéologique du travail littéraire ainsi que la pluralisation des voix artistiques durant la seconde moitié du XXe siècle aboutissent à la mise à distance de la rhétorique manifestaire. Le discours manifestaire classique, encore bien présent dans le texte d'Alexis, est seulement visible par endroits chez Des Rosiers ou Charles et cède la place à la démarche essayistique. Chez Ollivier, il reste encore plus diffus, se trouvant recouvert par une écriture réflexive et autonome qui cherche à comprendre le soi et l'autre tout en s'opposant au concept d'une littérature engagée, celle qui apparaît d'abord comme « historiquement située [...] et passionnément occupée des questions politiques et sociales. »[86]

---

[86] Benoît Denis, *Littérature et engagement : de Pascal à Sartre, op. cit.*, p. 17.

Domaine franco-antillais

Pour aborder cette partie de notre travail consacrée aux manifestes et aux textes programmatiques antillais, il nous faut faire un constat. À l'encontre de l'écriture manifestaire haïtienne qui prend pour cible la tradition littéraire et les idéologies en place à partir de la situation intérieure ou à partir de l'ailleurs diasporique (le Québec), les écrits manifestaires aux Antilles ne fondent leur légitimité qu'en confrontation avec le centre qu'est la France métropolitaine. En devenant des départements français d'outre-mer, les Antilles sont incorporés dans le système politique métropolitain ce qui, en dépit de l'égalité désormais affirmée entre métropolitains et Antillais, incite certains intellectuels à percevoir cette situation comme une nouvelle phase de la colonisation. Au vu de cette position de principe, on comprend aisément que les travaux théoriques ainsi que les projets littéraires des Antillais auront pour objectif de trouver un nouvel espace symbolique et conceptuel qui permettrait de définir la culture antillaise face à l'emprise coloniale du passé et néocoloniale du présent. Les programmes littéraires antillais de la seconde moitié du XXe siècle s'inspireront partiellement des analyses de *Légitime défense* et de *Tropiques*, des idées d'Aimé Césaire et de Frantz Fanon, mais, en même temps, seront marqués par une attitude polémique envers toute idéologie rigide.

L'antillanité d'Édouard Glissant

L'œuvre d'Édouard Glissant (1928-2011), poète, romancier, essayiste et philosophe martiniquais, apporte à la littérature antillaise une dimension identitaire à la fois postnationale et postcoloniale. La réflexion anticoloniale marque encore fortement ses premiers essais comme *Soleil de la conscience* (1956)[87], *L'Intention poétique* (1969) et *Le Discours antillais* (1981) alors même que Glissant élabore déjà certaines notions qui rapprocheront son discours des théories postcoloniales. Ce dernier aspect de la pensée glissantienne se manifestera pleinement dans *Poétique de la Relation* (1990), *Introduction à une poétique du divers* (1995) et *Traité du Tout-Monde* (1997). À travers l'analyse des postulats programmatiques avancés dans *Le*

---

[87] Remarquons que ce premier ouvrage, qui contient en germe toutes les idées-clés de la vision glissantienne, est publié la même année que le manifeste de Jacques-Stephen Alexis. Cette coïncidence temporelle est de taille car elle indique la simultanéité de l'émergence de certaines idées en Haïti et aux Antilles.

Discours antillais, d'une part, et *Poétique de la relation* ainsi que *Traité du Tout-Monde*, d'autre part, nous verrons comment s'effectue le passage des écrits « anticoloniaux » aux écrits « postcoloniaux » pour repérer la prégnance des transitions conceptuelles et notionnelles au sein du discours manifestaire et de l'intention programmatique de Glissant.

La pensée de Glissant se construit autour de quelques motifs ou images-idées qui apparaissent dès les premiers textes et portent une valeur programmatique : « relation », « divers » (mot emprunté à Victor Segalen auquel Glissant se réfère bien souvent), « opacité », « métissage », « créolisation » (lorsque « l'antillanité » comme projet politique sera délaissée). Une opposition fondamentale est articulée dans *Le Discours antillais* : celle de « l'Un » (ou du « Même ») et du « Divers » qui marque le passage du « Même » − fort de sa prétention à l'universel et « imposé de manière féconde par l'Occident » − à « l'ensemble diffracté du Divers, conquis de manière non moins féconde par les peuples qui ont arraché aujourd'hui leur droit à la présence du monde. »[88]

Dans la première phase de sa réflexion (dont *Le Discours antillais* est le fruit), Glissant constate que les Antilles représentent le cas emblématique de la propagation de « l'Un » à travers le monde car elles font partie des territoires où la colonisation a été « réussie », c'est-à-dire intériorisée, ensuite acceptée par les colonisés et couronnée en quelque sorte par la loi de départementalisation de 1946. Dans le sillage des idées de Frantz Fanon, Glissant perçoit la société antillaise comme profondément aliénée et soumise aux dictats de la culture occidentale. Or, Glissant opère une réorientation sensible quant à la possibilité d'une éventuelle désaliénation : il prend ses distances avec les idées promues par la négritude et abandonne le mythe du retour vers l'Afrique comme acte fondateur de la nouvelle identité des peuples noirs : « Plus que la négritude totalisatrice, l'œuvre requiert l'enracinement totalisant. On ne s'enracine pas dans des vœux (même qui clament la racine) ni dans la terre lointaine (même si c'est la terre-mère, l'Afrique), parce qu'on recommence de la sorte un (autre) processus abstrait d'universel [...] »[89].

À la négritude qui, d'après lui, absolutise la « race noire », Glissant oppose la circonscription de l'identité à l'espace-temps des îles antillaises elles-mêmes lesquelles constituent désormais pour lui la référence identitaire

---

[88] Édouard Glissant, *Le Discours antillais*, Paris, Gallimard, coll. « Folio/Essais », (1981) 1997, pp. 452-453.
[89] Édouard Glissant, *L'Intention poétique*, Paris, Gallimard, (1969) 1997, p. 143.

essentielle : « Contre l'universel généralisant le premier recours est la volonté rêche de *rester au lieu*. Mais le lieu en ce qui nous concerne n'est pas seulement la terre où notre peuple fut déporté, c'est aussi l'histoire qu'il a partagée (la vivant comme non-histoire) avec d'autres communautés, dont la convergence apparaît aujourd'hui. Notre lieu, c'est les Antilles. »[90] Glissant avance alors l'idée de l'« antillanité » conçue comme un vaste mouvement de découverte et de remise en valeur de la culture des Antilles ainsi que de son histoire et de ses langues (en l'occurrence du français et du créole).

Glissant reste conscient que toute conception identitaire qui idéalise la nation, l'ethnie ou l'appartenance à un lieu risque de déboucher sur un nouvel enfermement. Dès lors, afin d'éviter aussi bien l'essentialisme que le régionalisme ou la folklorisation, Glissant introduit la notion complexe de Relation[91]. Celle-ci lui permet de cerner l'hybridité des Antilles comme espace d'échanges et d'interpénétrations culturelles incessantes : « L'antillanité, rêvée par les intellectuels, en même temps que nos peuples la vivaient de manière souterraine, nous arrache de l'intolérable propre aux nationalismes nécessaires et nous introduit à la Relation [...]. Qu'est-ce que les Antilles en effet ? Une multi-relation. »[92] À l'instar de Jacques-Stephen Alexis en Haïti et de certaines idées de la revue *Tropiques*, Glissant perçoit la spécificité antillaise à travers les phénomènes de contact de cultures et de métissage qui permettent de sortir de la logique de l'homogénéité identitaire :

> Si nous parlons de cultures métissées (comme l'antillaise par exemple), ce n'est pas pour définir une catégorie en-soi qui s'opposerait par là à d'autres catégories (de cultures « pures »), mais pour affirmer qu'aujourd'hui s'ouvre pour la mentalité humaine une approche infinie de la Relation, comme conscience et comme projet : comme théorie et comme réalité.
>
> Le métissage en tant que proposition n'est pas d'abord l'exaltation de la formation composite d'un peuple : aucun peuple en effet n'a été préservé des croisements raciaux. Le métissage comme proposition souligne qu'il est désormais inopérant de glorifier une origine « unique » dont la race serait gardienne et continuatrice.[93]

---

[90] Édouard Glissant, *Le Discours antillais, op. cit.*, p. 426.
[91] *Cf.* Clément Mbom, « De l'opacité à la relation », dans Jacques Chevrier, éd., *Poétiques d'Édouard Glissant : actes du colloque international « Poétiques d'Édouard Glissant », Paris-Sorbonne, 11-13 mars 1998*, Paris, Presses de l'Université de Paris-Sorbonne, 1999, pp. 245-255.
[92] Édouard Glissant, *Le Discours antillais, op.cit.*, p. 427.
[93] *Ibid.*, p. 428.

Selon Glissant, la tâche essentielle assignée à la littérature est de rendre compte de la diversité des Antilles. Inscrit dans une « poétique de la relation », le travail de l'écrivain doit se concentrer sur le déchiffrement de la complexité de l'histoire des Antilles qui, à l'opposé de l'histoire occidentale, ne repose pas sur la notion de temps linéaire, mais sur celle de discontinuité :

> Beaucoup d'entre nous n'ont jamais fréquenté leur temps historique ; nous l'avons seulement éprouvé. C'est le cas des communautés antillaises qui accèdent seulement aujourd'hui à une mémoire collective. Notre quête de la dimension temporelle ne sera donc ni harmonieuse ni linéaire. Elle cheminera dans une polyphonie de chocs dramatiques, au niveau du conscient comme de l'inconscient, entre des données, des « temps » disparates, discontinus, dont le lié n'est pas évident. [...] Explorer le chaos de la mémoire (offusquée, aliénée, ou réduite à un répertoire de repères naturels) ne peut pas se faire dans la « clarté » de l'exposé consécutif.[94]

La langue est un autre terrain d'action pour l'écrivain. Dans le cas des Antilles francophones, il s'agit d'un double héritage linguistique : français, légué par les colons et créole, opprimé par le système colonial. D'après Glissant, l'usage du français comme langue unique constitue une des plus grandes forces aliénantes car il entrave l'expression des contenus antillais « ignorés » par l'imaginaire symbolique de cette langue. La domination du français réduit les Martiniquais à une « poétique forcée [...] où une nécessité d'expression confronte un impossible à exprimer. »[95] Les Antillais réagissent à cette situation en adoptant des stratégies de « détour » qui permettent de contourner ou surmonter les difficultés de communication par des ruses langagières, notamment par la créolisation du français. Cette démarche, conditionnée par les besoins pratiques de la communication, n'en constitue pas moins un moyen indirect de s'opposer à l'hégémonie du français, ce qui, sur le plan idéologique, l'approche d'une contre-poétique : « Il s'agit bien ici d'une contre-poétique : opération dérisoire ; tentative d'échapper, par des variations non concertées, non concordantes, à la contrainte de la langue française ; impossibilité de trouver un lieu commun graphique ; détournement d'un sens premier ; résistance à un 'ordre' venu d'ailleurs ; formation d'un 'contre-ordre'. »[96]

---

[94] *Ibid.*, pp. 344-345.
[95] *Ibid.*, p. 402.
[96] *Ibid.*, p. 479.

Contrairement à la littérature haïtienne, la subversion du français par le créole et la recherche d'un nouveau langage artistique constituent pour Glissant un acte de résistance à l'oppression culturelle de la France : « Contre la neutralité stérilisante de l'expression à laquelle on a contraint les Martiniquais, le travail de l'écrivain est peut-être de 'provoquer' un langage-choc, un langage-antidote, non neutre, à travers quoi pourraient être réexprimés les problèmes de la communauté. »[97] Ainsi, chez Glissant, le langage devient le vrai terrain de la lutte idéologique. Celle-ci est loin de se limiter au conflit entre le français et le créole car Glissant poursuit sa réflexion et étend ce premier binarisme pour opposer l'écriture et l'oralité. Valeur phare de la civilisation occidentale, l'écriture constitue pour Glissant une arme au service de l'universalisme réducteur : « Car l'écriture, convenons-en, a contribué à une conception très dogmatique et autoritaire de l'universel, dans la mesure où, dans le champ indo-européen, elle fut souvent considérée comme la marche ultime, l'exhaustif palier, par où entrer dans l'absolu. »[98] À l'opposé, Glissant perçoit l'oralité comme un terrain propice à l'ouverture à la complexité du monde. Dès lors, une des tâches de l'écrivain sera de saper les dictats de l'écrit : « Il s'agira entre autres de défaire l'écriture de son mandat de souveraineté par rapport à l'oral. »[99]

Dans *Le Discours antillais*, Glissant envisage la littérature et l'ensemble des créations culturelles comme un espace symbolique où la recherche de nouveaux modes d'expression est liée au combat contre l'aliénation persistante aux Antilles et contre l'hégémonie culturelle de l'Occident. Face à la paralysie intellectuelle des Antillais, due à l'absence de production autonome et à la passivité économique du pays, il préconise une « action culturelle » afin d'édifier une société consciente de soi et de ses capacités : « Toute action culturelle en Martinique devrait tenir compte de ces trois facteurs à combattre : la dépendance économique globale (qui est à l'origine du désordre structurel dans la société martiniquaise), la formation d'une élite vide, la misère mentale. »[100] En ce sens, la problématique culturelle s'inscrit dans une réflexion sociopolitique d'obédience marxiste. Dans son analyse des influences du marxisme aux Antilles, Régis Antoine constate que

---

[97] *Ibid.*, p. 600.
[98] *Ibid.*, p. 547.
[99] *Ibid.*, p. 554.
[100] *Ibid.*, p. 363.

> [...] la véritable « conversion » du marxisme, sa transformation en combustible des moteurs autonomiste et indépendantiste, se réalise chez les anciens élèves de Césaire devenus eux aussi écrivains et idéologues. [...] Il en va ainsi d'Édouard Glissant [...] Dans son *Discours antillais*, qui articule la littérature avec l'histoire des formations sociales, un souci s'inscrit à toutes les pages : comment déclencher à la Martinique une révolution socialiste, dès qu'il n'y a plus de véritables structures agricoles et industrielles, et que le peuple, menacé d'assistanat généralisé, ne maîtrise plus aucun processus de production ?[101]

Ce caractère révolutionnaire de la culture s'articule davantage lorsque Glissant appuie dans les années 1950 et 1960 le projet politique d'une fédération antillaise[102]. Selon Glissant, la culture, et notamment la pratique littéraire, doivent s'impliquer dans ce large projet : « [l]e texte doit être ici (dans notre vécu) mis en commun [...] » tandis que « [l]'auteur doit être démythifié [...] parce qu'il doit être intégré à une décision commune. »[103] Proche du *hic et nunc* antillais, l'œuvre littéraire est ainsi censée contribuer à la souveraineté nationale, économique et culturelle :

> Bâtir une nation, c'est aujourd'hui penser d'abord à des systèmes de production, d'échanges commerciaux profitables, d'amélioration du mode de vie, sans lesquels la nation deviendrait vite illusion.
>
> Mais on découvre chaque jour dans le monde qu'il y faut aussi un sens de la personnalité collective, de ce qu'on appelle la dignité ou la spécificité, sans lesquelles la nation serait précisément évidée de signification. [...]
>
> La parole de l'artiste antillais ne provient donc pas de l'obsession de chanter son être intime ; cet intime est inséparable du devenir de la communauté.[104]

Le caractère souvent relâché, discontinu des différentes réflexions et idées qui forment *Le Discours antillais* rapproche cet ouvrage du genre essayistique. Or, parmi les différents modes d'expression assimilés par l'essai glissantien, on trouve le discours manifestaire. Celui-ci révèle sa présence

---

[101] Régis Antoine, *La Littérature franco-antillaise, op. cit.*, pp. 252-253.
[102] En avril 1961, avec le guadeloupéen Paul Niger et le guyanais Justin Catayée, Glissant fonde le Front antillo-guyanais qui tend à la création d'une fédération des territoires francophones de la Caraïbe. L'organisation est dissoute par une décision du Général De Gaule en juillet 1961.
[103] Édouard Glissant, *Le Discours antillais, op. cit.*, p. 442.
[104] *Ibid.*, pp. 758-759.

dans l'agencement rhétorique et stylistique des textes du *Discours antillais* et se laisse observer aussi dans l'armature conceptuelle par laquelle Glissant définit un nouveau cadre intellectuel et artistique pour la littérature.

Sur le plan rhétorique, l'intention programmatique du *Discours antillais* s'appuie souvent sur des topoï liés à la perte et la menace. Dilution de la conscience collective des Antillais sous la pression du progrès et du confort de la vie au sein du système capitaliste français, disparition de l'héritage populaire dans la réalité de la société de consommation ou bien spectre de l'écrasement identitaire par l'universalisme occidental –, ces images-idées de la dépossession sont omniprésentes dans l'argumentation glissantienne :

> Terre de change, la Martinique devient donc de plus en plus une terre de passage. Passage des fonds, passage des touristes, passage des Martiniquais eux-mêmes. [...] Les structures de la société, ses réflexes, sont ici une résultante de l'acte colonial et ne s'enracinent pas dans un *avant* (sinon la *coupure* de la Traite). Pour un pays qui n'a pas de son passé, la non-productivité est une carence irrémédiable. Elle frappe l'être de stérilité. Elle déclenche une non-créativité, renforcée en l'occurrence par la consommation passive de 'produits culturels' extérieurs. Pire, les valeurs culturelles accumulées dans le cadre du système de Plantations (traditions orales, contes, coutumes, gestuel, folklore, etc.) ont tari ou disparu avec l'émiettement de ce système[105].

La vision crépusculaire de l'avenir des Antilles aboutit alors à un discours imprégné de la rhétorique du combat. Chez Glissant, la construction d'une particularité antillaise ne pourra résulter que d'une lutte soutenue contre les séquelles de la colonisation historique présentes dans le système néocolonial : « Nous comprenons ou devinons que le sort de la création artistique se joue là où est mené un combat pour *toute indépendance du choix productif global*. Qu'il ne saurait y avoir un grand débat d'expression en dehors d'une volonté continue de libération. »[106]

On peut dire que la structure rhétorique du *Discours antillais* semble reposer sur deux éléments : un état des lieux au bilan négatif et l'affirmation d'un combat culturel nécessaire. J. Michael Dash signale que ce passage d'un simple diagnostic à un appel à l'action constitue l'originalité de la pensée de

---

[105] *Ibid.*, pp. 285-286 (souligné dans le texte).
[106] *Ibid.*, p. 317 (souligné dans le texte).

Glissant[107]. Selon Dash, ce dernier complète le programme de la revue *Légitime défense* qui, fermée de force, s'est limitée au dévoilement des faiblesses de la culture antillaise.

L'impératif collectif de l'engagement des Antillais dans le combat culturel contamine le style du *Discours antillais* qui frôle parfois celui du manifeste. On le voit bien dans plusieurs essais lorsque Glissant fait l'usage d'un « nous » qui désigne une résistance commune aux Martiniquais et à toutes les sociétés en proie au néocolonialisme. Ainsi de l'essai « Poétique et Inconscient » où le statut du « nous » passe du pluriel de majesté au « nous » qui dénote tous les Martiniquais : « Il n'y a, nous l'avons vu, aucun usage de la langue ou des langues en Martinique, ni le créole ni le français, qui ait été pour nous et par nous Martiniquais 'naturellement' maturé dans l'exercice d'une responsabilité collective, proclamée, niée ou arrachée. »[108] Il en va de même de l'essai « Le Roman des Amériques » dans lequel Glissant se sert du « nous » pour parler des écrivains du Nouveau Monde. Émanant d'un locuteur individuel, cet usage du « nous » tente d'instaurer, voire d'imposer une relation de solidarité entre l'auteur et les destinataires du discours, par quoi le texte absorbe ces derniers dans son système de valeurs et d'arguments pour augmenter sa force de persuasion. Glissant se sert également du futur simple à valeur impérative − « [...] pour nous il s'agira plutôt de développer un cri (que nous avons poussé) en parole qui le continue, découvrant ainsi la pratique, peut-être intellectuelle, d'une poétique enfin libérée »[109] − et de tournures à caractère autoritaire par lesquelles il impose de manière péremptoire certaines notions :

> J'appelle poétique libre, ou naturelle, toute tension collective vers une expression, et qui ne s'oppose à elle-même ni au niveau de ce qu'elle veut exprimer ni au niveau du langage qu'elle met en œuvre. [...] J'appelle poétique forcée, ou contrainte, toute tension collective vers une expression qui, se posant, s'oppose du même coup *le manque* par quoi elle devient impossible [...][110]

À la fois politique et esthétique, le projet de l'antillanité de Glissant combine idéologie et littérature dans un programme ambitieux qui a pour

---

[107] J. Michael Dash, *Édouard Glissant*, Cambridge, Cambridge University Press, coll. « Cambridge Studies in African and Caribbean Literature », 1995, p. 152.

[108] Édouard Glissant, *Le Discours antillais, op. cit.*, p. 480.

[109] *Ibid.*, p. 419.

[110] *Ibid.*, p. 401 (souligné dans le texte).

objectif l'autonomie politique et l'épanouissement culturel des Antilles. Animé par le désir de dépasser la néo-colonisation en la dénonçant et en explorant la diversité des Antilles, Glissant élabore un nouveau type de discours où la rhétorique militante et les effets de style manifestaire renforcent la fonction programmatique des concepts introduits.

Une dissidence suspecte : *Éloge de la créolité* (1989)

Le raisonnement de Glissant, qui met en avant la dimension caribéenne et créolophone des Antilles, débouchera sur une conceptualisation encore plus radicale, aussi bien au niveau idéologique que discursive, celle de la « créolité » formulée par Jean Bernabé, Patrick Chamoiseau et Raphaël Confiant. Publié en 1989 chez Gallimard, leur ouvrage bilingue *Éloge de la créolité / In Prise of Creoleness*, tire son origine d'une intervention orale dans le cadre du Festival Caraïbe de Seine-Saint-Denis le 22 mai 1988[111]. Bien qu'il ne se présente pas lui-même comme un manifeste, ce texte a pourtant rapidement été tenu pour tel en raison de ses affirmations identitaires, de son didactisme et de son programme, conçu à partir d'une périphérie innovatrice (les Antilles) et confronté à un centre normatif (la France métropolitaine). *Éloge de la créolité* prétend être un manifeste (toutefois sans désignation immédiate) engagé dans le processus de la désaliénation collective des Antillais et plus largement de tous les peuples dominés ou portant les traces de la domination passée. L'explication du concept de créolité qui structure tout le texte donne lieu à l'élaboration d'un programme qui aborde les défis identitaires, littéraires, sociaux et politiques.

Le caractère manifestaire d'*Éloge de la créolité* est également attesté par le contexte de son énonciation. La voix collective présente dans le texte appartient à trois écrivains martiniquais : Jean Bernabé, Raphaël Confiant (par ailleurs universitaires tous les deux) et Patrick Chamoiseau. Aucun d'eux n'a encore publié ces œuvres maîtresses qui leur apporteront la reconnaissance de la critique et des lecteurs, comme *Texaco* en 1992 de Chamoiseau (Prix Goncourt en 1993) ou *Ravines du devant-jour* en 1993 (Prix de Casa de las Americas la même année) dans le cas de Confiant. Aussi *Éloge de la créolité* marque-t-il la véritable entrée de ce groupe

---

[111] Claudine Cyr, « L'Hybridité culturelle : un concept pour penser l'expérience américaine. Réflexions à partir de l'*Éloge de la créolité* », dans Frédéric Lesemann et Jean-François Côté, éds, *La Construction des Amériques aujourd'hui : regards croisés transnationaux et transdisciplinaires*, Québec, Presses de l'Université du Québec, 2009, p. 160.

d'intellectuels martiniquais dans le champ littéraire français et francophone, grâce à quoi il peut être vu comme annonciateur d'une nouvelle esthétique.

Les traces de débats avec d'autres courants littéraires donnent à *Éloge de la créolité* sa part polémique et traduisent une prise de position au sein du champ littéraire francophone, ce que confirment sa structure (proche du modèle canonique du « manifeste d'opposition » défini par Jeanne Demers et Line Mc Murray) et son style, marqué par nombre d'effets propres au manifeste.

Comportant soixante-huit pages, dont une page d'exergues, un prologue, le corps du texte, une annexe et quelques pages de notes libres en fin d'ouvrage, le texte de Bernabé, Chamoiseau et Confiant se distingue par son souci de clarté dans l'exposition des idées, ce qui constitue un autre point commun avec l'esthétique manifestaire. Cette transparence de l'écrit repose notamment sur la répartition du texte en parties, signalées par des intertitres, qui structurent le programme esthétique des auteurs et guident le lecteur dans sa découverte des différents aspects de la réflexion.

Concernant les questions sociales et identitaires, *Éloge de la créolité* se place dans le sillage des postulats avancés par *Légitime défense*, Frantz Fanon et, surtout, Édouard Glissant. L'antillanité est en effet le principal point de référence pour les auteurs du manifeste. Les signataires du texte perçoivent les Antillais comme un peuple dont l'identité et la conscience collective ont été « spoliées » par la colonisation. Ils postulent l'urgence de la désaliénation qui doit passer par la mise en valeur du caractère hybride de l'identité antillaise : « Nous nous déclarons Créoles. Nous déclarons que la Créolité est le ciment de notre culture et qu'elle doit régir les fondations de notre antillanité. La Créolité est l'*agrégat interactionnel ou transactionnel*, des éléments culturels caraïbes, européens, africains, asiatiques, et levantins, que le joug de l'Histoire a réuni sur le même sol. »[112] Inspirés par la « pensée relationnelle » d'Édouard Glissant, les signataires du texte soulignent que la spécificité de l'identité antillaise réside dans la complexité des liens intercommunautaires qui forment un amalgame inédit de cultures. Fidèles à la pensée de Glissant, ils perçoivent l'univers antillais à travers la notion de diversité :

> Du fait de sa mosaïque constitutive, la Créolité est une spécificité ouverte. Elle échappe ainsi aux perceptions qui ne seraient pas elles-mêmes ouvertes.

---

[112] Jean Bernabé, Patrick Chamoiseau et Raphaël Confiant, *Éloge de la créolité*, Paris, Gallimard, (1989) 1993, p. 26 (souligné dans le texte).

> L'exprimer c'est exprimer non une synthèse, pas simplement un métissage, ou
> n'importe quelle autre unicité. C'est exprimer une totalité kaléidoscopique,
> c'est-à-dire *la conscience non totalitaire d'une diversité préservée.*[113]

Guidés par le souci d'échapper à la crispation identitaire, les auteurs proposent une construction conceptuelle qui tente de concilier deux objectifs apparemment opposés : la mise en valeur d'une spécificité culturelle créole et l'ouverture à l'altérité. Afin d'éviter la dissolution identitaire et, en même temps, dépasser les apories de l'affirmation nationale, les signataires du manifeste recherchent un compromis entre le besoin d'un socle identitaire (stable et unique) et l'esprit d'ouverture et de dialogue entre les cultures. Cette oscillation entre deux pôles idéologiques opposés permet à Alessandro Corio de qualifier le manifeste d'« oxymorique »[114]. Corio indique l'essentialisme profond qui sous-tend le projet identitaire proposé dans *Éloge de la créolité* et constate que, malgré l'apparente promotion de l'ouverture à l'Autre, le texte verse dans un dogmatisme identitaire qui peut mener à des attitudes politiques agressives :

> Cette prise de position culturelle et esthétique aboutit à une réécriture
> inquiétante d'une vision *essentialiste* et *exclusive* de la communauté, cachée
> derrière l'apparence d'une identité fluide, tolérante et ouverte [...]. Elle est
> encore une fois orientée à la recherche et à la définition d'une origine, d'une
> mythologie fondatrice, d'une filiation généalogique et d'une authenticité et
> pureté de la « réalité » et de la « vérité » et de l'« identité créole ». Elle se
> révèle, en plus susceptible, comme toutes les définitions rigides et exclusives
> de la communauté, de conduire vers des issues politiques potentiellement
> agressives et totalitaires.[115]

Les auteurs du manifeste affirment la légitimité de leur concept en posant la créolité comme un modèle susceptible d'expliquer la dynamique du monde actuel et d'appliquer leurs idées aux autres espaces géographiques et sociaux où a lieu le processus de créolisation : « [...] il existe [...] une créolité antillaise, une créolité guyanaise, une créolité brésilienne, une créolité africaine,

---

[113] *Ibid.*, p. 28 (souligné dans le texte).
[114] Alessandro Corio, « De l'*Éloge de la créolité* au manifeste *Pour une littérature-monde* », *Francofonia*, 59 automne 2010, pp. 75-86.
[115] *Ibid.*, p. 78 (souligné dans le texte).

une créolité asiatique et une créolité polynésienne, assez dissemblables entre elles mais issues de la matrice du même maelström historique. »[116]

Plus encore, en renouant avec la notion de « relation » proposée par Glissant, ils présentent la créolité comme un modèle réalisé *de facto*, sinon sur un mode optatif, par toutes les sociétés contemporaines :

> Le monde va en état de créolité. Les vieilles crispations nationales cèdent sous l'avancée de fédérations qui elles-mêmes ne vivront peut-être pas longtemps. [...] Les cultures se fondent, se répandent en subcultures qui génèrent elles-mêmes d'autres agrégats culturels. Penser le monde aujourd'hui, l'identité d'un homme, le principe d'un peuple ou d'une culture, avec les appréciations du dix-huitième ou du dix-neuvième siècle serait une pauvreté. De plus en plus émergera une nouvelle humanité qui aura les caractéristiques de notre humanité créole : toute la complexité de la Créolité.[117]

Cependant, cette tentative d'étendre la portée du concept au-delà de l'espace antillais se voit démentie sur le plan discursif. Bernabé, Chamoiseau et Confiant appuient leur argumentaire sur l'urgence de retrouver une certaine pureté originelle qui, au niveau rhétorique, devient un leitmotiv. Comme le note Alessandro Corio, « le manifeste entier est parcouru par le retour obsessif de termes tels que 'authenticité', 'dévoilement', 'réalité', 'vérité intérieure', 'être', 'tradition', qui structurent une pensée essentialiste opposée à ce que les rédacteurs déclarent vouloir poursuivre [...] »[118]. De ce fait, la dimension locale, caribéenne de la créolité comme pratique culturelle apte à restituer les vestiges d'une culture créole authentique éclipse les acceptions plus larges du terme. Il reste qu'en raison du caractère mouvant de la créolité et de sa complexité, les trois écrivains indiquent l'art et la littérature comme les lieux emblématiques où elle est vouée à s'exprimer sans contraintes : « [...] il semble que, pour l'instant, *la pleine connaissance de la Créolité sera réservé à l'Art*, à l'Art absolument. »[119]

Les auteurs prétendent que leur programme esthétique s'articule en dehors des polémiques littéraires et idéologiques. L'accès à une vision

---

[116] Jean Bernabé, Patrick Chamoiseau et Raphaël Confiant, *Éloge de la créolité*, *op. cit.*, p. 31.

[117] *Ibid.*, p. 31.

[118] Alessandro Corio, « De l'*Éloge de la créolité* au manifeste *Pour une littérature-monde* », *op. cit.*, p. 78.

[119] Jean Bernabé, Patrick Chamoiseau et Raphaël Confiant, *Éloge de la créolité*, *op. cit.*, p. 29 (souligné dans le texte).

désaliénée du monde se présente dans le manifeste comme un moyen d'échapper aux vains combats littéraires :

> Par cette vision, nous revenons au magma qui nous caractérise. Elle nous libère aussi du militantisme littéraire anticolonialiste si bien que, nous regardant, ce n'est plus en projet d'une idéologie à appliquer, ce n'est plus en vertu d'une vérité apodictique, d'une table de lois en dix commandements, ce n'est plus en rejet des doudouistes, des régionalistes ou de la Négritude (rejet sur lequel beaucoup ont bâti leur existence littéraire) mais dans le seul désir de nous connaître nous-mêmes, dans nos tares, dans nos écorces et dans nos pulpes, en rêche nudité.[120]

Or, contrairement à ces affirmations des signataires, l'accent mis sur la dimension littéraire de la créolité donne lieu à tout un jeu de références à d'autres courants ou programmes esthétiques. C'est pourquoi, tout en renouant explicitement avec les postulats littéraires de l'antillanité de Glissant, les auteurs veulent dépasser l'horizon esthétique défini dans *Le Discours antillais*. Ils s'écartent également de l'indigénisme haïtien et de la négritude ainsi que de toute la tradition littéraire des Antilles.

Ces différentes prises de position s'égrainent tout au long d'*Éloge de la créolité* et lui font épouser la structure canonique du « manifeste d'opposition », composée selon Jeanne Demers et Line Mc Murray de trois parties : déclarative, explicative et démonstrative. Dans *Éloge de la créolité*, c'est le prologue qui réalise la composante déclarative du manifeste, celle où l'auteur proclame : « JE/NOUS qui sommes, REFUSONS l'institution littéraire actuelle » et « JE/NOUS imposerons un changement »[121]. Il s'ouvre notamment par la phrase : « Ni Européens, ni Africains, ni Asiatiques, nous nous proclamons Créoles. »[122] Par cette phrase, le texte accomplit le premier geste de l'acte déclaratif : l'identification des auteurs. Nous assistons en effet à une déclaration identitaire du groupe qui, d'emblée, oriente la lecture des parties suivantes du manifeste. Les auteurs ne tardent pas à compléter cet acte d'identification par une mise en question du passé culturel et littéraire de la Martinique. En affirmant que « [l]a littérature antillaise n'existe pas encore [...] »[123], Bernabé, Chamoiseau et Confiant épinglent le mimétisme des

---

[120] *Ibid.*, p. 39.

[121] Jeanne Demers et Line Mc Murray, *L'Enjeu du manifeste, op. cit.*, p. 79.

[122] Jean Bernabé, Patrick Chamoiseau et Raphaël Confiant, *Éloge de la créolité, op. cit.*, p. 13.

[123] *Ibid.*, p. 14.

auteurs antillais et condamnent presque toute la production littéraire précédente comme résultat d'une aliénation. Inscrite dans une rhétorique de rupture, cette vision critique du passé social et littéraire aboutit au constat de la nécessité d'introduire une conception identitaire et esthétique nouvelle :

> La francisation nous a forcés à l'autodénigrement : lot commun des colonisés. […] En littérature, mais aussi dans les autres formes de l'expression artistique, nos manières de rire, de chanter, de marcher, de vivre la mort, de juger la vie, de penser la déveine, d'aimer et de parler de l'amour, ne furent que mal examinées. […] [M]ême nationalistes, progressistes, indépendantistes, nous tentâmes de mendier l'Universel de la manière la plus incolore et inodore possible, c'est-à-dire dans le refus du fondement même de notre être, fondement qu'aujourd'hui, avec toute la solennité possible, nous déclarons être le vecteur esthétique majeur de la connaissance de nous-mêmes et du monde : *la Créolité*.[124]

Le registre de la révolte et de l'opposition, présent surtout dans le prologue, se répand dans tout le texte à travers l'hypertrophie du lexique contestataire qui attire immédiatement l'attention du lecteur : « Vivre en même temps la poétique de toutes les langues, c'est non seulement enrichir chacune d'elles, mais c'est surtout rompre l'ordre coutumier de ces langues, renverser leurs significations établies, C'est cette rupture qui permettra d'amplifier l'audience d'une connaissance littéraire de nous-mêmes. »[125]

Toutefois, cette rhétorique du refus est secondée par des gestes qui nuancent l'intransigeance marquant la plupart des déclarations des signataires. Si la vision critique du passé littéraire antillais s'exprime en bloc, tout signe précurseur de la créolité avant la lettre est commenté sur le mode élogieux et porté aux nues : « Nous nommons Gilbert Gratiant et bien des écrivains de cette époque précieux conservateurs (souvent à leur insu) des pierres, des statues brisées, des poteries défaites, des dessins égarés, des silhouettes déformées : de cette ville ruinée qu'est notre fondement. »[126] Le caractère totalisant des premières proclamations qui fustigent les « anciens » s'atténue donc pour dévoiler une dimension plus conciliatrice du projet de la créolité.

---

[124] *Ibid.*, p. 25 (souligné dans le texte).
[125] *Ibid.*, p. 48.
[126] Alessandro Corio, « De l'*Éloge de la créolité* au manifeste *Pour une littérature-monde* », *op. cit.*, p. 17.

La tension entre les postures de rupture et de valorisation du passé, proche du caractère oxymorique des postulats identitaires, se laisse clairement observer dans la prise de position envers Aimé Césaire, une des figures de proue de la négritude et Édouard Glissant, l'auteur du projet de l'antillanité. Quant à Césaire, les signataires du manifeste se distancient des idéaux chers à l'auteur du *Cahier d'un retour au pays natal*. En effet, tout comme l'assimilationnisme eurocentré, la négritude représente pour eux une posture identitaire marquée par l'extériorité, étant donné qu'elle renvoie à une appartenance symbolique à l'Afrique, non pas aux Antilles. Elle apparaît de ce fait comme un frein au développement d'une littérature antillaise authentique :

> La Négritude ne remédia nullement à notre trouble esthétique. Il se peut même qu'elle ait, quelque temps, aggravé notre instabilité identitaire, nous désignant du doigt le syndrome le plus pertinent de nos morbidités : le déport intérieur, le mimétisme, le naturel du tout-proche vaincu par la fascination du lointain, etc., toutes figures de l'aliénation. Thérapeutique violente et paradoxale, la Négritude fit, à celle d'Europe, succéder l'illusion africaine.[127]

Toutefois, les auteurs d'*Éloge de la créolité* reconnaissent le rôle primordial de l'auteur du *Cahier d'un retour au pays natal* dans l'éveil de la conscience identitaire et culturelle des Antillais : « La Négritude césairienne est un baptême, l'acte primal de notre dignité restituée. Nous sommes à jamais fils d'Aimé Césaire. »[128] Ils se présentent comme défenseurs du maître des lettres martiniquaises : « Nous voilà sommés d'affranchir Aimé Césaire de l'accusation – aux relents œdipiens – d'hostilité à la langue créole. »[129] Ils indiquent aussi la possibilité de lire les œuvres de Césaire à la lumière de la présence du créole dans les profondeurs de son langage poétique, ce qui ferait de lui un écrivain « anté-créole »[130].

Cette double attitude vise à démarquer la créolité de la négritude, courant jugé dépassé, et, en même temps, à légitimer la nouvelle esthétique en inscrivant de force Césaire dans la lignée des artistes qui ont favorisé le développement de la créolité.

---

[127] Jean Bernabé, Patrick Chamoiseau et Raphaël Confiant, *Éloge de la créolité, op. cit.*, p. 20.
[128] *Ibid.*, p. 18.
[129] *Ibid.*, p. 17.
[130] *Ibid.*, p. 17.

En ce qui concerne Glissant, dont la pensée fut à l'origine du manifeste de la créolité, l'attitude des auteurs du manifeste à son égard est marquée par la même dynamique de l'écart et de la récupération :

> Avec Édouard Glissant nous refusâmes de nous enfermer dans la Négritude, épelant l'Antillanité qui relevait plus de la vision que du concept. Le projet n'était pas seulement d'abandonner les hypnoses d'Europe et d'Afrique. Il fallait aussi garder en éveil la claire conscience des apports de l'une et de l'autre : en leurs spécificités, leurs dosages, leurs équilibres, sans rien oblitérer ni oublier des autres sources, à elles mêlées. Plonger donc le regard dans le chaos de cette humanité nouvelle que nous sommes. *Comprendre ce qu'est l'Antillais.*[131]

Les concepts proposés par Glissant dans *Le Discours antillais* ont dévoilé aux signataires la diversité culturelle des Antilles. Mais dans le même temps, le projet glissantien s'avère étroitement limité à l'archipel antillais alors que la créolité doit permettre de tisser des liens virtuels de solidarité avec d'autres peuples dans le monde, sujets à la créolisation :

> L'Antillanité désigne, à nos yeux, le seul processus d'américanisation d'Européens, d'Africains et d'Asiatiques à travers l'Archipel antillais. De ce fait, elle est, pour ainsi dire, une province de l'Américanité à l'instar de la Canadianité ou de l'Argentinité. Le concept d'Antillanité nous semble donc d'abord géopolitique. Dire « antillais » ne révèle rien de la situation humaine des Martiniquais, des Guadeloupéens, ou des Haïtiens. Les Créoles que nous sommes sont aussi proches, sinon plus proches, anthropologiquement parlant, des Seychellois, des Mauriciens ou des Réunionnais que des Portoricains ou des Cubains.[132]

La mise en perspective d'*Éloge de la créolité* face au *Discours antillais* indique également la raison qui sous-tend la volonté de dépasser Glissant. En effet, l'antillanité s'avère un projet trop vague et trop obscur :

> Mais les voies de pénétration dans l'Antillanité n'étant pas balisées, la chose fut plus difficile à faire qu'à dire. Nous tournâmes longtemps autour, porteurs du désarroi des chiens embarqués sur une yole. Glissant lui-même ne nous y aidait pas tellement, pris par son propre travail, éloigné par son rythme, persuadé d'écrire pour des lecteurs futurs. Nous restions devant ses textes

---

[131] *Ibid.*, p. 22 (souligné dans le texte).
[132] *Ibid.*, pp. 32-33.

comme devant des hiéroglyphes, y percevant confusément le frémissement d'une voie, l'oxygène d'une perspective.[133]

Étant donné les exemples de Césaire et de Glissant, il est légitime de dire que, dans *Éloge de la créolité*, la rhétorique de la rupture est stratégiquement employée tantôt comme radicale (au plan général), tantôt comme paravent pour désigner quelques signes précurseurs avortés ou bien des prédécesseurs directs de la créolité.

Les huit premières pages de la deuxième partie du texte, intitulée « Créolité », correspondent à la composante explicative du modèle proposé par Demers et Mc Murray. Ponctuée par l'embrayeur discursif récurrent « La Créolité c'est … », elle apporte des éclaircissements et des précisions sur ce nouveau concept dans son acception identitaire et sociale. La nouvelle vision prend alors corps dans une série de définitions partielles que nous avons déjà signalées.

L'explication se voit par la suite étayée par la composante démonstrative du manifeste où les signataires présentent leur programme esthétique, lequel comprend cinq éléments : « l'enracinement dans l'oralité », la reconstruction de l'histoire antillaise, l'interpellation de la thématique de l'existence, « l'irruption dans la modernité » et la recherche d'une parole artistique authentique. Certains de ces éléments sont marqués par des contradictions qui dévoilent le parti pris idéologique du programme de la créolité. D'autres constituent un prétexte pour démarquer l'esthétique créole des autres « écoles littéraires». Aussi convient-il d'observer ces différents aspects afin de voir toutes les ramifications et toutes les filiations du manifeste.

Selon les signataires du manifeste, le potentiel créatif de la littérature créole transparaît le mieux dans ce qu'ils appellent le « langage » qui, comme chez Glissant, naît de la synthèse de l'écrit et de l'oral ainsi que du mélange des différentes langues. Le langage permet de rendre compte de la diversité du monde : « La créolité n'est pas monolingue. Elle n'est pas non plus d'un multilinguisme à compartiments étanches. Son domaine c'est le langage. Son appétit : toutes les langues du monde. Le jeu entre plusieurs langues (leurs lieux de frottements et d'interactions) est un vertige polysémique. »[134] Chez Bernabé, Chamoiseau et Confiant, la liberté de choisir sa langue d'écriture, voire d'en mélanger plusieurs au sein d'un seul langage personnel devient un

---

[133] *Ibid.*, p. 23.
[134] *Ibid.*, p. 48.

des postulats les plus forts : « Hors donc de tout fétichisme, le langage sera pour nous l'usage libre, responsable, créateur d'une langue. »[135]

Or, les relations entre les différentes langues ne sont pas égales dans le projet de la créolité. Une certaine hiérarchisation apparaît particulièrement dans la relation du créole au français, le premier étant désigné comme la langue du « moi profond » des Antillais, susceptible d'exprimer « l'âme du peuple » alors que le second est présenté comme la langue à dominer, à s'approprier moyennant la force créatrice de l'écrivain créole. En ce sens, menacé par la néo-colonisation, le créole jouit d'un statut privilégié car il doit faire l'objet d'un « travail d'inventaire » capable de le préserver et de le légitimer comme une langue d'expression littéraire de plein droit : « Le poète créole d'expression créole, le romancier créole d'expression créole, devra [...] être le récolteur de la parole ancestrale, le jardinier des vocables nouveaux, le découvreur de la créolité du créole. Il se méfiera de cette langue tout en l'acceptant totalement. »[136] Dès lors, on peut comprendre que l'enthousiasme pour le créole comme langue vernaculaire va de pair avec l'espoir de découvrir une nouvelle expression littéraire :

> Y retourner, oui, pour en enrichir notre énonciation, l'intégrer pour la dépasser. Y retourner, tout simplement, afin d'investir l'expression primordiale de notre génie populaire. Sachant cela, nous pourrons alors récolter en une moisson nouvelle les fruits des semailles inédites. Nous pourrons à travers le mariage de nos sens aiguisés procéder à l'insémination de la parole créole dans l'écrit neuf. Bref, *nous fabriquerons une littérature*, qui ne déroge en rien aux exigences modernes de l'écrit tout en s'enracinant dans les configurations traditionnelles de notre oralité.[137]

Comme Jean Price-Mars et Jacques-Stephen Alexis en Haïti ainsi qu'Édouard Glissant en Martinique, Bernabé, Chamoiseau et Confiant réactivent l'idéologème de « génie populaire » et envisagent l'exploration du créole comme un moyen de sauvegarde de l'authenticité de la culture antillaise. En revanche, la liberté créatrice semble se référer de façon particulière au français :

> La créolité, comme ailleurs d'autres entités culturelles, a marqué d'un sceau indélébile la langue française. Nous nous sommes approprié cette dernière.

---

[135] *Ibid.*, p. 47.
[136] *Ibid.*, p. 47.
[137] *Ibid.*, p. 36 (souligné dans le texte).

> Nous avons étendu le sens de certains mots. Nous en avons dévié d'autres. Et
> métamorphosé beaucoup. Nous l'avons enrichie tant dans son lexique que
> dans sa syntaxe. Nous l'avons préservée dans moult vocables dont l'usage
> s'est perdu. Bref, *nous l'avons habitée.* [...] *Notre littérature devra témoigner
> de cette conquête.* Nous récusons donc la religion de la langue française qui
> sévit dans notre pays depuis l'abolition de l'esclavage, et adhérons totalement
> au proverbe haïtien selon lequel : « *Palé fransé pa vlé di lespri* » (Parler
> français n'est pas gage d'intelligence).[138]

Une créativité parfois désinvolte dans le traitement du français devient
ainsi un acte d'affirmation de l'autonomie culturelle des Antilles, un acte de
révolte et de libération résolu qui fonde une « contre-culture » et qui n'est pas
sans rappeler la notion de « contre-poétique » de Glissant[139]. Manifester cet
esprit d'indépendance devient l'une des fonctions de la littérature : « La
littérature créole d'expression française aura donc pour tâche urgente
d'investir et de réhabiliter l'esthétique de notre langage. C'est ainsi qu'elle
sortira de l'usage contraint du français qui, en écriture, a trop souvent été le
nôtre. »[140]

Située entre la défense du créole, la conquête du français et le
multilinguisme, la créolité tente de trouver un accommodement entre des
approches à la portée idéologique disparate, ce qui accentue le caractère
contradictoire, voire « oxymorique » du programme.

Le manifeste impose également à la littérature la tâche de reconstruire la
mémoire collective des Antillais. Comme chez Glissant, il ne s'agit pas d'un
travail scientifique visant à rétablir une continuité historique, mais d'une
immersion « poétique » dans la réalité des îles de l'écrivain qui doit se mettre
à l'écoute du passé enfui dans les paysages, la langue et les pratiques
quotidiennes du peuple. La littérature, comme tous les autres arts, joue un
rôle majeur dans cette redécouverte du passé fragmentaire. En parlant de la
résistance clandestine des esclaves à l'époque coloniale, les auteurs
constatent :

> Cela s'est fait sans témoins, ou plutôt sans témoignages, nous laissant un peu
> dans la situation de la fleur qui ne verrait pas sa tige, qui ne la sentirait pas.
> [...] Si bien que notre histoire (ou nos histoires) n'est pas totalement

---

[138] *Ibid.*, p. 46 (souligné dans le texte).
[139] Voir *supra*, p. 184.
[140] Jean Bernabé, Patrick Chamoiseau et Raphaël Confiant, *Éloge de la créolité, op.
cit.*, p. 46.

> accessible aux historiens. Leur méthodologie ne leur donne accès qu'à la Chronique coloniale. Notre Chronique est dessous les dates, dessous les faits répertoriés : *nous sommes Paroles sous l'écriture.* Seule la connaissance poétique, la connaissance romanesque, bref, la connaissance littéraire, pourra nous déceler, nous percevoir, nous ramener évanescents aux réanimations de la conscience.[141]

Parallèlement à la fonction mémorielle de la littérature, les signataires du texte favorisent une exploration créative des éléments culturels antillais afin de les faire sentir aux lecteurs. Ceci suppose une solidarité de l'écrivain avec le monde ambiant. L'écrivain ne saurait plus être un créateur séparé de la réalité mais, bien au contraire, il doit y plonger de toutes ses forces intellectuelles et émotionnelles pour vivre au rythme des pulsations de la vie :

> L'écrivain est un renifleur d'existence. Plus que tout autre, il a pour vocation d'identifier ce qui, dans notre quotidien, détermine les comportements et structure l'imaginaire. Voir notre existence c'est nous voir en situation dans notre histoire, dans notre quotidien, dans notre réel. C'est aussi voir nos virtualités. En nous éjectant du confortable regard de l'Autre, la vision intérieure nous renvoie à la sollicitation de notre originel chaos.[142]

Or, le postulat de l'ancrage du littéraire dans le réel ne signifie guère le retour aux pratiques littéraires des écrivains régionalistes ou des Indigénistes haïtiens, rejetées par les signataires : « Il ne s'agit point de décrire ces réalités sous le mode ethnographique, ni de pratiquer le recensement des pratiques créoles à la manière des Régionalistes ou des Indigénistes haïtiens, mais bien de *montrer ce qui, au travers d'elles, témoigne à la fois de la Créolité et de l'humaine condition.* »[143] Ainsi, *Éloge de la créolité* postule une littérature qui se garde de toute coloration folklorisante et du réalisme sur commande afin de scruter en profondeur le « magma »[144] culturel antillais et d'illustrer de façon créative son hybridité foncière.

On comprend bien que dans *Éloge de la créolité* l'originalité se présente comme l'une des valeurs esthétiques les plus importantes. Tout comme la plupart des écrivains haïtiens et antillais, Bernabé, Chamoiseau et Confiant tiennent à la modernité des pratiques littéraires : « Il nous faut être ancrés au

---

[141] *Ibid.*, p. 38 (souligné dans le texte).

[142] *Ibid.*, p. 38.

[143] *Ibid.*, p. 40 (souligné dans le texte).

[144] *Ibid.*, p. 40.

pays, dans ses difficultés, dans ses problèmes, dans sa réalité la plus terre à terre, sans pour autant délaisser les bouillonnements où la modernité littéraire actionne le monde. C'est un peu ce que Glissant appelle 'être en situation d'irruption'. »[145] Dans *Le Discours antillais*, Glissant affirme que l'Amérique, dépourvue d'une longue tradition littéraire, est particulièrement favorable à l'émergence de la nouveauté littéraire. Les auteurs d'*Éloge* partagent cette perspective et imposent à la littérature une double tâche : « Il nous faut donc tout faire en même temps : placer notre écriture dans l'allant des forces progressistes qui s'activent pour notre libération, et ne point délaisser la recherche d'une esthétique neuve sans laquelle il n'est point d'art, encore moins de littérature. »[146] Engagés dans la désaliénation culturelle des Antillais, les écrivains de la créolité se doivent de rester à l'écoute des nouvelles tendances littéraires et faire preuve de créativité.

Au plan idéologique plus large, tout comme dans *Le Discours antillais*, la littérature fait partie d'un programme de réformes sociopolitiques. La recherche esthétique n'est qu'un premier pas vers l'essor d'une culture, d'une mentalité et aussi d'un système politique et économique « créole » :

> [...] [i]l va de soi que la Créolité a vocation à irriguer toutes les nervures de notre réalité pour en devenir peu à peu le principe moteur. [...] Pareillement, en architecture, en art culinaire, en peinture, en économie [...], en art vestimentaire, et cætera, les dynamiques de la Créolité acceptée, questionnée, exaltée, nous semblent la voie royale vers l'assomption de nous-mêmes.[147]

Or, comme presque toutes les propositions du manifeste, la vision du rôle de la littérature au sein de la société antillaise reste contradictoire : d'une part le manifeste clame le rejet de toute attitude dogmatique et, d'autre part, il tend à définir strictement le champ d'action du texte littéraire :

> La littérature n'a pas pour vocation de transformer le monde, tout au plus aide-t-elle à en saisir les profondeurs cachées, contribuant ainsi, à l'instar de la musique et de la peinture, à le rendre plus supportable, à le connaître mieux. [...] La valorisation de notre quotidienneté créole ne passe pas par des slogans mais plutôt par un effort de poétisation car le réel est en lui-même révolutionnaire quand il passe par le prisme d'une écriture soucieuse de mettre au jour ses soubassements. Aussi croyons-nous que la meilleure façon de

---

[145] *Ibid.*, p. 42.
[146] *Ibid.*, p. 42.
[147] *Ibid.*, p. 29.

participer au combat multi-séculaire que mènent nos peuples pour se libérer des entraves coloniales ou impériales, est de consolider à travers nos écrits cette culture créole que nos oppresseurs se sont toujours employés à minorer.[148]

L'abandon d'une rhétorique ouvertement tournée contre l'oppression néocoloniale apparaît comme une feinte car il ne change en rien l'objectif principal imposé à la littérature : contribuer à l'émergence d'une culture créole distincte et autonome.

Le manifeste des créolistes a suscité de nombreuses réactions critiques[149]. En raison de ses contradictions internes, le projet de la créolité a rapidement été dénoncé comme une nouvelle forme de discours nationaliste qui, comme le signale Gabrielle Saïd, ambitionne d'ériger le point de vue subjectif de ses trois auteurs au rang de norme communautaire[150]. Le tapage médiatique qui a entouré la publication de ce texte lui a en même temps assuré un grand succès. Lise Gauvin note avec précision l'ambiguïté de la réception du manifeste au niveau institutionnel :

> Ont-ils réussi ? Le succès du manifeste, tant aux Antilles que dans l'ensemble du monde littéraire, peut nous permettre de dire « oui ». Un groupe d'intellectuels s'est formé, autour de la revue *Carbet*, qui n'hésite pas à reconnaître le manifeste comme une formidable « figure d'optimisme » tout en lui posant des questions auxquelles les signataires n'ont pas vraiment répondu [...] Parallèlement à la revue *Carbet*, un prix a été créé avec la participation d'un jury international pour récompenser les auteurs des Caraïbes. La créolité est devenue un mouvement qui a suscité des adeptes, tels Ernest Pépin et Gisèle Pineau, des colloques, des livres. Il n'en demeure pas moins que l'institution littéraire antillaise reste, dans une large mesure, tributaire de l'institution littéraire française par ses lieux de publication et de diffusion. D'où la récupération immédiate des idées subversives du manifeste, comme en témoigne le prix Goncourt attribué à Patrick Chamoiseau [...][151].

---

[148] *Ibid.*, p. 64.

[149] Parmi les adversaires du manifeste il faut citer Édouard Glissant, Maryse Condé, Derek Walcott et Roger Toumson. *Cf.* Alessandro Corio, « De l'*Éloge de la créolité* au manifeste *Pour une littérature-monde* », *op. cit.* p. 79. Voir aussi Maryse Condé, Madeleine Cottenet-Hage, éds, *Penser la créolité*, *op. cit.* et Roger Toumson, *Mythologie du métissage*, Paris, Presses Universitaires de France, 1998, pp. 234-241.

[150] *Cf.* Gabrielle Saïd, « Créolité, identité et altérité. Étude critique d'*Éloge de la Créolité* », *Interculturel Francophonie*, n° 8, novembre-décembre 2005, pp. 15-38.

[151] Lise Gauvin, « Manifester la différence », *op. cit.*, p. 41.

Cette double réaction à la publication d'*Éloge de la créolité* est due non seulement aux controverses du contenu mais aussi au caractère provocateur de la forme. Car *Éloge de la créolité* est par définition un discours de célébration. Son registre laudatif qui a pour objet le dévoilement de la vérité sur l'identité culturelle créole est partout visible. Le manifeste des créolistes emploie également un style péremptoire qui tente d'imposer la vision des auteurs au public et qui correspond aux caractéristiques relevées par Claude Abastado comme typiques du discours manifestaire[152]. On y retrouve la plupart des procédés qui expriment une prise de position commune, convaincue de sa légitimité, rebelle à un état des choses sclérosé et inaugurale pour une nouvelle pratique littéraire. Il en est ainsi du « nous » collectif qui, régulièrement et sans perturbation aucune, jalonne le texte. Nous pouvons aussi observer l'usage intense d'un lexique lié à la rupture mais aussi de structures à valeur injonctive (le futur simple, les verbes devoir et falloir). La présence simultanée de ces différents éléments est clairement visible dans le passage ci-après : « Notre créolité devra s'acquérir, se structurer, se préserver, tout en se modifiant et tout en avalant. *Subsister dans la diversité*. L'application de ce double mouvement favorisera notre vitalité créatrice en toute authenticité. Cela nous évitera aussi un retour à l'ordre totalitaire de l'ancien monde, rigidifié par la tentation de l'Un et du définitif. »[153] Le refus du passé s'accompagne ici de l'appel impératif à la créativité exprimé par le verbe devoir au futur simple.

Le caractère péremptoire des postulats vient aussi du sentiment de légitimité avec lequel les auteurs présentent leurs diagnostics. L'assurance avec laquelle s'expriment les auteurs du manifeste est particulièrement visible dans la partie dédiée au passé littéraire des Antilles qui s'ouvre par une phrase qui étonne par son audace : « La littérature antillaise n'existe pas encore. »[154] Fidèles à la tradition des grands manifestes d'avant-garde, les auteurs d'*Éloge* privilégient la provocation.

L'intensité et la conséquence de l'usage des éléments discursifs que nous avons relevés renforcent l'effet d'une prise de position dogmatique. Dans *Éloge de la créolité*, l'adhésion au projet de la créolité est posée comme impérative pour tout artiste soucieux de l'avenir des Antilles. Les auteurs déclarent autoritairement : « Notre esthétique ne pourra exister (être

---

[152] Voir *supra*, p. 24.
[153] Jean Bernabé, Patrick Chamoiseau et Raphaël Confiant, *Éloge de la créolité, op. cit.*, p. 54 (souligné dans le texte).
[154] *Ibid.*, p. 14.

authentique) sans la Créolité. »[155] L'idée de créolité se voit ainsi dotée du pouvoir de légitimer toutes les actions artistiques. Il s'agit d'un geste rhétorique de « condescendance » qui relègue toutes les autres pratiques artistiques aux oubliettes ou bien les récupère et retravaille pour imposer la créolité comme esthétique valable pour tous.

Le style extrêmement injonctif, presque belliqueux, du manifeste est probablement en partie responsable de la réception souvent défavorable de ce texte. En effet, si sur le plan des idées, les auteurs du manifeste exposent, malgré certaines feintes, une attitude qui incite au dialogue, leur posture intransigeante, au niveau du discours, élimine toute possibilité de compromis. On pourrait affirmer que le style manifestaire canonique nuit ici au contenu qui laisse une marge aux concepts susceptibles de gagner l'adhésion des lecteurs moins radicaux. Derek Walcott a bien saisi cet échec partiel du manifeste de la créolité qui à la fois attire l'attention du lecteur et le repousse par une écriture excessive :

> Le manifeste semble s'être pris à son propre piège, entre le marteau de la foi et l'enclume de la syntaxe. [...] L'esthétique de la polémique, dont se nourrit le manifeste, n'est pas chose inaccessible au créole, mais il n'en reste pas moins qu'elle est d'essence académique, voire classique, à l'opposée des gestes – invisibles mais imaginés – de l'*oralité* sinueuse, incantatoire, qui est le propre du créole. Le manifeste prêche l'oralité, mais avec les accents solennels de la tribune, non ceux du marché aux légumes, qu'il voudrait justement nous transmettre. Rien n'est plus français que cette rhétorique si sûre d'elle, qui anime tout le manifeste.[156]

En somme, *Éloge de la créolité* expose et, du même mouvement, met en danger le programme de la créolité. Comme si, en publiant un manifeste, les auteurs avaient fait le mauvais choix en privilégiant une forme déjà obsolète, vouée à la crise généralisée des discours autoritaires. En somme, si *Éloge de la créolité* assure une visibilité immédiate aux tenants de la créolité, il signe aussi la crise du manifeste dont la forme stylistique agressive ne peut plus séduire un lecteur contemporain, ennemi des idées radicales.

---

[155] *Ibid.*, p. 28.

[156] Cité dans Alessandro Corio, « De l'*Éloge de la créolité* au manifeste *Pour une littérature-monde* », *op. cit.*, pp. 79-80 (souligné dans le texte).

Vers une pensée relationnelle : *Poétique de la relation* **(1990) et** *Traité du Tout-monde* **(1997) d'Édouard Glissant**

Avec *Le Discours antillais*, *Éloge de la créolité* inaugure une série de prises de position réciproques des écrivains martiniquais. Bernabé, Chamoiseau et Confiant développent leur pensée en réaction à l'antillanité de Glissant. Celui-ci répondra par une nouvelle idée esthétique – la créolisation – qui donnera naissance à deux textes marqués par le discours manifestaire : *Poétique de la Relation* et *Traité du Tout-monde*.

Dans *Poétique de la Relation* et *Traité du Tout-monde*, Glissant adopte un point de vue différent de celui qui orientait les analyses et les postulats du *Discours antillais*. En effet, les deux textes exposent une nouvelle conception des contacts des cultures à l'échelle non plus antillaise, mais globale. Les concepts qui, en 1980, dans *Le Discours antillais*, s'élaboraient et trouvaient leur champ d'application aux Antilles, élargissent dix ans plus tard leur portée pour interroger le processus de mondialisation. Certes, déjà dans *Le Discours antillais*, Glissant signale la possibilité de reformuler les idées qui se rattachent à l'antillanité pour rendre compte de tout l'espace du Nouveau Monde, c'est-à-dire là où la Caraïbe et l'Amérique du Sud, appelées « Autre Amérique », désignent le lieu de naissance d'une identité nouvelle, marquée par la diversité des cultures mises en relation :

> Il s'agit (à travers les avatars des luttes particulières qui ont lieu un peu partout au long de la chaîne des Amériques) de l'apparition d'un homme nouveau que je définirais, s'agissant de son « illustration » littéraire, comme un homme qui est à même de vivre le relatif après avoir souffert l'absolu. J'appelle relatif le Divers, la nécessité opaque de consentir à la différence de l'Autre ; et j'appelle absolu la recherche dramatique d'imposition d'une vérité à l'Autre. Il me semble que l'homme de l'Autre Amérique « concourt » à cet homme nouveau, vivant le relatif [...][157].

Toutefois, dans les textes publiés dans les années 1990, Glissant abandonne l'antillanité comme projet géostratégique de fédération caribéenne au profit d'une vision qui accentue l'impact des faits culturels et des entreprises artistiques sur la réalité. Ce changement d'optique s'esquisse initialement dans *Poétique de la relation* (1990) pour aboutir à une conceptualisation plus articulée dans *Traité du Tout-monde* publié en 1997.

---

[157] Édouard Glissant, *Le Discours antillais*, *op. cit.*, p. 440.

Poétique de la Relation, paru seulement un an après *Éloge de la créolité*, manifeste la volonté d'abandonner la logique fondée sur des binarismes identitaires pour étendre la portée du concept de créolisation sur le monde entier : « Si nous posons le métissage en général comme une rencontre et une synthèse entre deux différents, la créolisation nous apparaît comme le métissage sans limites, dont les éléments sont démultipliés, les résultats imprévisibles. La créolisation diffracte, quand certains modes de métissage peuvent concentrer. »[158] Cette nouvelle acception du concept de créolisation permet à Glissant d'exprimer son désaccord avec l'idéologie de la « créolité » :

> La créolisation, qui est un des modes de l'emmêlement – et non pas seulement une résultante linguistique – n'a d'exemplaire que ses processus et certainement pas les « contenus » à partir desquels ils fonctionnent. C'est ce qui fait notre départ d'avec le concept de « créolité ». Si ce concept recouvre, ni plus ni moins, cela qui motive les créolisations, il propose par ailleurs deux extensions. La première ouvrirait sur un champ ethnoculturel élargi, des Antilles à l'océan Indien. Mais ces sortes de variations ne paraissent pas déterminantes, tant est grande la vitesse de leurs changements dans la Relation. La seconde serait une visée à l'être. Mais c'est là un recul par rapport à la fonctionnalité des créolisations. Nous ne proposons pas de l'être, ni des modèles d'humanité. Ce qui nous porte n'est pas la seule définition de nos identités, mais aussi la relation à tout le possible : les mutations que ce jeu de relations génère. Les créolisations introduisent à la Relation, mais ce n'est pas pour universaliser ; la « créolité », dans son principe, régresserait vers des négritudes, des francités, des latinités, toutes généralisantes – plus ou moins innocemment.[159]

Glissant développe l'idée de Relation comme concept-clé qui lui permet d'envisager les cultures humaines en évitant deux écueils : d'une part l'absolutisation des fondements ethniques ou nationaux d'une culture et, d'autre part, le risque de la dissolution des cultures dans un cosmopolitisme sans bornes. Dans *Poétique de la Relation*, la Relation est conçue pour dépasser les nationalismes et pour sauvegarder le droit à la spécificité de chaque culture. Opposée à l'universalisme transcendant et à toute forme d'indifférenciation culturelle, la notion de Relation tente de rendre compte de l'interaction entre les cultures et du principe d'échange et d'interpénétration.

---

[158] Édouard Glissant, *Poétique de la Relation*, Paris. Gallimard, 1990, p. 46.
[159] *Ibid.*, p. 103.

Pour se distancier de la pensée totalisante de l'Occident, Glissant emprunte à Gilles Deleuze et à Félix Guattari l'idée-image de rhizome, qui, contrairement à la « racine » désigne une identité plurielle :

> La racine est unique, c'est une souche qui prend tout sur elle et tue alentour ; [Deleuze et Guattari] lui opposent le rhizome qui est une racine démultipliée, étendue en réseaux dans la terre ou dans l'air, sans qu'aucune souche y intervienne en prédateur irrémédiable. La notion de rhizome maintiendrait donc le fait de l'enracinement, mais récuse l'idée d'une racine totalitaire. La pensée du rhizome serait au principe de ce que j'appelle une poétique de la Relation, selon laquelle toute identité s'étend dans un rapport à l'Autre.[160]

En mettant en relief le caractère processuel, jamais achevé des interactions entre les cultures, Glissant s'éloigne de l'aspect figé qui caractérisait la créolité[161]. Comme le constate Jean-Louis Joubert, dans *Introduction à une poétique du Divers* (1996) Glissant explore les multiples facettes de la mondialisation : la prolifération du multiple, de l'« identité-rhizome » qui transgresse la fixité de l'« identité-racine » ; l'emmêlement et le choc des cultures ; la fécondité de l'errance ; l'affirmation de la différence (qui n'est plus sublimée dans l'universel). Dans cet ouvrage, l'opposition entre racine et rhizome commande la distinction entre « une pensée de système » propre aux « communautés ataviques » qui se fondent sur un mythe de genèse lequel légitime la possession d'une terre transformée en territoire (administratif) et « une pensée de la trace » propre aux « cultures composites » qui consentent à l'« opacité » caractérisant la réalité créole, au lieu (la Caraïbe) où la Relation se manifeste dans sa complexité multiple[162]. Dans le sillage des postulats en gestation dans *Introduction à une poétique du divers*, dans *Traité du tout-monde*, Glissant conçoit le monde à travers les idées de transculture et de chaos :

> J'appelle *Chaos-monde* le choc actuel de tant de cultures qui s'embrasent, se repoussent, disparaissent, subsistent pourtant, s'endorment ou se transforment, lentement ou à vitesse foudroyante : ces éclats, ces éclatements dont nous

---

[160] *Ibid.*, p. 23.

[161] *Cf.* Jean-Louis Joubert, *Édouard Glissant*, Paris, Association pour le développement de la pensée française, 2005, p. 42.

[162] *Ibid.*, pp. 41 et 54.

n'avons pas commencé de saisir le principe ni l'économie et dont nous ne pouvons pas prévoir l'emportement.[163]

La réflexion théorique sur le caractère mouvant des sociétés contemporaines aboutit à la formulation d'un programme ou, tout au moins, d'une mission de l'art. L'intellectuel et l'artiste, chargés dans le projet de l'antillanité de contribuer à l'essor de la société antillaise politiquement consciente et autonome, auront dorénavant pour tâche de sensibiliser les lecteurs à l'aspect transculturel du monde contemporain et de déclencher un changement des mentalités :

> Tout cela sommairement conté, a pour seule qualité d'ouvrir la trace à d'autres dits. C'est aux poétiques conjointes que je fais appel en ce moment. Nos actions dans le monde sont frappées de stérilité si nous ne changeons pas, autant que nous y pouvons, l'imaginaire des humanités que nous constituons.[164]

Faire voir et accepter le caractère relationnel du monde tout en détruisant l'absolutisme des systèmes : tel est le nouveau rôle de l'intellectuel et de l'artiste. La littérature, elle, est le terrain privilégié de ce nouveau combat :

> Écrire c'est dire : le monde.
>
> Le monde comme totalité, qui est si dangereusement proche du totalitaire. Aucune science ne nous en procure une opinion réellement globale, ne nous permet d'en apprécier l'inouï métissage, ne nous fait connaître comment sa fréquentation nous change. L'écriture, qui nous mène à des intuitions imprévisibles, nous fait découvrir les constantes cachées de la diversité du monde [...][165].

Glissant promeut ici l'idée de l'écriture comme seul moyen qui nous soit actuellement accessible pour appréhender le monde, tel qu'il émerge du processus de créolisation. Face à la nouveauté de la situation socioculturelle révélée par la pensée de la Relation, le langage, inhérent à l'écriture, devient le médium le plus efficace pour illustrer le Divers. Selon Glissant, le multilinguisme qui se propage dans les sociétés modernes grâce aux médias

---

[163] Édouard Glissant, *Traité du Tout-monde*, Paris, Gallimard, 1997, p. 22.
[164] *Ibid.*, p. 30.
[165] *Ibid.*, p. 119.

et les nouvelles technologies confronte l'écrivain à la présence constante des langues qui s'interpénètrent et forme ce qu'il appelle « l'imaginaire des langues » : « Aujourd'hui, même quand un écrivain ne connaît aucune autre langue, il tient compte, qu'il le sache ou non, de l'existence de ces langues autour de lui dans son processus d'écriture. On ne peut plus écrire une langue de manière monolingue. On est obligé de tenir compte des imaginaires des langues. »[166] Le texte littéraire doit déconstruire l'empire des « rhétoriques traditionnelles » (monolingues et monolithiques donc réductrices et exclusivistes) et déboucher sur une poétique de la liberté à travers le potentiel de la diversité linguistique du monde. Aussi la littérature, régie par une impulsion d'opposition à toute contrainte héritée du passé, doit-elle tendre vers une plus grande émancipation des idéologies en place.

Ennemi de toute hiérarchisation entre les langues, Glissant prend ses distances en particulier avec des approches idéologiques qui, comme dans *Éloge de la créolité*, favorisent le créole par rapport au français[167]. Il condamne l'écriture en français, simplement métissée au moyen de l'insertion des créolismes, comme une technique superficielle, proche de l'esthétique exotique. Selon Glissant, la vraie créolisation langagière désigne une interpénétration poétique des langues : « La créolisation, c'est autre chose. C'est l'entrée de systèmes d'images poétiques d'une langue dans une autre. »[168]

L'aspect manifestaire de *Poétique de la Relation* et, avant tout, de *Traité du Tout-monde* se retrouve dans le style de ces ouvrages. Comme l'indique Carla Fratta, le caractère injonctif de ces deux textes est bien plus marqué que dans les précédents écrits de Glissant. Elle note ainsi que l'auteur se sert très souvent « [...] [d']invitations, exhortations, appels adressés au 'vous' ou au 'nous' sur le mode impératif ou optatif [...] »[169]. Elle relève également l'usage de la rhétorique de l'oralité où les procédés d'entassement, d'accumulation, de reprise ou de répétition contribuent à l'impact persuasif

---

[166] Édouard Glissant, *L'Imaginaire des langues : entretiens avec Lise Gauvin (1991-2009)*, Paris, Gallimard, 2010, p. 14.

[167] Lise Gauvin, « L'imaginaire des langues : tracées d'une poétique », dans Jacques Chevrier, éd., *Poétiques d'Édouard Glissant, op. cit.*, p. 282.

[168] Édouard Glissant, *L'Imaginaire des langues : entretiens avec Lise Gauvin (1991-2009), op. cit.*, p. 111.

[169] Carla Fratta, « Quelques réflexions rhétoriques et stylistiques sur les 'Poétiques' d'Édouard Glissant », dans Jacques Chevrier, éd., *Poétiques d'Édouard Glissant, op. cit.*, p. 209.

du texte. Les écrits de Glissant abondent aussi en formules solennelles qui se rapprochent au niveau du style du discours religieux.

Le désir de persuasion est également visible dans l'usage des pronoms personnels. Dans tous les essais de Glissant on observe une présence constante des pronoms, tel le « je », assimilable à l'auteur ainsi que les « ils » et « on », désignant souvent les adversaires de l'auteur ou les agents de domination néocoloniale. Quant au « nous », son statut change entre le pluriel de majesté, un « nous » qui se réfère tantôt à tous les Antillais, tantôt aux écrivains (antillais et/ou américains), un « nous » de complicité entre l'auteur et le lecteur et, finalement, un « nous » qui assume toutes ces instances ensemble. Carla Fratta souligne toutefois un autre changement significatif de la fonction des pronoms qui va de la prédominance du « je » dans *Soleil de la conscience* à la domination du « nous » totalisant dans *Traité du Tout-Monde*, en passant par une stratégie rhétorique complexe qui, dans *Poétique de la relation*, « happe » le lecteur et le place, de gré ou de force, comme partisan de la vision présentée par l'ouvrage[170]. Dans l'entretien avec Glissant qui clôt son article, Fratta note avec précision :

> [...] dans *Poétique de la Relation* la présence du « je » devient de plus en plus rare, non pas évidemment à cause d'un affaiblissement de votre identité, mais bien au contraire parce que le « nous » qui, sous différentes formes s'imposait le plus souvent à sa place, se fit le signe de l'élaboration très forte et très consciente de vos théories et réflexions, et de votre volonté de les transmettre au lecteur, pour le persuader, en avançant avec lui dans la discussion et dans l'affirmation de vos idées, en l'impliquant dans votre discours.[171]

En somme, on voit combien les idées s'accompagnent au fil des années d'une évolution des stratégies discursives qui dépassent la vision individuelle propre au « jeune » Glissant, pour mieux s'adapter à un programme qui, dans *Poétique de la Relation* et *Traité du Tout-monde*, s'exprime dans un style à caractère manifestaire.

À travers le projet esthétique formulé par Glissant dans *Poétique de la Relation* et *Traité du Tout-monde* transparaît une prise de distance radicale envers toute conception identitaire rigide. Opposée à la fois à la domination de l'Occident et à l'affirmation identitaire de « petites nations », la

---

[170] *Ibid.*, p. 211.
[171] *Ibid.*, p. 209.

conception de Glissant est régie principalement par le désir d'échapper au dogmatisme. Le programme glissantien opte pour l'autonomie artistique par rapport à toute doctrine nationaliste défensive ou victimaire. Loin de disparaître, les idéologèmes propres au discours anticolonial (ceux de la révolte contre la domination, de la prise de conscience, de l'affirmation raciale et identitaire, de l'aliénation et de l'autonomisation) sont ici retravaillés pour acquérir une dimension plus large. On le voit bien dans l'argumentaire de Glissant où la figure oppressive du colon semble être remplacée par celle du « système », alors que celle du colonisé sera étendue à chaque individu subalterne pouvant être enfermé dans une logique de revanche ou de haine envers l'Autre. À travers ce déplacement des idées, le discours anticolonial de première heure se transforme en une réflexion générale sur la condition de l'homme, et notamment sur celle de l'écrivain face au monde.

Vers une créolité ouverte : *Écrire en pays dominé* (1997) de Patrick Chamoiseau

Les premières réactions aux idées de Glissant relatives à la créolisation se font sentir dans l'essai littéraire, *Lettres créoles : tracées antillaises et continentales de la littérature. Haïti, Guadeloupe, Martinique, Guyane, 1635-1975*, publié en 1991 par deux signataires d'*Éloge de la créolité*, Patrick Chamoiseau et Raphaël Confiant. Leur analyse de l'histoire des lettres antillaises, haïtiennes et guyanaises s'inscrit dans la perspective de la créolité, mais elle intègre en filigrane une importante réorientation des principes. On le voit à la fin de l'ouvrage où la reprise d'un passage d'*Éloge de la créolité* subit un changement significatif :

> Maintenant, nous nous savons Créoles.
> Ni Français, ni Européens, ni Africains, ni Asiatiques, ni Levantins, mais un mélange mouvant, toujours mouvant, dont le point de départ est un abîme et dont l'évolution demeure imprévisible. De par le monde, ce processus que nous vivons depuis plus de trois siècles se répand, s'accélère : peuples, langues, histoires, cultures, nations se touchent et se traversent par une infinité de réseaux que les drapeaux ignorent. La littérature voit converger ses diversités folles. Le monde se met à résonner de sa totalité dans chacun de ses lieux particuliers. Il nous faut désormais tenter de l'appréhender, loin du

risque appauvrissant de l'Universalité, dans la richesse éclatée, mais harmonieuse, d'une Diversalité.[172]

La transformation concerne la première phrase du prologue d'*Éloge de la créolité*, « Ni Européens, ni Africains, ni Asiatiques, nous nous proclamons Créoles ». L'ajout des composantes culturelles française et levantine augmente le nombre d'appartenances rejetées en 1989 par les tenants de la créolité. Accusés d'essentialisme après la parution de leur manifeste, Chamoiseau et Confiant semblent vouloir modifier leur projet initial. Le fait d'exclure cinq « socles » jugés prétendument clos (« non créolisables ») pour revendiquer un mélange mouvant et sans filiation culturelle inscrit de l'ambiguïté, ou plutôt une ruse rhétorique où la réduction conceptuelle (la légitimation de l'identité créole comme vérité suprême) accrédite une vision multiculturaliste du monde. Cette tentative stratégique de se conformer aux critiques consécutives à la publication du manifeste passe par un véritable subterfuge idéologique qui vise à raccorder le programme de la créolité aux tendances les plus actuelles en théories culturelles et esthétiques. Autrement dit, Chamoiseau et Confiant rectifient leur tir pour ne pas se laisser devancer par la pensée transculturelle représentée par Glissant.

Écrire en pays dominé de Patrick Chamoiseau est une autre intervention dans la série de réactions réciproques entre écrivains antillais vers la fin du XXe siècle. L'auteur formule dans ce texte une poétique personnelle qui s'articule comme tension entre la créolité identitaire, nostalgique et fermée sur son lieu d'origine (la Martinique), celle qui avait été postulée dans *Éloge de la créolité*, et une créolité ouverte, créatrice d'un imaginaire interculturel accueillant le Chaos-monde.

Publié en 1997 (la même année que *Traité du Tout-monde* de Glissant), *Écrire en pays dominé* puise largement dans les concepts forgés par Édouard Glissant dans ses textes des années 1990. Comme le constate Victoria Famin, « Patrick Chamoiseau construit son discours théorique en filiation avec la pensée d'Édouard Glissant. La théorie de la Relation constitue la ligne directrice à partir de laquelle notre auteur développe sa réflexion. »[173] Plus

---

[172] Patrick Chamoiseau et Raphaël Confiant, *Lettres créoles : tracées antillaises et continentales de la littérature. Haïti, Guadeloupe, Martinique, Guyane, 1635-1975*, Paris, Hatier, 1991, p. 204.

[173] Victoria Famin, « *Écrire en pays dominé* de Patrick Chamoiseau ou l'appropriation de la théorie de la relation d'Édouard Glissant », dans Tomasz Swoboda, Ewa Wierzbowska et Olga Wrońska, éds, *Autour de Patrick Chamoiseau*, Sopot, Fundacja Rozwoju Uniwersytetu Gdańskiego, 2008, p. 98.

encore, Chamoiseau entre en dialogue avec les théories de Glissant pour en sonder les profondeurs, mais aussi pour les rendre appropriées à sa pratique d'écriture personnelle. Ainsi, *Écrire en pays dominé* est marqué par une relation d'interdiscursivité entre la pensée de son auteur et les idées de Glissant. Ce dialogue est perceptible dans le style néobaroque de Chamoiseau qui transforme les réflexions théoriques en un programme visionnaire aspirant à définir la place et le rôle de l'écrivain dans le monde contemporain. Le texte s'approche par la même de l'esthétique manifestaire pour devenir un « quasi-manifeste » de la créolité ouverte.

Dans *Écrire en pays dominé*, Patrick Chamoiseau analyse la pratique d'écriture aux Antilles au prisme de la problématique de la domination, laquelle cesse de renvoyer à la seule colonisation historique pour s'élargir aux phénomènes d'uniformisation culturelle associés à la mondialisation. Sans abandonner la perspective postcoloniale (la Martinique versus la France), Chamoiseau tente, à l'instar de Glissant, d'assigner aux rapports de domination un sens symbolique. Cela lui permet de signaler les efforts de tout écrivain contemporain exposé aux pièges de l'enfermement au sein des systèmes hégémoniques d'aujourd'hui. Dès lors, l'émancipation culturelle de la Martinique devient le symbole de la lutte de tous les artistes pour la liberté d'expression. Le « pays dominé » n'est plus seulement la Martinique ou les Antilles, mais notre monde menacé par l'homogénéité culturelle. D'où la reprise de la distinction proposée par Glissant entre le Territoire et le Lieu :

> Cette notion glissantienne du Lieu prit pour moi son ampleur en un chapelet inépuisable que mon rêve égrenait :
> Le lieu est ouvert et vit de cet ouvert ; le Territoire dresse frontières. Le lieu évolue dans la conscience des mises-sous-relations ; le Territoire perdure dans la projection de ses légitimités. Le lieu vit sa parole dans toutes les langues possibles, et tend à l'organisation de leur écosystème ; le Territoire n'autorise qu'une langue [...].
> L'ensemble des Lieux fonde notre Terre.[174]

La vision présentée par Chamoiseau dans *Écrire en pays dominé* dépasse celle élaborée dans *Éloge de la créolité* qui tendait à programmer en quelque sorte une nouvelle identité caribéenne et, par la même, délimiter un nouveau « Territoire ». À l'opposé, dans *Écrire en pays dominé*, Chamoiseau échappe

---

[174] Patrick Chamoiseau, *Écrire en pays dominé*, Paris, Gallimard, coll. « Folio/Essais », 1997, pp. 227-228.

à la réflexion purement identitaire : il abandonne la logique de la « première » créolité au profit de la créolisation, telle que l'envisage Édouard Glissant :

> La créolisation répercute l'élection du Divers jusqu'au plus extrême des sources originelles, elle mêle et relativise les mythes fondateurs des peuples qu'elle rassemble, elle mêle-et-maille les Paroles des origines et les relativise, elle noue les Sacrés initiaux et les relativise, elle déroute dans le non-absolu les conceptions unicitaires, et fragmente, et libère des carcans uniformisants.[175]

Comme Glissant dans *Poétique de la Relation* et *Traité du Tout-monde*, Chamoiseau déplace le centre des efforts esthétiques et intellectuels : la résistance n'est plus contre l'aliénation coloniale mais contre toute pensée systémique, enracinée dans l'hégémonie idéologique imposée par la tradition philosophique occidentale qui sacrifie le Sujet et la Raison comme fondements exclusifs de la connaissance du monde. La réflexion historique et théorique sur les effets de la colonisation rejoint celle sur l'aliénation néocoloniale contemporaine, plus insidieuse et masquée :

> Les dominations nouvelles plongent les imaginaires dans une nasse invisible. Agression sans attaque. Conquête indiscernable. Né de notre Culture – j'appelle ainsi nos réactions-productions-émotions dans l'aléa de l'existant –, l'imaginaire devient maître de nos rapports au monde, lesquels le produisent à leur tour. C'est une autorité immanente, collective-individuelle, individuelle-collective, qui conditionne l'être, détermine l'inconscient, organise le conscient, régente la frange haute du conscient où se tiennent le Vrai, le Juste, le Beau, le vouloir-être, le vouloir-faire... Avec l'imaginaire, nous voyons le réel, nous le com-prenons, nous en évaluons les plis et les inconnaissables pour une lecture qu'accepte son filtre. Ce filtre – une fois dominé (reprofilé à l'issue d'influences insidieuses) – nous peint une autre réalité, de nouveaux charmes, d'autres séductions, une autre beauté, poinçonne des éclairages dans les ombres initiales, et couvre d'ombres des évidences... notamment celles de la domination.[176]

Chamoiseau perçoit le texte littéraire comme un produit de l'imaginaire de l'écrivain, sensible au contexte social, historique, politique et culturel dans lequel il vit. En ce sens, le travail d'écriture et, par conséquent, l'œuvre

---

[175] *Ibid.*, p. 327.
[176] *Ibid.*, pp. 303-304.

littéraire elle-même, portent les traces tangibles de la situation réelle de l'écrivain. Ce dernier reste perméable à l'idéologie dominante qui organise sa perception du réel et la façonne par le système de valeurs occidentales et des médias de communication. L'écrivain se voit donc pris dans un piège quasiment sans issue. Il est confronté à un défi double : émancipation de la domination consécutive au passé colonial, et émancipation de la domination qui résulte de l'uniformisation globale de l'époque moderne. La tâche de l'écrivain est de dépasser son propre horizon mental qui l'enferme dans l'identité ancienne (dont il garde le secret) et le coupe de la diversité proliférante du monde. Ainsi, l'écrivain devient un « guerrier de l'imaginaire » lequel, constamment aux aguets, débusque et explore ses propres impulsions créatrices :

> [L'écrivain] se doit travailleur sur lui-même, affecteur, infecteur, gratteur des failles, effriteur des murailles, refuseur de conforme, dérouteur de facile, [...], déclineur d'évidence, plongeur en toutes virtualités. [...]
> Guerrier, c'est avancer dans l'obscur. Dérouter les zones hautes de l'esprit pour confier l'Écrire aux décisions plus folles, bien plus intelligentes dans le commerce des indicibles. Ramener l'ambigu du réel dans *l'ouverture* du texte, [...]. Toucher aux perceptions, choquer, zébrure du rire, surprise, hypnose d'une musique, plongée aux opacités brusques, imagination déferraillée, tracassée, débondée hors-coutumes sur des zones-frontières [...]. C'est liberté.[177]

L'esthétique devient dès lors le terrain privilégié de la résistance à la domination car les choix formels et stylistiques se font le reflet du combat de l'écrivain contre les dictats de l'idéologie. Le texte doit s'ouvrir à la diversité du monde contemporain et le retranscrire dans une forme nouvelle : « Écrire en circulation, dans un non-linéaire qui commerce avec théâtre et roman, essai méditatif et poésie, texte tournoyant sur mille strates de discours, s'en allant vers une fin qui appelle le début. [...] À travers les genres et les langages, transversale fluide, prendre la beauté dans l'intense organisé d'un tant de relations. »[178] Proche des réflexions de Franketienne sur la « spirale », Chamoiseau préconise une écriture plurielle, mouvante où, au travers de l'exploration de l'hétérogénéité du monde contemporain, se réalise l'idéal de la liberté.

---

[177] *Ibid.*, pp. 305-307 (souligné dans le texte).
[178] *Ibid.*, p. 294.

La même poétique s'étend à la question de la langue. En effet, Chamoiseau propose dans son livre une approche qui déconstruit le mythe de l'unicité d'une langue et qui, dans le sillage de la réflexion de Glissant, postule la présence au plurilinguisme : « L'Écrire ouvert en n'importe quelle langue, c'est l'Écrire-langages, mener en sa langue l'émoi des autres langues et de leurs possibles-impossibles contacts [...] »[179]. À travers le mélange des langues nationales et de leurs multiples registres, dont l'oral, Chamoiseau veut créer un langage littéraire apte à rendre compte de la polyphonie du monde. En ce sens, la figure du « Guerrier de l'imaginaire » dépasse celle du « Marqueur de paroles » qu'il avait proposée ensemble avec Raphaël Confiant : « Je n'étais plus seulement un 'Marqueur de paroles', ni même un combattant : je devenais *Guerrier* [...] »[180]. Rappelons que le « Marqueur de paroles » est une figure d'écrivain qui se concentre sur l'élaboration d'une forme d'expression littéraire intermédiaire entre le créole et le français (et également entre l'oral et l'écrit) afin de préserver une culture antillaise authentique. Le « Guerrier de l'imaginaire » tentera en revanche de proposer un langage littéraire à l'affût de la diversité des langues du monde entier. Dès lors, l'esthétisation du conflit entre le créole et le français que Dominique Chancé tient pour primordiale dans les romans de Chamoiseau s'élargit aux enjeux du multilinguisme des sociétés contemporaines[181].

Dans *Écrire en pays dominé*, l'abandon de la perspective strictement postcoloniale et l'élargissement du spectre de la réflexion aux effets culturels de la mondialisation s'accompagnent d'une extension des références littéraires. Dans la partie du livre intitulée « Sentimenthèque », cela est signalé par Chamoiseau par l'insertion d'une longue série de citations des écrivains qui l'ont le plus marqué. On y retrouve les noms des classiques français comme Marcel Proust ou Gustave Flaubert, ceux d'auteurs francophones comme Jacques Roumain, Émile Ollivier ou Kateb Yacine, mais aussi ceux venant d'autres horizons culturels : John Keats, James Joyce, T.S. Eliot, Reiner Maria Rilke, Jorgé-Luis Borges. Comme chez Glissant, le champ littéraire français et/ou francophone perd son statut de référence majeure pour permettre à Chamoiseau de se positionner dans le cadre de la « République mondiale des lettres ».

---

[179] *Ibid.*, p. 340.
[180] *Ibid.*, p. 302 (souligné dans le texte).
[181] *Cf.* Dominique Chancé, *L'Auteur en souffrance : essai sur la position et la représentation de l'auteur dans le roman antillais contemporain 1981-1992*, Paris, Presses Universitaires de France, coll. « Écritures francophones », 2000, pp. 104-105.

Écrire en pays dominé ne constitue pas un manifeste littéraire au sens classique du terme. Comme Glissant dans *Traité du Tout-monde*, Chamoiseau se sert d'une forme textuelle ouverte, souple et fragmentaire, qui cible le lecteur mieux que tout écrit dogmatique. C'est avant tout sur le plan stylistique que l'on peut observer comment Chamoiseau s'engage dans la voie de l'esthétisation des enjeux idéologiques qu'il questionne en même temps. *Écrire en pays dominé* emprunte en effet des formes erratiques et discontinues : exergues, allusions littéraires en guise de citations, des passages méditatifs éparpillés, comme « Inventaire d'une mélancolie » ou « Sentimenthèque ». Cela donne naissance à une narration oblique et fragmentée qui avance par des images résolument opaques et hyperboliques :

> Ces éclats du monde formaient un organique, tissé en discordances. Une Unité troublée d'unicité, là où l'extrême du Divers tendait à une réalité grandiose qui menaçait elle-même ses équilibres. Un Total loin des stabilités à tendances closes du Tout et de la Totalité. Ce que les alchimistes, ces sorciers du complexe, gourmands de tout inatteignable, auraient appelé : une Pierre. *La Pierre-Monde.*[182]

Hétérogène au niveau de la structure et du contenu, fusionnant récit autobiographique, dialogue imaginaire et poème, le texte de Chamoiseau se situe au croisement des genres et des styles. Cette hybridité n'entrave pas la démarche programmatique de Chamoiseau qui trouve son reflet dans un style prophétique, à la fois injonctif et frénétique, plutôt bien adapté aux nouvelles obligations de l'écrivain en prise sur la diversité de notre paysage culturel :

> [...] ... il faut, dans ce rhizome, se construire en flexibilité, innover en polyvalence, cultiver sa rapidité de relations internes-externes, intégrer le fluide et le flou, les fécondations aléatoires du pollen, la dormance des graines les plus patientes, se construire et s'ouvrir, accueillir et projeter, se densifier et s'alléger, veiller aux perfections du geste sans souci de la prise... Sacré programme, pitite : c'est moins une résistance qu'une poétique...[183]

Plusieurs formules solennelles ou incantatoires inscrivent également le texte de Chamoiseau dans le registre prophétique propre aux manifestes :

---

[182] Patrick Chamoiseau, *Écrire en pays dominé*, *op. cit.*, p. 313 (souligné dans le texte).
[183] *Ibid.*, p. 345.

> Je me mis à écrire ce livre [...] pour [...] propager de la vie en moi-même (merveilleuse anabiose), et pouvoir annoncer que mon pays connaîtra, un jour, des élans plus libres, un imaginaire neuf loin des consommations et des assistanats, dans l'échange créateur avec la Caraïbe, les terres américaines, avec l'Europe, avec le Tout-Monde. J'annonce ici un Lieu, une Méta-Nation souveraine mêlée et emmêlée à toutes les terres du monde, altière et interdépendante, nouée et dénouée dans la Pierre-Monde. J'annonce cela, sans orgueil de prophète égaré hors-saison, avec seulement la force de l'hymne qui fait prière, incantation, et s'élève comme un ordre.[184]

En somme, *Écrire en pays dominé* s'offre comme une cristallisation des idées exposées sous forme essayistique par Chamoiseau. L'idée de la résistance à toute domination idéologique et à l'uniformisation culturelle irrigue ici une poétique originale qui s'articule conceptuellement au niveau du contenu et, en même temps, se manifeste dans la forme du texte.

*

Le Discours antillais, *Poétique de la Relation* et *Traité du Tout-monde* d'Édouard Glissant, *Éloge de la créolité* de Jean Bernabé, Raphaël Confiant et Patrick Chamoiseau ainsi qu'*Écrire en pays dominé* de Patrick Chamoiseau forment une série de textes à la fois essayistiques et théoriques qui mettent à profit les modes discursifs et les procédés stylistiques propres à l'écriture manifestaire. Il est possible de percevoir chacun d'eux comme une prise de position dans le champ littéraire franco-antillais destinée à légitimer une pratique littéraire dans une dynamique de débat et de polémique.

Sur le plan idéologique, les projets esthétiques exposés dans les ouvrages analysés illustrent une profonde redéfinition de l'idée de l'engagement littéraire de l'écrivain. Dans *Le Discours antillais* et *Éloge de la créolité*, l'écrivain reste plutôt « enrôlé » dans un projet politique précis – celui de la désaliénation culturelle et de l'affirmation communautaire des Antillais – projet que la littérature doit mettre de l'avant. Dans *Poétique de la relation*, *Traité du Tout-monde* et *Écrire en pays dominé* apparaissent aussi des postulats de rupture de l'écrivain avec toute rigidité idéologique au nom de la diversité du monde et de la liberté créatrice. La politisation de la littérature fait alors place aux programmes qui accentuent le rôle de l'écrivain comme

---

[184] *Ibid.*, pp. 345-346.

individu, ainsi que le rôle des œuvres et des débats littéraires dans la résistance culturelle à la domination de la « pensée unique ».

Par l'extension des références littéraires aux écrivains du monde entier, les textes des années 1990 d'Édouard Glissant et *Écrire en pays dominé* de Patrick Chamoiseau amorcent aussi un volet nouveau de la réflexion sur la place des auteurs francophones au sein du champ littéraire mondial. Ce questionnement se trouve au centre du manifeste littéraire *Pour une littérature-monde* (2007).

Épilogue

Les voix franco-caribéennes dans *Pour une littérature-monde* (2007)

Le 16 mars 2007, le journal *Le Monde* publie un article « Pour une 'littérature-monde' en français », signé par quarante-quatre écrivains francophones. La même année, le texte du *Monde* est suivi par la publication de l'ouvrage collectif *Pour une littérature-monde*, sous la direction de deux écrivains français, Michel Le Bris et Jean Rouaud, qui ont réuni les contributions de vingt-neuf écrivains français et francophones dont, entre autres, Tahar Ben Jelloun, Nancy Huston, Jacques Godbout, Alain Mabanckou[185]. Les auteurs y exposent leurs conceptions personnelles de l'écriture et interrogent leur accueil par l'institution littéraire française. On retrouve parmi eux quelques auteurs de la Caraïbe francophone : Maryse Condé, Lyonel Trouillot, Gary Victor, Dany Laferrière et Fabienne Kanor. Avant d'entrer dans le détail, attardons-nous un instant sur les lignes conductrices de ce manifeste à travers une lecture croisée de l'article paru dans *Le Monde* et des textes introducteurs à *Pour une littérature-monde*, « Mort d'une certaine idée » de Jean Rouaud et « Pour une littérature-monde en français » de Michel Le Bris.

Dans l'article du *Monde*, les signataires du manifeste osent une déclaration-choc, résolument iconoclaste : « Soyons clairs : l'émergence d'une littérature-monde en langue française consciemment affirmée, ouverte sur le monde, transnationale, signe l'acte de décès de la francophonie. Personne ne parle le francophone, ni n'écrit en francophone. »[186] En mettant fin à la francophonie, le manifeste tend à s'opposer au centre parisien du champ littéraire français qui, par ses normes thématiques, génériques et langagières, contraint les démarches esthétiques des écrivains non issus de la métropole. Le manifeste proclame haut et fort le déclin littéraire de la France :

---

[185] Pour en savoir plus sur l'histoire de ces deux publications voir : Robert Viau, « La littérature-monde en français : l'historique d'une querelle », dans Cécilia W. Francis et Robert Viau, éds, *Trajectoires et dérives de la littérature-monde : poétiques de la relation et du divers dans les espaces francophones*, Amsterdam-New York, Rodopi, coll. « Francopolyphonies », 2013, pp. 73-110.

[186] Michel Le Bris, Jean Rouaud *et al.*, « Pour une 'littérature-monde' en français », *Le Monde*, le 16 mars 2007, p. 2.

> Fallait-il tenir pour acquis quelque dégénérescence congénitale des héritiers de l'empire colonial français en comparaison de ceux de l'empire britannique ? Ou bien reconnaître que le problème tenait au milieu littéraire lui-même, à son étrange art poétique tournant comme un derviche tourneur sur lui-même, et à cette vision d'une francophonie sur laquelle une France mère des arts, des armes et des lois continuait à dispenser ses lumières, en bienfaitrice universelle, soucieuse d'apporter la civilisation aux peuples vivant dans les ténèbres.[187]

Les signataires s'insurgent également contre les institutions de la Francophonie qui, à travers le système de prix (par exemple le Prix des cinq continents de la Francophonie) ou bien le bulletin d'information du Conseil International des Études Francophones, peuvent contrôler et orienter la vie littéraire dans les pays francophones. Comme l'explique Dominique Combe, le manifeste paru dans *Le Monde* est un « […] règlement de comptes avec la Francophonie officielle, avec laquelle les littératures francophones sont constamment confondues. »[188]

Cette double prise de position s'accompagne de déclarations voulant donner naissance à un phénomène littéraire nouveau. Au vu de l'accumulation des prix attribués aux écrivains « d'outre-France »[189], les signataires du manifeste du *Monde* annoncent en effet l'émergence d'une nouvelle force dans la littérature écrite en français, mais venant des espaces jusqu'alors perçues comme périphériques :

> Simple hasard d'une rentrée éditoriale concentrant par exception les talents venus de la « périphérie », simple détour vagabond avant que le fleuve revienne dans son lit ? Nous pensons au contraire : révolution copernicienne. Copernicienne, parce qu'elle révèle ce que le milieu littéraire savait déjà sans l'admettre : le centre, ce point depuis lequel était supposé rayonner une littérature franco-française, n'est plus le centre. Le centre jusqu'ici, même si de moins en moins, avait eu cette capacité d'absorption qui contraignait les auteurs venus d'ailleurs de se dépouiller de leurs bagages avant de se fondre

---

[187] Michel Le Bris, Jean Rouaud *et al.*, « Pour une 'littérature-monde' en français », *loc. cit.*, p. 2.

[188] Dominique Combe, *Les Littératures francophones : questions, débats, polémiques*, Paris, Presses Universitaires de France, 2010, p. 217.

[189] Il s'agit de l'accumulation des distinctions en 2006 attribuées à Jonathann Littel pour *Les Bienveillantes* (Prix Goncourt et Grand Prix du Roman de l'Académie française), à Alain Mabanckou pour *Mémoires de porc-épic* (Prix Renaudot), à Nancy Huston pour *Lignes de faille* (Prix Fémina) et à Léonora Miano pour *Contours du jour qui vient* (Prix Goncourt des lycéens).

dans le creuset de la langue et de son histoire nationale : le centre, nous disent les prix d'automne, est désormais partout, aux quatre coins du monde. Fin de la francophonie. Et naissance d'une littérature-monde en français.[190]

Légitimée un peu paradoxalement par le verdict des instances contre lesquelles le manifeste s'insurge, l'apparition d'une nouvelle « avant-garde » dans la littérature « en français » fonde un discours dissident qui tend à décloisonner l'univers littéraire français. Comme l'explique Michel Le Bris, le projet s'inspire du succès remporté en Grande Bretagne par des auteurs issus des anciennes colonies britanniques et se donne pour objectif de

> [...] revenir à une idée plus large, plus forte de la littérature, retrouvant son ambition de dire le monde, de donner un sens à l'existence, d'interroger l'humaine condition, de reconduire chacun au plus secret de lui-même. Littérature-monde, pour dire le télescopage, dans le creuset des mégapoles modernes, de cultures multiples, et l'enfantement d'un monde nouveau. Littérature-monde, enfin, à l'heure où sur un tronc désormais commun se multiplient les hybridations, dessinant la carte d'un monde polyphonique sans plus de centre [...][191].

Dans le même temps, ces affirmations anti-institutionnelles se doublent d'un discours de révolte contre une interprétation « identitaire » de la littérature, réduisant la portée des œuvres à l'expression de l'appartenance ethnique. Le concept de littérature-monde signifie ainsi la volonté de sortir des cadres étroits d'une littérature attachée à un quelque groupe ethnique, culturel ou linguistique. En outre, le manifeste condamne l'enfermement des écrivains et de leurs textes dans des catégories socioculturelles rigides qui, malgré l'interpénétration croissante des cultures contemporaines, restent de mise dans le discours des critiques littéraires et des instances de consécration (notamment les jurys des prix littéraires). Comme le note Véronique Porra, « [tous les signataires] en somme, réclament avec véhémence d'être reconnus non plus sur la seule base de leur potentiel d'étrangeté mais pour la qualité littéraire de leur œuvre. »[192]

---

[190] Michel Le Bris, Jean Rouaud *et al.*, « Pour une 'littérature-monde' en français », *loc. cit.*, p. 2.

[191] Michel Le Bris, « Pour une littérature-monde en français », dans Jean Rouaud et Michel Le Bris, éds, *Pour une littérature monde*, Paris, Gallimard, 2007, p. 41-42.

[192] Véronique Porra, « *Pour une 'littérature-monde' en français* : les limites d'un discours utopique », *Intercâmbio*, n° 1, 2ᵉ série, 2008, p. 40.

Cette priorité donnée au caractère esthétique des œuvres s'accompagne de la critique de la production littéraire française qui, ces dernières décennies, s'est laissée dominer par les idées abstraites du poststructuralisme, évacuant la diversité du réel hors de l'intérêt des écrivains : « Le monde revient. Et c'est la meilleure des nouvelles. N'aura-t-il pas été trop longtemps le grand absent de la littérature française ? »[193] Les signataires du manifeste optent pour une littérature qui se donne pour mission d'éprouver l'identité plurielle des cultures en présence : « Mais littérature-monde, aussi, parce que partout [les littératures de langue française] nous disent le monde qui devant nous émerge, et ce faisant retrouvent après des décennies d''interdit de la fiction' ce qui depuis toujours a été le fait des artistes, des romanciers, des créateurs : la tâche de donner voix et visage à l'inconnu du monde – et à l'inconnu en nous. »[194]

L'écart face au centre institutionnel et la mise à distance de ses normes trouvent leur expression dans la proclamation de la souveraineté de la langue. Cette dernière « [...] désormais déliée de son pacte avec la nation, libérée de l'étreinte de la source-mère, devenue autonome, choisie, retournée à son chant premier, nourrie par d'autres aventures [...] [a] de nouveau à proposer, vue d'Afrique, d'Asie ou des Caraïbes, de Chine ou d'Iran, d'Amérique du Nord ou du Vietnam, son interprétation du monde. »[195] Émancipé de la tutelle de la France, le français doit désormais appartenir à chaque artiste qui s'en servira librement, guidé par son inspiration personnelle.

Suivant cet ordre d'idées, la prise de position de ce manifeste tend à bouleverser de fond en comble la scène littéraire française et francophone pour proposer une nouvelle échelle de valeurs. La radicalité de ces revendications a suscité de nombreuses critiques qui ont relevé certaines contradictions affaiblissant l'argumentaire du texte[196].

Camille de Toledo, un des critiques les plus farouches du manifeste, épingle l'hypocrisie anti-parisienne du manifeste publié à l'initiative de Le Bris et Rouaud, écrivains plutôt bien placés dans le milieu littéraire de la

---

[193] Michel Le Bris, Jean Rouaud *et al.*, « Pour une 'littérature-monde' en français », *loc. cit.*, p. 2.

[194] *Ibid.*, p. 2.

[195] Jean Rouaud, « Mort d'une certaine idée », dans Jean Rouaud et Michel Le Bris, éds, *Pour une littérature monde*, *op. cit.*, p. 21.

[196] Les différentes réactions au manifeste sont présentées de façon détaillée dans l'article de Maria Chiara Gnocchi « Du Flurkistan et d'ailleurs : les réactions au manifeste *Pour une 'littérature-monde' en français* », *Francofonia*, 59 automne 2010, pp. 87-102.

capitale : « On comprendra vaguement qu'il s'agit d'une scène endogame pleine de ressentiment, de vanités et de faiblesse qui s'agite, les jours de semaine, dans le triangle d'or, entre Saint-Sulpice, Odéon et Saint-Germain-des-Près. C'est la petite démagogie dont est tissé le manifeste. »[197] Selon Véronique Porra, cette tentative de discréditer les mécanismes institutionnels de la Francophonie émane d'écrivains qui profitent largement des instruments de soutien, de promotion et de consécration mis en place par ces mêmes institutions. Porra pointe aussi une autre contradiction en soulignant que certains signataires du manifeste ont su mettre à profit la poétique de la différence et exploiter les attentes du lectorat qui recherche toujours une touche d'exotisme et une « illusion ethnographique » dans les œuvres alors même que ces auteurs proclament dans le manifeste leur refus de voir la valeur de leurs œuvres limitée à l'aspect ethnoculturel[198]. D'après Alessandro Corio, le programme de *Pour une littérature-monde* est marqué par un tiraillement entre, d'une part, une « [...] ouverture déclarée à la multiplicité et à une dimension mondiale de la littérature [...] » et, d'autre part, une « extrême réduction conceptuelle et [...] [une] fermeture esthétique et idéologique [...] »[199]. Enfin, Marc Quaghebeur débusque l'enjeu politique qui consiste à résister contre l'hégémonie anglo-saxonne et qui cache mal « [...] une logique historique et impériale [...] qui s'inscrit dans une longue tradition, lexicale et sémantique, de la langue et de la culture françaises qui n'a de cesse de piéger les littératures francophones. »[200]

Pourtant, ces lectures critiques semblent réduire la portée du manifeste en s'appuyant trop exclusivement sur l'article du *Monde* et la contribution de Michel Le Bris au volume collectif. Or, l'intransigeance et la raideur rhétorique des revendications du texte du *Monde* et de l'article de Le Bris se voient nuancées et complexifiées si on les compare à d'autres contributions dans *Pour une littérature-monde*. Pour bien mesurer la portée de la nouvelle conception littéraire, il faut prendre en considération les voix particulières qui expriment des prises de position individuelles. Cette diversité de conceptions est primordiale pour le manifeste car elle correspond au postulat fonda-

---

[197] Cité par Dominique Combe, *Les Littératures francophones*, *op. cit.*, p. 216.

[198] Il s'agit surtout de Tahar Ben Jelloun. Voir Véronique Porra, « *Pour une 'littérature-monde' en français* : les limites d'un discours utopique », *op. cit.*, p. 37.

[199] Alessandro Corio, « De l'*Éloge de la créolité* au manifeste *Pour une littérature-monde* », *op. cit.*, p. 83.

[200] Marc Quaghebeur, « Le Rejet des Francophonies : une approche du manifeste 'Pour une littérature-monde' », dans Marina Geat, éd., *La Francophonie en Europe*, Rome, Éditions Artemide, 2011, p. 25.

mental du nouveau projet qui tient à l'ouverture et le décentrement du champ littéraire francophone. Pour nous en convaincre, observons les contributions des auteurs issus de l'espace littéraire de la Caraïbe francophone.

Une des contributions qui contraste le plus avec la tonalité péremptoire de l'article-manifeste du *Monde* est celle de Maryse Condé, romancière guadeloupéenne vivant aux États-Unis. Dans son texte, « Liaison dangereuse », Condé évite implicitement d'adhérer au programme de la littérature-monde et privilégie une approche plus intime, personnelle de l'écriture. Dès l'entrée en matière, Condé affirme « J'aime répéter que je n'écris ni en français ni en créole. Mais en Maryse Condé. »[201], ce qui lui permet de soustraire son écriture à toute interprétation sous le signe d'une idéologie identitaire. D'une part, elle s'oppose à l'idée selon laquelle le choix du français comme langue d'écriture participe d'une trahison des idéaux de l'émancipation raciale des Noirs. D'autre part, elle rejette l'écriture en créole qui présente, selon elle, le risque d'enfermer la littérature dans une esthétique régionale. Condé brise ces schémas contraignants en déclarant sans ambages : « Je ne veux pas partager le français avec personne. Il a été forgé par moi seule. Pour ma dilection personnelle […]»[202]. Condé accentue le caractère personnel de son usage du français et l'individualité artistique hors des grilles de jugement forgées par la critique littéraire. En parlant du français comme de sa langue personnelle, Condé conclut : « Que m'importe les usages que les autres en font, inconnus desquels je ne veux rien savoir, qu'ils aient nom Marcel Proust ou Léopold Sédar Senghor ! Aussi peut-être ne suis-je pas une vraie écrivaine francophone. »[203] Cette phrase, qui sonne comme une déclaration et qui puise une part de sa force dans l'ironie, délivre la romancière du « centre » et la place en dehors du champ littéraire franco-français et francophone. La désinvolture avec laquelle Condé adopte cette position de dissidente face à la tradition signifie aussi le rejet de toute idéologie du « minoritaire » ou de l'opprimé qu'atteste la négritude[204].

Dans son texte « Langues, voyages et archipels », l'écrivain haïtien Lyonel Trouillot adopte un point de vue similaire. D'entrée de jeu, il affirme

---

[201] Maryse Condé, « Liaison dangereuse », dans Jean Rouaud et Michel Le Bris, éds, *Pour une littérature monde*, *op. cit.*, p. 205.

[202] *Ibid.*, p. 215.

[203] *Ibid.*, 215.

[204] Les idées-clés présentées par Condé recoupent celles que Fabienne Kanor avance dans sa contribution, « Sans titre ». *Cf.* Fabienne Kanor, « Sans titre », dans Jean Rouaud et Michel Le Bris, éds, *Pour une littérature monde*, *op. cit.*, pp. 237-241.

la nécessite de séparer l'écriture de la littérature au sens où la première est « une activité nécessaire à la personne, [venant] de l'intérieur de la personne »[205] alors que la seconde est perçue dans sa dimension institutionnelle, insérée dans un réseau de dépendances idéologiques. Pour Trouillot, la littérature s'apparente aux rouages que Jacques Dubois appelle l'institution littéraire[206], et qui peuvent promouvoir ou consacrer de façon arbitraire tel ou tel écrivain, telle ou telle langue. Les postulats de Trouillot s'organisent autour de l'idée d'une libération de l'écrivain et du texte littéraire de ces mécanismes de régulation du marché littéraire par les instances de production et de légitimation. Il s'agit d'atteindre à une autonomie créatrice aux dépens des rapports de dépendance instaurés dans l'espace littéraire francophone, traditionnellement divisé entre la « grande littérature » métropolitaine et les littératures « mineures », celles des pays francophones.

Afin de fonder et justifier sa position, Trouillot a recours au terme « écriture-monde » : « Je crois à la possibilité d'une écriture-monde en français. Une écriture-monde qui prendra la forme de littératures-mondes. Le pluriel me semble essentiel. »[207] Le vocable « écriture-monde » met chez lui l'accent sur le caractère personnel du travail d'écrivain et signifie également une possibilité d'ouvrir la littérature à la diversité des « littératures-mondes », chacune capable de rendre compte de « l'actualité du monde [qui] n'est pas la même partout. »[208] Selon Trouillot, l'écriture doit refuser « [...] les « embrigadements [et] les hiérarchies »[209] et s'opposer à l'hégémonie de la culture occidentale répandue par la mondialisation. En contrepartie, l'auteur haïtien propose aux écrivains d'adopter une vision « stéréoscopique » du réel afin de mieux dépeindre son caractère hétérogène. La saisie du réel, des « parcelles du monde », doit passer par une approche diachronique qui permettra de capter l'historicité des relations interculturelles car « [...] le temps historique n'est pas le même dans un pays qui va aux élections par routine et dans un pays auquel on a depuis toujours interdit de se constituer en État-nation. »[210] Ainsi, Trouillot appelle à « réécrire » le monde en se

---

[205] Lyonel Trouillot, « Langues, voyages et archipels », dans Jean Rouaud et Michel Le Bris, éds, *Pour une littérature monde, op. cit.*, p. 204.

[206] Voir *supra*, pp. 32-33.

[207] Lyonel Trouillot, « Langues, voyages et archipels », dans Jean Rouaud et Michel Le Bris, éds, *Pour une littérature-monde*, p. 200.

[208] *Ibid.*, p. 201.

[209] *Ibid.*, p. 204.

[210] *Ibid., p.* 200.

fondant sur « le principe de la transcription et de l'interpellation des multiples réalités, des multiples rêves des humains tels que façonnés par l'histoire [...] »[211].

Le refus de l'uniformisation culturelle rapproche les postulats de Trouillot de ceux qu'Édouard Glissant avait déjà exposés dans *Poétique de la Relation* et *Traité du Tout-monde* ainsi que de la conception de Patrick Chamoiseau dans *Écrire en pays dominé*. Cette similitude transparaît notamment dans l'attitude face au français qui, chez Trouillot, perd son statut de langue privilégiée. Héritée de l'époque coloniale (que Trouillot qualifie explicitement de « crime »), la langue française « n'est plus le miroir de ceux qui l'utilisent [...], ce sommet à atteindre qu'elle a pu être dans le passé », mais elle devient « [...] une langue comme les autres [...] »[212]. Pour Trouillot, le français met à la portée des lecteurs un excellent « moyen de transport » pour effectuer un voyage à travers les divers mondes :

> De Port-au-Prince à Paris, de Bordeaux à Tombouctou, de Rabat à Québec. Le lectorat, ouvert à ce réel fragmenté et en quête de rapprochement, pourra ainsi constituer sa bibliothèque de langue française, s'arrêter en chaque lieu, tisser des liens qui font les archipels, avoir le monde à portée de lecture, en ces différences, en ses utopies, comprendre, connaître, rêver, inventer.[213]

Cette dernière conception de Trouillot semble être proche de celle que propose dans le manifeste Dany Laferrière, romancier haïtien diasporique, établi au Québec. Sa contribution, « Je voyage en français », est écrite sous la forme d'un carnet de voyage qui retranscrit la joie d'un nomade en train de traverser le monde, et qui partage avec les gens rencontrés, entre Tokyo, Montréal, Bamako ou Paris, le plaisir de lire et d'écrire en français, cette langue enfin libérée des « idéologies ringardes »[214] de l'appartenance nationale ou de la lutte anticoloniale :

> Cette langue française s'est infiltrée dans mes neurones, et son chant rythme mon sang. Je pourrais reconnaître sa cadence dans une ruelle obscure de Bornéo. Autrefois, je n'aurais jamais admis une telle vérité par peur de découvrir en moi le colonisé. Mais le colonisé, je peux le dire, c'est celui qui

---

[211] *Ibid.*, p. 202.
[212] *Ibid.*, pp. 199-200.
[213] *Ibid.*, p. 204.
[214] Dany Laferrière, « Je voyage en français », dans Jean Rouaud et Michel Le Bris, éds, *Pour une littérature-monde*, p. 87.

> ne se voit ni ne s'entend. Il se nourrit de mensonges. Sa vie est une fiction. [...] J'écris et je lis en français partout dans le monde. C'est cette langue qui m'accompagne en voyage. Je voyage léger, bien sûr. [...] Je lis dans l'avion. J'écris dans la chambre d'hôtel. Ma vie est devenue si simple.[215]

Significativement, Laferrière se détourne complètement de l'étiquette « littérature-monde » et se pose en écrivain indépendant pour lequel le français, loin de diviser ou d'opposer les communautés les unes aux autres, permet de communiquer et de se rapprocher. En passant sous silence le programme de « littérature-monde », Laferrière refuse de s'inféoder à l'idéologie véhiculée par le manifeste paru dans *Le Monde* et, comme Maryse Condé, revendique sa liberté d'artiste.

Le quatrième texte qui aborde la problématique de l'autonomie de l'écriture par rapport aux anciens schémas est celui de Gary Victor, écrivain haïtien comme Lyonel Trouillot et Dany Laferrière. Dans son intervention intitulée significativement « Littérature-monde ou liberté d'être », Victor critique l'idée selon laquelle la littérature francophone serait un ensemble composé de différentes littératures nationales. Imposée par la critique occidentale, cette conception réduit l'écrivain francophone à exprimer dans ses œuvres la spécificité de son pays d'origine, ce qui, par la suite, permet à la critique de « reproch[er] [...] à un auteur africain de ne pas faire de la littérature africaine ou à un auteur haïtien de ne pas faire de la littérature haïtienne [...] »[216]. Tout comme Condé et Trouillot, Gary Victor entend rompre avec cette vision exotisante et lance un appel à la révolte contre les restrictions imposées aux écrivains de langue française par l'institution littéraire métropolitaine : « Pour qu'une littérature dite monde vive, prospère, il faudrait changer de regard, de perspective. Refuser les stéréotypes, refuser les catalogages, refuser une certaine hiérarchisation de la littérature qui a à voir avec une forme de néo-colonisation qui ne se dit pas. »[217]

Victor s'en prend particulièrement à l'industrie de l'édition qu'il accuse de conservatisme. Il exige que « les grandes machines médiatiques, les grandes machines de l'édition sortent de leur cocons, frileux, sclérosés qu'ils sont parfois par des pratiques, défendues souvent par des intellectuels qui luttent pour avoir le contrôle absolu des espaces de pouvoir au détriment des

---

[215] *Ibid.*, p. 87.
[216] Gary Victor, « Littérature-monde ou liberté d'être », dans Jean Rouaud et Michel Le Bris, éds, *Pour une littérature-monde*, p. 319.
[217] *Ibid.*, p. 318.

littératures. »[218] Aux écrivains du Nord, coincés dans les compartimentages artificiels, il oppose ceux du Sud qui s'intéressent à « [...] l'œuvre en tant que telle. Le fond et la forme. L'humain tel qu'il vit son bonheur, ses souffrances, sur cette terre. Ses angoisses, ses espoirs, ses désillusions. Ses amours et les trahisons. »[219] Victor propose d'abandonner les vaines polémiques sur les appartenances nationales des écrivains et de mettre l'humaine condition au centre de l'intérêt de l'écriture. Ancré dans « la mémoire de son lieu », sans en être l'esclave, l'artiste « est forcément obligé de dépasser ce lieu dans sa quête obligée de l'humain, de l'universalité. »[220]

Maryse Condé, Fabienne Kanor, Lyonel Trouillot, Dany Laferrière et Gary Victor se montrent hostiles à toute interprétation tendancieuse de leurs œuvres. Dans leurs contributions se déclinent le refus des assignations identitaires ou idéologiques et le postulat de la liberté d'expression des écrivains francophones hors des tutelles et des appartenances. Ces revendications vont de pair avec la critique de l'homogénéisation culturelle et avec la volonté d'ouvrir la littérature à la transculturalité. Tous les quatre rejoignent la pensée d'Édouard Glissant et sa notion de créolisation qui, rappelons-le, suppose un brassage constant des cultures, des mentalités et des pratiques littéraires. Dans l'entretien avec Philippe Artières pour la revue *Terrain*, qui a été inséré dans *Pour une littérature-monde*, Glissant définit ainsi le pacte entre l'écrivain et le monde : « On peut résumer la chose ainsi : pour moi le plus haut degré, c'est le 'tout-monde', le chaos-monde actuel, c'est ce qui nous est donné et que nous n'avons pas encore exploité. Car, si les explorations terrestres et marines sont terminées, celles des relations des cultures dans le monde ne le sont pas [...] »[221].

Dans cet ordre d'idées, les auteurs dont nous avons analysé les contributions, lancent le postulat d'une rencontre de l'écriture avec la diversité de la réalité contemporaine, perçue non pas comme une dissolution des identités, mais comme une libre circulation entre les cultures. Une telle rencontre, toute utopique fût-elle, doit permettre d'accéder à la vérité de l'homme d'aujourd'hui. Mû par le refus des contraintes imposées par les champs littéraires métropolitain et francophone, l'appel des écrivains haïtiens et antillais tente d'abolir les frontières entre la littérature française et les

---

[218] *Ibid.*, p. 320.

[219] *Ibid.*, p. 319.

[220] *Ibid.*, p. 320.

[221] Philippes Artières, « Solitaire et solidaire : entretien avec Édouard Glissant », dans Jean Rouaud et Michel Le Bris, éds, *Pour une littérature-monde*, *op. cit.*, pp. 83-84.

littératures francophones dites « périphériques ». En même temps, cet appel accentue le besoin de dépasser la logique centre-périphérie par la promotion donnée à la diversité des pratiques littéraires personnelles. Le postulat fondamental qui se dégage de la lecture de ces contributions est donc le décentrement du champ littéraire francophone par une polyphonie de voix littéraires, chacune s'offrant comme une démarche esthétique autonome, rebelle à tout embrigadement collectif.

En ce sens, les contributions des écrivains antillais et haïtiens à *Pour une littérature-monde* démentent les nombreuses critiques qui ont suivi la publication de l'ouvrage[222]. Ignorant la part constructive de ce manifeste, ces critiques considéraient, selon nous à tort, que la rupture avec la Francophonie institutionnelle avait prévalu sur la portée esthétique du programme. C'est dans cet esprit que Maria Chiara Gnocchi analyse le manifeste à l'aide du schéma canonique défini par Jeanne Demers et Line Mc Murray. *Pour une littérature-monde* ne présente selon elle que les deux premières composantes du manifeste, déclarative et explicative, négligeant la composante démonstrative qui doit apporter solutions et propositions esthétiques nouvelles. Cette absence affaiblit selon Gnocchi la nature artistique du concept de « littérature-monde ».

Il nous semble pourtant légitime d'inverser cette optique et d'affirmer que le prétendu défaut révélé par Gnocchi témoigne *a contrario* de la cohérence du programme de la littérature-monde qui veut rester conforme au postulat primordial du manifeste : celui de la liberté de l'écrivain et de l'individualisation de l'écriture. Les signataires du manifeste se gardent bien de formuler et encore plus d'imposer des modèles ou des règles esthétiques susceptibles d'entraver la création personnelle de l'écrivain. L'absence de la composante démonstrative dans *Pour une littérature-monde* vaut l'affirmation de la puissance de la pluralité des pratiques littéraires individuelles.

Au fond, en s'opposant à une démonstration de principes ou de conduites, *Pour une littérature-monde* dévoile une tension entre l'article paru dans *Le Monde* et le volume collectif. L'article-manifeste renoue, certes, avec la tradition des manifestes littéraires canoniques. La publication dans un des plus grands quotidiens français révèle la volonté des signataires de donner à leur acte manifestaire une large visibilité médiatique et de toucher le plus grand nombre de lecteurs. Cela rappelle la stratégie déployée par un Jules Laforgue dans le manifeste du symbolisme et par un Filippo Marinetti dans le

---

[222] *Cf.* Maria Chiara Gnocchi, « Du Flurkistan et d'ailleurs », op. cit., p. 89.

manifeste du futurisme. L'intention qui sous-tend la publication est aussi claire : annoncer et légitimer une « révolution » dans le champ littéraire francophone. Au niveau rhétorique et stylistique, l'article du *Monde* se construit autour du refus d'une réalité institutionnelle perçue comme inacceptable. Cette révolte passe par un style grandiloquent, solennel, voire messianique qui dévoile la position autoritaire à partir de laquelle les signataires prennent la parole : « Plus tard, on dira peut-être que ce fut un moment historique : pour la première fois dans la vie littéraire française, cinq des sept principaux prix littéraires de l'automne décernés à quatre de ces auteurs que l'on dit d'ordinaire, avec un rien de condescendance, 'francophones'. »[223] Ce messianisme quelque peu mégalomane amène les deux rédacteurs de l'article-manifeste à ridiculiser les adversaires : « La francophonie est de la lumière d'étoile morte. Comment le monde pourrait-il se sentir concerné par la langue d'un pays virtuel ? »[224] L'article paru dans *Le Monde* use donc d'une tonalité péremptoire qui frôle l'arrogance, toute prête à provoquer le lecteur. Dominique Combe parle à ce propos d'une hypocrisie à peine voilée : « Jean Rouaud et Michel Le Bris, qui dénoncent le parisianisme, ont paradoxalement recours au genre et au style polémiques qui sont, par excellence, ceux des intellectuels de Saint-Germain-des-Prés. »[225]

Le manifeste publié en volume collectif s'offre comme un contrepoint à la publication de l'article dans *Le Monde*. La disparition de la référence à la langue française dans le titre de l'ouvrage est le premier signe d'une conception plus ouverte que celle qui, dans l'article du *Monde*, était braquée sur la problématique de la francophonie. La grande variété d'opinions qui se dégage des différentes contributions constitue un autre élément de transgression par rapport à la tradition manifestaire. Si, d'habitude, un manifeste littéraire marque une prise de position unanime, *Pour une littérature-monde* privilégie plutôt la pluralité des postures et des conceptions esthétiques.

Les deux exemples en question proposent un traitement original du manifeste littéraire canonique. L'acte manifestaire est en effet ici réalisé en deux temps. La première publication dans *Le Monde* produit un effet de choc assurant au manifeste une visibilité médiatique immédiate, tandis que le programme de la « littérature-monde » exposé dans la seconde publication

---

[223] Michel Le Bris, Jean Rouaud *et al.*, « Pour une 'littérature-monde' en français », *loc. cit.*, p. 2.
[224] *Ibid.*, p. 2.
[225] Dominique Combe, *Les Littératures francophones*, *op. cit.*, p. 215.

permet de montrer la complexité des problèmes et d'éviter de basculer dans le dogmatisme.

La présence d'écrivains antillais (Fabienne Kanor, Maryse Condé et Édouard Glissant) et haïtiens (Lyonel Trouillot, Gary Victor et Dany Laferrière) dans le projet littéraire de la « littérature-monde » permet de parler d'un certain rapprochement entre les littératures de ces deux espaces socioculturels et littéraires qui ont constitué l'objet de notre recherche. Par le concept de « littérature-monde », les voies des littératures haïtienne et antillaise semblent converger vers l'idée de l'individualisation de la création littéraire et celle de la non coïncidence entre la poétique du manifeste et les idéologies en présence. Cela est certainement vrai au début du XXIe siècle, lorsque les écrivains haïtiens et antillais optent pour un modèle ouvert. Celui qui permet à la littérature d'aborder, sans pour autant être contrainte de le faire, des questions importantes pour la communauté d'origine de l'auteur alors que l'engagement du texte littéraire doit relever de la décision de chaque écrivain. Loin de renoncer à son impact social et politique, la littérature se nourrit désormais uniquement d'une vision artistique individuelle.

Conclusion

Au cours de nos analyses, nous avons essayé de voir comment les différentes idéologies liées à l'identité culturelle des Haïtiens et des Antillais pénètrent les programmes littéraires et comment elles influencent la forme des textes à caractère manifestaire. Nous avons aussi observé les rapports intertextuels et interdiscursifs entre les différents écrits pour montrer qu'ils portent les traces des grands débats et polémiques qui animent la vie littéraire dans l'espace caribéen francophone depuis la fin du XIXe siècle jusqu'à nos jours.

Dans le premier chapitre, nous avons vu que les textes manifestaires se caractérisent principalement par l'intention d'exposer les principes et les objectifs d'une pratique littéraire donnée afin de légitimer cette dernière ou de lui assurer une position dominante sur la scène littéraire. Le manifeste littéraire est une intervention directe qui cherche à changer la donne, modifier ou même renverser les règles du jeu en présence dans un champ littéraire. Par conséquent, de manière générale, il se veut clair, précis et pénétrant grâce à l'usage d'outils stylistiques et rhétoriques capables d'attirer l'attention du lecteur et de le gagner à sa cause. Le terme de « quasi-manifeste » englobe, de son côté, les écrits qui partagent avec le manifeste littéraire son objectif de fonder et de légitimer un projet littéraire, sans épouser la forme manifestaire et sans présenter un programme littéraire de façon exacte et rigoureuse.

Vu dans sa dimension pragmatique, le texte manifestaire est marqué par sa visée performative : il veut annoncer et, en même temps, provoquer un changement. Il cherche à gagner l'adhésion de ses destinataires et, de ce fait, puise dans les ressources discursives des registres persuasif et didactique. Dans sa forme la plus répandue, appelée par Jeanne Demers et Line Mc Murray « manifeste d'opposition », il se donne pour un acte de révolte contre les canons esthétiques en place. Toutefois, puisqu'il veut bénéficier du maximum d'efficacité, il s'ouvre à une pluralité des formes allant du tract politique au poème, de l'exposé scientifique à l'essai.

Le texte manifestaire peut également être étudié en tant qu'élément du champ littéraire au sein duquel se cristallisent de multiples tensions entre différents agents, notamment entre groupes littéraires. Marqué par les affrontements ou les alliances entre les tenants des différentes esthétiques, le manifeste rend visible tout le contexte social et politique favorable à l'émergence des courants artistiques qui luttent pour le capital symbolique et cherchent leur place sur la scène littéraire. Sur le plan institutionnel, les auteurs des textes à caractère manifestaire établissent des relations de stabilisation (conservation) ou, le plus souvent, de contestation vis-à-vis des instances de légitimation et de consécration de l'institution littéraire.

Les manifestes et les « quasi-manifestes » littéraires francophones publiés aux Caraïbes dans la première moitié du XXe siècle sont marqués par la prise de conscience raciale des Noirs et par les premières tentatives pour assurer aux peuples dominés le droit à une existence au monde. À cette époque, la plupart des écrivains haïtiens et antillais tiennent à prendre leurs distances à l'égard des mouvements littéraires français. Soucieux de se démarquer sur la scène littéraire, ils s'opposent à la simple imitation des modèles français et déploient des stratégies d'innovation, tout en assimilant des poétiques venues de l'Occident. Ils trouvent dans les pratiques littéraires européennes, notamment dans le surréalisme, certains procédés (dérèglement du français littéraire, invective, propension à la rêverie) qu'ils font leurs après les avoir adaptés aux besoins de la sensibilité artistique caribéenne. Cette démarche à la fois idéologique et esthétique, se trouve justifiée par un métadiscours théorique (présent surtout dans la revue *Tropiques* aux Antilles) ainsi que par une poésie qui a la valeur de programme (principalement dans *Cahier d'un retour au pays natal* d'Aimé Césaire, *Bois d'ébène* de Jacques Roumain et *Étincelles* de René Depestre).

Quant à la forme des textes analysés, il faut souligner sa proximité avec les manifestes littéraires européens. Propres au discours manifestaire canonique, le style pamphlétaire et l'agression verbale sont fréquemment utilisés dans les articles de *La Revue indigène*, de la revue *Les Griots* ainsi que dans la préface à *Batouala* de René Maran et les textes de *Légitime défense*. En outre, il existe plusieurs cas de « quasi-manifestes » dont la fonction manifestaire réside plus dans leur impact sur la production littéraire postérieure que dans leurs spécificités formelles. Nous avons examiné sous cet angle le long poème *Cahier d'un retour au pays natal* et « En guise de manifeste littéraire » d'Aimé Césaire, *Anthologie de la nouvelle poésie nègre et malgache* de Léopold Sédar Senghor ainsi que *Orphée noir*, préface à cette dernière, de Jean-Paul Sartre, et *Peau noire, masques blancs* de Frantz Fanon.

Dans les textes manifestaires et programmatiques publiés après la fin des années 1950 jusqu'au début du XXIe siècle, les écrivains haïtiens et antillais privilégient la réflexion sur la diversité culturelle de leurs sociétés. Dans *Du réalisme merveilleux des Haïtiens* de Jacques-Stephen Alexis et, plus tard, dans *Le Discours antillais* d'Édouard Glissant, l'idée d'hybridité identitaire fait partie de vastes projets d'affirmation culturelle d'Haïti et des Antilles françaises. Quant à la « créolité », concept socioculturel forgé par Jean Bernabé, Patrick Chamoiseau et Raphaël Confiant, elle se veut valable pour chaque société multiethnique, mais, vue dans sa dimension esthétique, sa portée demeure limitée à l'espace antillais et suppose la préservation des composantes créoles (la langue, l'art, les mœurs). En revanche, les textes diasporiques des Haïtiens – *Théories caraïbes* de Joël Des Rosiers, « L'Enracinerrance » de Jean-Claude Charles et *Repérages* d'Émile Ollivier – ainsi que les essais d'Édouard Glissant et *Écrire en pays dominé* de Patrick Chamoiseau expriment un engagement polémique contre toute idéologie de l'identité culturelle fondée sur les concepts de « race », « nation » ou « ethnie ».

Le refus de la crispation identitaire et l'ouverture à la problématique de l'altérité provoquent l'abandon de la forme classique du manifeste au profit de textes qui exploitent le discours manifestaire, mais comme un élément stylistique parmi d'autres. Dans *Du réalisme merveilleux des Haïtiens* d'Alexis, *Le Discours antillais* de Glissant et, avant tout, *Éloge de la créolité* de Chamoiseau, Bernabé et Confiant, le registre polémique propre aux manifestes classiques étaye encore des revendications sociopolitiques bien concrètes. Par contre, les écrivains haïtiens de la diaspora québécoise ainsi qu'Édouard Glissant dans ses essais des années 1990 et Patrick Chamoiseau en 1997 dans *Écrire en pays dominé* renoncent au discours militant des manifestes qui se nourrissent aux idéologies ambiantes au profit d'une complexité stylistique mieux à même de s'adapter à la sensibilité du lectorat contemporain.

L'article « Pour une 'littérature-monde' en français » et l'ouvrage collectif *Pour une littérature-monde* traduisent bien les changements que subit le discours manifestaire au cours du XXe siècle. L'article paru dans *Le Monde* reste encore assujetti aux stratégies classiques propres au manifeste : le choix d'un journal à grand tirage pour s'assurer une large diffusion, une prise de parole collective pour asseoir la légitimité de l'intervention et l'usage d'une rhétorique de rupture pour mettre en scène un projet littéraire opposé au paternalisme français agissant sous couvert de « francophonie ». À l'instar des textes manifestaires de la première moitié du XXe siècle, l'article du *Monde* est un texte à thèse : teinté d'idéologie et proposant des valeurs dichotomiques où la France figure un centre doctrinaire et néfaste. En revanche, l'ouvrage collectif *Pour une littérature-monde* avance l'idée de nécessite de l'individualisation de la création littéraire et de l'autonomie de l'écriture. Refusant le dogmatisme, *Pour une littérature-monde* accueille des contributions très diverses, sans défendre une position particulière, et opte pour une forme capable de circonscrire une pluralité de projets littéraires.

En voulant abolir les frontières ethniques entre écrivains francophones, le manifeste *Pour une littérature-monde* s'arrache aux questions identitaires sans pour autant chanter le déracinement. Les écrivains interrogent plutôt les grands défis contemporains, tels que le déséquilibre économique entre le Nord et le Sud, les dérives du capitalisme, la toute-puissance des médias ou la domination de la culture de masse. Dans *L'Énigme du retour* (2009), Dany Laferrière illustre bien cet important changement de perspective. Pour Laferrière, qui est le protagoniste du récit, la rage qu'il déchiffre à chaque page de *Cahier d'un retour au pays natal* d'Aimé Césaire « […] tient plus du désir de vivre dans la dignité que de vouloir dénoncer la colonisation. »[1] Il y a dans cet aveu quelque chose qui touche aux rapports entre la littérature et le champ politique mondial actuel. En effet, aux débats historiques sur le destin de leurs communautés, les auteurs antillais et haïtiens contemporains préfèrent l'examen des expériences de l'homme d'aujourd'hui confronté à la précarité, à l'injustice ou à la montée du racisme. C'est dire qu'actuellement, la subjectivité se donne comme fondatrice de la vision du monde proposée par l'écrivain engagé.

En 1980, Jean-Marie Gleize affirmait que l'époque des manifestes était terminée et que « la posture manifestaire [était] devenue anachronique. »[2] Pourtant, le nombre considérable de travaux critiques consacrés au manifeste littéraire parus ces vingt dernières années[3] ainsi que l'apparition de formes artistiques qui, tout au moins partiellement, reposent sur des effets

---

[1] Dany Laferrière, *L'Énigme du retour*, Paris, Grasset, 2009, p.58.

[2] Jean-Marie Gleize, « Manifestes, préfaces : sur quelques aspects du prescriptif », *Littérature*, n° 39, octobre 1980, p.13.

[3] Une vaste bibliographie de ces travaux est présentée par Galia Yanoshevsky dans « Three Decades of Writing on Manifesto : the Making of a Genre ». *Cf.* Galia Yanoshevsky, « Three Decades of Writing on Manifesto : the Making of a Genre », *Poetics Today*, 30, 2009, pp. 279-283. En ligne : poeticstoday.dukejournals.org/content/30/2/257.full.pdf+html (visité le 05 avril 2010).

manifestaires (songeons à la performance ou au bioart[4]) semblent prouver le contraire. De plus, le retour en force de la réalité dans les préoccupations des artistes contemporains favorise des postures artistiques engagées qui épousent volontiers des formes d'expression radicales, intervenant dans les débats sociaux ou politiques [5]. Aussi, pourrait-on affirmer que la forme manifestaire, traditionnellement associée aux avant-gardes, n'a pas disparue avec ces dernières. Le présent travail aura permis, espérons-nous, de montrer la diversité des discours manifestaires au sein des littératures antillaise et haïtienne ainsi que de rendre compte d'un espace polémique riche et dynamique qu'ils instaurent. La présence de ces discours dans les textes théoriques sur la littérature publiés tout au long du XXe siècle par les écrivains haïtiens et antillais ainsi que la parution récente de *Pour une littérature-monde* prouvent qu'ils ont su conserver leur force d'attraction et qu'ils demeurent encore aujourd'hui un outil de première importance dans les débats littéraires.

---

[4] *Cf.* Anne Larue, « L'Art qui manifeste : entre histoire des avant-gardes et exigence de résistance au pire », *Itinéraires et Contacts de Cultures*, vol. 43/2008, p. 8.
[5] Hal Foster, *Powrót realnego, op. cit.,* pp. 153-197.

Bibliographie

Corpus analysé (manifestes et textes programmatiques)

Alexis, Jacques-Stephen, « Du réalisme merveilleux des Haïtiens », *Présence africaine*, n° 8, 9, 10, juin-novembre 1956, p. 245-271.

Artières, Philippes, « Solitaire et solidaire : entretien avec Édouard Glissant », dans Jean Rouaud et Michel Le Bris, éds, *Pour une littérature monde*, Paris, Gallimard, 2007, pp. 83-84.

Bernabé, Jean, Patrick Chamoiseau et Raphaël Confiant, *Éloge de la créolité*, Paris, Gallimard, (1989) 1993.

Breton, André, Roger Caillois, René Char, René Crevel, Paul Éluard, Jules-Marcel Monnerot, Benjamin Péret, Yves Tanguy, André Thirion, Pierre Unik et Pierre Yoyotte, *Murderous Humanitarianism*, dans Nancy Cunard, *Negro : an anthology*, New York, The Continuum Publishing Groupe Inc., (1934) 2002, p. 352-353.

Brouard, Carl, « Nous », *La Revue indigène*, n° 1, juillet 1927, p. 71.

—, Lorimer Denis, Clément Magloire et François Duvalier, « Déclaration », *Les Griots*, n°1, 23 juin 1938, dans Christophe Ph. Charles, *Magloire Saint-Aude : griot et Surréaliste (essai critique)*, Port-au-Prince, Éditions Choucoune, 1982, p. 61-62.

Césaire, Aimé, *Cahier d'un retour au pays natal*, Paris, Présence Africaine, (1939) 2005.

—, « Maintenir la poésie », *Tropiques*, n° 8-9, octobre 1943, pp. 7-8.

—, « Poésie et connaissance », *Tropiques*, n° 12, janvier 1945, pp. 157-170.

—, « En guise de manifeste littéraire », *Tropiques*, n° 5, octobre 1942, pp. 7-12.

Césaire, Suzanne, « Misère d'une poésie », *Tropiques*, n° 4, janvier 1942, pp. 48-50.

—, « Malaise d'une civilisation », *Tropiques*, n° 5, avril 1942, pp. 43-49.

—, « Le Grand Camouflage », *Tropiques*, n° 13-14, 1945, pp. 267-273.

Chamoiseau, Patrick, *Écrire en pays dominé*, Paris, Gallimard, coll. « Folio/Essais », 1997.

Charles, Jean-Claude, « L'Enracinerrance », *Boutures*, 1/4, mars-août 2001, pp. 37-41. En ligne : *île-en-île*, www.lehman.cuny.edu/ile.en.ile/boutures /0104/charles.html (visité le 29 novembre 2010).

Condé, Maryse, « Liaison dangereuse », dans Jean Rouaud et Michel Le Bris, éds, *Pour une littérature monde*, Paris, Gallimard, 2007, pp. 205-216.

Des Rosiers, Joël, *Théories caraïbes : poétique du déracinement*, Montréal, Triptyque, 1996.

Fanon, Frantz, *Peau noire, masques blancs*, Paris, Seuil, coll. « Points », 1952.

Firmin, Anténor, *De l'égalité des races humaines : anthropologie positive*, Paris, Librairie Cotillon, 1885.

Glissant, Édouard, *Introduction à une poétique du Divers*, Paris, Gallimard, 1996.

—, *Le Discours antillais*, Paris, Gallimard, coll. « Folio/Essais », (1981) 1997.

—, *L'Intention poétique*, Paris, Gallimard, (1969) 1997.

—, *Poétique de la Relation*, Paris. Gallimard, 1990.

—, *Traité du Tout-monde*, Paris, Gallimard, 1997.

Kanor, Fabienne, « Sans titre », dans Jean Rouaud et Michel Le Bris, éds, *Pour une littérature monde*, Paris, Gallimard, 2007, pp. 237-241.

Laferrière, Dany, « Je voyage en français », dans Jean Rouaud et Michel Le Bris, éds, *Pour une littérature monde*, Paris, Gallimard, 2007, pp. 87-101.

Le Bris, Michel, « Pour une littérature-monde en français », dans Jean Rouaud et Michel Le Bris, éds, *Pour une littérature monde*, Paris, Gallimard, 2007, p. 23-53.

—, Jean Rouaud *et al.*, « Pour une " littérature-monde" en français », *Le Monde*, le 16 mars 2007, p. 2.

Léro, Étienne, « Misère d'une poésie », *Légitime défense*, n° 1, 1932, pp. 10-12.

—, « Civilisation », *Légitime défense*, n° 1, 1932, p. 9.

—, Thélus Léro, René Ménil, Jules-Marcel Monnerot, Michel Pilotin, Maurice-Sabas Quitman, Auguste Thésés et Pierre Yoyotte, « Avertissement », *Légitime défense*, n° 1, 1932, p. 2.

Maran, René, « Préface », dans *Batouala*, Paris, Albin Michel, (1921) 2001, pp. 9-18.

Marcelin, Émile, « Essai sur le langage créole », *Revue indigène*, n° 2, août 1927, p. 65-68.

Ménil, René, « Préface », dans Coll., *Légitime défense*, Paris, Jean Michel Place, (1932) 1979, s.p.

—, « Généralités sur 'l'écrivain' de couleur antillais », *Légitime défense*, n° 1, 1932, pp. 7-9.

—, « Naissance de notre art », *Tropiques*, n° 1, avril 1941, pp. 53-64.

—, « Situation de la poésie aux Antilles », *Tropiques*, n° 11, mai 1944, pp. 127-133.

Monnerot, Jules-Marcel, « Note touchant la bourgeoisie de couleur française », *Légitime défense*, n° 1, 1932, pp. 3-4.

Nardal, Paulette, *et al.*, « Éditorial », *La Revue du monde noir*, n° 1, 1931, p. 4.

Ollivier, Émile. *Repérages*, Montréal, Leméac, coll. « Écritoire », 2001.

Price-Mars, Jean, « Ainsi parla l'oncle : la famille paysanne. Mœurs et survivances africaines », *La Revue indigène*, n°1, juillet 1927, p. 31-41.

—, *Ainsi parla l'oncle*, New York, Parapsycholgie Foundation Inc., (1928) 1954.

—, *Ainsi parla l'oncle suivi de Revisiter l'oncle*, Montréal, Mémoire d'encrier, 2009.

Rouaud, Jean, « Mort d'une certaine idée », dans Jean Rouaud et Michel Le Bris, éds, *Pour une littérature monde*, Paris, Gallimard, 2007, p. 7-22.

Roumain, Jacques, « Bois d'ébène », dans *Œuvres complètes*, Madrid, Collection Archivos, 2003, pp. 55-60

—, « Sales nègres », dans *Œuvres complètes*, Madrid, Collection Archivos, 2003, p. 62-67.

Roumer, Émile, « Éclaircissements », *La Revue indigène*, n°3, septembre 1927, pp. 89-93.

Sartre, Jean-Paul, *Orphée noir*, dans Léopold Sédar Senghor, *Anthologie de la nouvelle poésie nègre et malgache de langue française*, Paris, Presses Universitaires de France, coll. « Pays d'outre-mer », (1948) 1969, pp. 9-44.

Senghor, Léopold Sédar, *Anthologie de la nouvelle poésie nègre et malgache de langue française*, Paris, Presses Universitaires de France, coll. « Pays d'outre-mer », (1948) 1969.

—, « L'Humanisme et nous : René Maran », *L'Étudiant noir*, n°1, 1934.

Sylvain, Normil, « Chronique – Programme », *La Revue indigène*, n°1, juillet 1927, pp. 1-10.

—, « La Jeune Littérature haïtienne », *La Revue indigène*, n°2, août 1927, p. 42-53.

Trouillot, Lyonel, « Langues, voyages et archipels », dans Jean Rouaud et Michel Le Bris, éds, *Pour une littérature monde*, Paris, Gallimard, 2007, pp. 197-204.

Victor, Gary, « Littérature-monde ou liberté d'être », dans Jean Rouaud et Michel Le Bris, éds, *Pour une littérature monde*, Paris, Gallimard, 2007, pp. 315-320.

Vieux, Antonio, « Entre nous : entretien avec Jacques Roumain », *La Revue indigène*, n°3, septembre 1927, p. 103-110.

—, « Entre nous : entretien avec Émile Roumer », *La Revue indigène*, n° 2, août 1927, p. 57-60.

Vilaire, Etzer, « Avant-propos », dans *Poèmes de la mort : 1898-1905*. Cité dans Saint-John Kauss, *Le Groupe de la Ronde ou la génération de l'occupation (1898-1927)*. En ligne : *potomitan,* www.potomitan.info/kauss/ronde.php (visité le 23 mars 2010).

Revues littéraires (contenant des manifestes) : éditions de référence

Coll., *La Revue indigène : vol. 1 n° 1-6. Juillet 1927-Février 1928*, Nendeln, Kraus Reprint, 1971.

Coll., *La Revue du monde noir : 1931-1932. Collection complète, n° 1 à 6*, Paris, Jean Michel Place, 1992.

Coll., *Légitime défense*, Paris, Jean Michel Place, (1932) 1979.

Coll., *Tropiques : 1941-1945, n° 1 à 13/14*, Paris, Jean-Michel Place, 1994.

Autres textes manifestaires

Boileau, Nicolas, *Art poétique (Chant III)*, dans Pascale Fautrier, *Les Grands Manifestes littéraires : anthologie*, Paris, Gallimard, coll. « Folioplus classiques », 2009, pp. 55-69.

Bonnetain, Paul, J.-H. Rosny, Lucien Descaves, Paul Margueritte et Gustave Guiches, « Le Manifeste des Cinq », *Le Figaro*, n° du 18 août 1887. En ligne : siecle19.freeservers.com/Manifeste_Cinq.html (visité le 23 juin 2010).

Borduas Paul-Émile, Madelaine Arbour, Marcel Barbeau, Bruno Cormier, Claude Gauvreau, Pierre Gauvreau, Muriel Guilbault, Marcelle Ferron-Hamelin, Fernand Leduc, Thérèse Leduc, Jean-Paul Mousseau, Maurice Perron, Louis Renaud, Françoise Riopelle, Jean-Paul Riopelle et

Françoise Sullivan, *Refus global*. En ligne : agora.qc.ca/documents/paul
_emile_orduas--le_refus_global_par_ (visité le 13 mars 2012).

Breton, André, *Manifestes du surréalisme*, Paris, Gallimard, coll.
« Folio/Essais », 1979.

Du Bellay, Joachim, *Défense et illustration de la langue française*, dans
Pascale Fautrier, *Les Grands Manifestes littéraires : anthologie*, Paris,
Gallimard, coll. « Folioplus classiques », 2009, pp. 21-42.

Hugo, Victor, *Préface de Cromwell*, Paris, Larousse, coll. « Nouveaux
Classiques Larousse », 1972.

Marinetti, Filippo Tommaso, *Manifeste du futurisme*, dans Giovanni Lista,
Futuryzm, trad. Ewa Gorządek, Warszawa, Arkady, 2002, pp. 30-31.

Mauréas, Jean, « Le Symbolisme », *Le Figaro*, n° du 18 septembre 1886. En
ligne : www.etudes-litteraires.com/manifeste-symbolisme.php (visité le
9 août 2013).

Robbe-Grillet, Alain, *Pour un nouveau roman : extraits*, dans Pascale
Fautrier, *Les Grands Manifestes littéraires : anthologie*, Paris, Gallimard,
coll. « Folioplus classiques », 2009, pp. 159-166.

Tzara, Tristan, *Sept manifestes dada : quelques dessins de Francis Picabia*,
Paris, Éditions Dilecta, 2013.

Zola, Émile, *Le Roman expérimental*, Paris, Garnier-Flammarion, 1971.

Travaux critiques et théoriques (ouvrages et articles de référence)

Abastado, Claude, « Introduction », *Littérature*, n° 39, octobre 1980, p. 3-11,
numéro « Les manifestes ».

Achille, Louis Thomas, « Préface », dans Coll., *La Revue du monde noir :
1931-1932. Collection complète, n° 1 à 6*, Paris, Jean-Michel Place, 1992,
pp. IX-XVI.

Akinwande, Pierre, *Négritude et francophonie : paradoxes culturels et
politiques*, Paris, l'Harmattan, coll. « Études africaines », 2011.

Amossy, Ruth, « La Dimension sociale du discours littéraire : l'analyse du
discours et le projet sociocritique », dans Dominique Maingueneau et
Ruth Amossy, éds, *L'Analyse du discours dans les études littéraires*,
Toulouse, Presses Universitaires du Mirail, coll. « Cribles », 2004, pp. 63-
74.

Angenot, Marc, *Parole pamphlétaire : typologie des discours modernes*,
Paris, Payot, coll. « Langues et société », 1982.

—, « Remarques sur l'essai littéraire », dans François Dumont, *Approches de l'essai : anthologie*, Québec, Éditions Nota Bene, coll. « Visées critiques », 2003, pp. 137-158.

Antoine, Régis, *La Littérature franco-antillaise*, Paris, Karthala, 1992.

—, *Les Écrivains français et les Antilles : des premiers Pères blancs aux surréalistes noirs*, Paris, Maisonneuve & Larose, 1978.

—, « Le Réalisme merveilleux dans la flaque », *Notre Librairie*, n° 133 janvier-avril 1998, pp. 40-65.

Aron, Paul, Denis Saint-Jacques et Alain Viala, éds, *Dictionnaire du littéraire*, Paris, Presses Universitaires de France, coll. « Quadrige/Dicos Poche », 2006.

Austin, John, *Quand dire c'est faire*, Éditions du Seuil, Paris, coll. « Ordre philosophique », 1970.

Baethge, Constance, « Écoles littéraires », dans Paul Aron, Denis Saint-Jacques et Alain Viala, éds, *Dictionnaire du littéraire*, Paris, Presses Universitaires de France, coll. « Quadrige/Dicos Poche », p. 171.

Bancel, Nicolas, Pascal Blanchard et Sandrine Lemaire, « Ces zoos humains de l'Europe coloniale », *Le Monde diplomatique*, août 2000, p. 16-17.

—, Gilles Boëtsch, Eric Daroo, Sandrine Lemaire et Pascal Blanchard, éds, *Zoos humains : au temps des exhibitions humaines*, Paris, La Découverte, coll. « Sciences humaines et sociales », 2004.

Barthélemy, Gérard, *Créoles, bossales : conflit en Haïti*, Petit-Bourg (Guadeloupe), Ibis Rouge, 2000.

Barthes, Roland, *Le Degré zéro de l'écriture*, Paris, Seuil, 1953.

Bauret, Gabiel, « Les Manifestes dans l'histoire de la peinture », *Littérature*, n° 39, octobre 1980, pp. 95-102 (numéro « Les manifestes »).

Baye-Salzmann, Pierre, « L'Art nègre : ses inspirations, ses apports à l'Occident », *La Revue du monde noir*, n° 5, mars 1932, pp. 298-304.

Bélance, René, « Une sensationnelle interview de M. A. Breton », *Conjonction*, n° 193, avril-mai-juin 1992, pp. 107-109.

Beniamino, Michel, *La Francophonie littéraire : essai pour une théorie*, Paris, L'Harmattan, 1999.

Bernard, Philippe, « Le Spiralisme », *Notre librairie*, n° 133, janvier-avril, 1998, pp. 108-110.

Berrouët-Oriol, Robert, « L'Effet d'exil », *Vice Versa*, n° 17, décembre 1986-janvier 1987, pp. 20-21.

— et Robert Fournier, « Les écritures migrantes et métisses au Québec », *LittéRéalité*, vol. 3, n° 2, 1991, pp. 9-35.

—, *Rêve et littérature romanesque en Haïti : de Jacques Roumain au mouvement spiraliste*, Paris, L'Harmattan, 2003

Berthelet, Dominique, *André Breton : l'éloge de la rencontre. Antilles, Amérique, Océanie*, Paris, HC Editions, 2008.

Bhabha, Homi K., *Les Lieux de la culture : une théorie postcoloniale*, trad. François Bouillot, Paris, Payot, 2007.

Bier, Jean Paul, « Le Dadaïsme : Zurich et le domaine allemand : Berlin, Cologne, Hanovre », dans Jean Weisgerber, éd., *Les Avant-gardes littéraires au XXe siècle : histoire*, Budapest, John Benjamins Publishing Company, 1986, pp. 337-344.

Bloncourt, Gérald et Michel Löwy, *André Breton et la révolution de janvier 1946 en Haïti*, Pantin, Le Temps des cerises, 2007.

Bouju, Emmanuel, « Forme et responsabilité : rhétorique et éthique de l'engagement littéraire contemporain. », *Études françaises*, vol. 44.1, 2008, pp. 9-24.

Boulestrau Nicole, « L'Épreuve de la nomination dans le premier 'Manifeste du surréalisme' », *Littérature*, n° 39, octobre 1980, p. 47-53 (numéro « Les manifestes »).

Bourdieu, Pierre, « Champ littéraire », *Actes de la recherche en sciences sociales*, vol. 89, septembre 1991, pp. 3-46.

—, *Les Règles de l'art : genèse et structure du champ littéraire*, Paris, Seuil, coll. « Libre examen », 1992.

Boschetti, Anna, « La Notion de manifeste », *Francofonia*, n° 59 automne 2010, p. 13-29 (numéro « Les Manifestes littéraires au tournant du XXIe siècle »).

Breton, André, *Légitime défense*, Paris, Éditions Surréalistes, 1926.

—, « Misère de la poésie : l'affaire Aragon devant l'opinion publique », dans vol. 2 de *Œuvres complètes*, Paris, Gallimard, 1992, p. 4-27.

— et al., *Ne visitez pas l'Exposition Coloniale*. En ligne : melusine.univ-paris 3.fr/Tracts_surr_2009/Tracts_I_2009.htm#par_63 (visité le 13 décembre 2012).

Casanova, Pascale, *La République mondiale des lettres*, Paris, Seuil, coll. « Points. Essais », (1999) 2008.

Cambien, Michel, « Notice », dans Victor Hugo, *Préface de Cromwell*, Paris, Larousse, coll. « Nouveaux Classiques Larousse », 1972, pp. 11-26.

Carré, Claude, « Les Haïtiens et la naissance du jazz à la Nouvelle Orléans », *L'Annuaire de la communauté Haïtienne en Europe*. 5e édition, Janvier

2003. En ligne : www.caraibcreolenews.com/news,ccn,1,3531.html (visité le 10 décembre 2012).

Castera, Georges, « L'Indigénisme haïtien : un point de vue contradictoire », *Notre Librairie*, n° 132, octobre-décembre 1997, p. 76-89.

—, « Surréalisme en Haïti », *Notre librairie*, n° 132, octobre-décembre 1997, p. 92.

—, Claude Pierre, Rodney Saint-Éloi et Lyonel Trouillot, *Anthologie de la littérature haïtienne : un siècle de poésie 1901-2001*, Montréal, Mémoire d'encrier, 2003.

Casthely, Miotel, Jacquelin Dolce et Gérald Dorval, *Le Romantisme en Haïti : la vie intellectuelle 1804-1915*, Port-au-Prince, Éditions Fardin, 1983.

Célius, Carlo Avierl, « La Création plastique et le tournant ethnologique en Haïti », *Gradhiva*, 1/2005. En ligne : gradhiva.revues.org/301 (visité le 15 décembre 2011).

Césaire, Aimé, *Le Discours sur le colonialisme*, Paris, Présence africaine, (1955) 2004.

Chamoiseau, Patrick et Raphaël Confiant, *Lettres créoles : tracées antillaises et continentales de la littérature. Haïti, Guadeloupe, Martinique, Guyane, 1635-1975*, Paris, Hatier, 1991.

Chancé, Dominique, *L'Auteur en souffrance : essai sur la position et la représentation de l'auteur dans le roman antillais contemporain 1981-1992*, Paris, Presses Universitaires de France, coll. « Écritures francophones », 2000.

Charles, Christophe Ph., *Les Pionniers de la littérature haïtienne : textes choisis*, Port-au-Prince, Éditions Choucoune, 1999.

Charles, Jean-Claude, *Quelle fiction faire ? Que faire ?*, Port-au-Prince, Éditions Mémoire, coll. « Rupture », 1999.

Chartrier, Daniel, *Dictionnaire des écrivains émigrés au Québec : 1800-1999*, Québec, Nota Bene, 2003.

Chemla, Yves, « Louis-Joseph Janvier ». En ligne : *île-en-île*, www.lehman.cuny.edu/ile.en.ile/paroles/janvier.html (visité le 10 avril 2010).

—, « Jacques-Stephen Alexis ». En ligne : *île-en-île*, www.lehman.cuny.edu/ile.en.ile/paroles/alexis.html (visité le 8 août 2011).

—, « Entrée dans une spirale : lecture de *Aube tranquille* de Jean-Claude Fignolé », www.ychemla.net/fic_doc/aub_tranq.html (visité le 12 août 2013).

Chevalier, Jean-Frédéric, « Arts poétiques », dans Paul Aron, Denis Saint-Jacques et Alain Viala, éds, *Dictionnaire du littéraire*, Paris, Presses Universitaires de France, coll. « Quadrige/Dicos Poche », 2006, p. 28-29.

Chouinard, Daniel, « Sur la préhistoire du manifeste littéraire (1500-1828), *Études françaises*, vol. 16, n° 3-4, octobre 1980, pp. 21-29, (numéro « Le Manifeste poétique/politique »).

Combe, Dominique, *Les Littératures francophones : questions, débats, polémiques*, Paris, Presses Universitaires de France, 2010, p. 217.

Condé, Maryse et Madeleine Cottenet-Hage, éds, *Penser la créolité*, Paris, Karthala, 1995.

Corio, Alessandro, « De l'*Éloge de la créolité* au manifeste *Pour une littérature-monde* », *Francofonia*, 59, automne 2010, pp. 75-86 (numéro « Les manifestes littéraires au tournant du XXIe siècle »).

Corten, André, « Culture et religion populaires revisitées », dans Jean Price Mars, *Ainsi parla l'oncle suivi de Revisiter l'oncle*, Montréal, Mémoire d'encrier, 2009, pp. 343-356.

Corzani, Jack, Léon-François Hoffmann et Marie-Lyne Piccione, *Les Amériques : Haïti, Antilles-Guyane, Québec*, Paris, Belin, coll. « Littératures francophones », 1998.

—, *La Littérature des Antilles-Guyane Françaises*, Fort-de-France, Desormeaux, 1978.

—, « Poetry before Negritude », dans A. James Arnold, Julio Rodriguez-Luis, J. Michael Dash, éds, *A History of Literature in the Caribean, / Vol. 1, Hispanic and Francophone Regions*, Amsterdam/Philadelphia, John Benjamins Publishing Company, coll. « L'Histoire comparée des Littératures de Langues Européennes », 1994, pp. 465-478.

Cyr, Claudine, « L'Hybridité culturelle : un concept pour penser l'expérience américaine. Réflexions à partir de l'*Éloge de la créolité* », dans Frédéric Lesemann et Jean-François Côté, éds, *La Construction des Amériques aujourd'hui : regards croisés transnationaux et transdisciplinaires*, Québec, Presses de l'Université du Québec, 2009, p.

Dash, Michael J., *Édouard Glissant*, Cambridge, Cambridge University Press, coll. « Cambridge Studies in African and Caribbean Literature », 1995.

Delafosse, Maurice, *L'Âme nègre*, Paris, Payot, 1922.

Delas, Daniel, *Littérature des Caraïbes de langue française*, Paris, Nathan, coll. « Littérature 128 », 1999.

—, « Retour sur un texte fondateur : l'*Anthologie* de Léopold Sédar Senghor », *Culture Sud*, n° 164, janvier-mars 2007, p. 5-9.

Deleuze, Gilles et Félix Guattari, *Kafka : pour une littérature mineure*, Paris, Les Éditions de Minuit, coll. « Critique », 1975.

Demers, Jeanne et Line Mc Murray *L'Enjeu du manifeste : le manifeste en jeu*, Longueuil, Éditions du Préambule, coll. « L'univers des discours », 1986.

Depestre, René, « André Breton à Port-au-Prince », *Conjonction*, n° 193, avril-mai-juin 1992, pp. 125-128.

Denis, Benoît, *Littérature et engagement : de Pascal à Sartre*, Paris, Seuil, coll. « Points. Essais », 2000.

Diaz, José-Luis, « 'Manifestes' romantiques », *Revue des Sciences humaines*, 295, 3, 2009, pp. 81-98, (numéro « Préfaces et manifestes du XIXe siècle »).

—, « Préfaces et manifestes du XIXe siècle : la réflexion critique comme 'agir communicationnel' », *Revue des Sciences humaines*, 295, 3, 2009, pp. 9-16, (numéro « Préfaces et manifestes du XIXe siècle »).

Dubois, Jacques, *L'Institution de la littérature : introduction à une sociologie*, Bruxelles/Paris, Labor/Nathan, coll. « Dossiers media », 1978.

—, « Introduction », *Littérature*, n° 44, décembre 1981, pp. 3-7 (numéro « L'institution littéraire II »).

Duchet, Claude et Stéphane Vachon, *La Recherche littéraire : objets et méthodes*, Montréal, XYZ Éditeur, coll. « Documents », 1998.

Dumontet, Danielle, « La Difficile Réception de la littérature des Antilles françaises : entre périphérie, régionalisme et littérature-monde », *Romanitas : langues et littératures romanes*, vol. 3, num. 2, avril/2009, humanidades.uprrp.edu/romanitas/francais/volumen3/dumon   tet.html (visité le 12 janvier 2013).

Espitallier, Jean-Michel, « Politique du poétique », *Études françaises*, vol. 44,1, 2008, pp. 111-120.

Fabre, Michel, « Autour de Maran », *Présence Africaine*, n° 86, 1973, pp. 165-173.

—, « *La Revue indigène* et le Mouvement Nouveau Noir », *Revue de littérature comparée*, vol. 51, n° 1, Paris, 1977, pp. 30-39.

Faine, Jules, *Philologie créole : études historiques et étymologiques sur la langue créole d'Haïti*, Port-au-Prince, Imprimerie de l'État, 1937.

Famin, Victoria, « *Écrire en pays dominé* de Patrick Chamoiseau ou l'appropriation de la théorie de la relation d'Édouard Glissant », dans

Tomasz Swoboda, Ewa Wierzbowska et Olga Wrońska, éds, *Autour de Patrick Chamoiseau*, Sopot, Fundacja Rozwoju Uniwersytetu Gdańskiego, 2008, p. 97-104.

Fanon, Frantz, *Les Damnés de la terre*, Paris, La Découverte&Syros, coll. « Poche », (1961) 2002.

Fautrier, Pascale, *Les Grands Manifestes littéraires : anthologie*, Paris, Gallimard, coll. « Folioplus classiques », 2009.

Fignolé, Jean-Claude, « Réalisme merveilleux! Métamorphose du réel? », *Journal of Haitian Studies*, vol. 16, n° 1, printemps 2010, pp. 23-40.

Fleischmann, Ulrich, « The Formation and Evolution of a Literary Discourse : One, Two, or Three Literatures ? », dans A. James Arnold, Julio Rodriguez-Luis et J. Michael Dash, éds, *A History of Literature in the Caribean, / Vol. 1, Hispanic and Francophone Regions*, Amsterdam/Philadelphia, John Benjamins Publishing Company, coll. « L'Histoire comparée des Littératures de Langues Européennes », 1994, pp. 317-340,

—, « Jacques Roumain dans la littérature d'Haïti », dans Jacques Roumain, *Œuvres complètes*, Madrid, Collection Archivos, 2003, pp. 1229-1265.

Fonkoua, Romuald, « Price-Mars ou les débuts de la négritude scientifique en Haïti », dans Jean Price Mars, *Ainsi parla l'oncle suivi de Revisiter l'oncle*, Montréal, Mémoire d'encrier, 2009, pp. 329-336.

Foster, Hal, *Powrót realnego : awangarda u schyłku XX wieku*, trad. Mateusz Borowski et Małgorzata Sugiera, Kraków, Universitas, (1996) 2010.

Foucault, Michel, « La Fonction politique de l'intellectuel », dans *Dits et écrits 2 : 1976-1988*, Paris, Gallimard, 2005, p. 106-113.

Fraisse, Emmanuel, *Les Anthologies en France*, Paris, Presses Universitaires de France, 1997.

Fraiture, Pierre-Philippe, « *Batouala* : un vrai roman d'un faux ethnographe ? », *Francofonia* 14, 2005, p. 23-37.

Fratta, Carla, « Quelques réflexions rhétoriques et stylistiques sur les 'Poétiques' d'Édouard Glissant », dans Jacques Chevrier, éd., *Poétiques d'Édouard Glissant : actes du colloque international « Poétiques d'Édouard Glissant », Paris-Sorbonne, 11-13 mars 1998*, Paris, Presses de l'Université de Paris-Sorbonne, 1999, p. 203-212.

Galpérina, Eugénie, *Jacques Roumain : sa vie, son œuvre*, dans Jacques Roumain, *Œuvres choisies*, Moscou, Les Éditions du Progrès, 1964.

Gasquy-Resch, Yannick, éd., *Littérature du Québec*, Vanves, EDICEF, coll. « Histoire littéraire de la Francophonie », 1994.

Gauvin, Lise, « Manifester la différence : place et fonction des manifestes dans les littératures francophones », *Globe : revue internationale d'études québécoises*, vol. 6, n° 1, 2003, p. 23-42.

—, « L'Imaginaire des langues : tracées d'une poétique. », dans Jacques Chevrier, éd., *Poétiques d'Édouard Glissant : actes du colloque international « Poétiques d'Édouard Glissant », Paris-Sorbonne, 11-13 mars 1998*, Paris, Presses de l'Université de Paris-Sorbonne, 1999, p. 275-284.

Gleize, Jean-Marie, « Manifestes, préfaces : sur quelques aspects du prescriptif », *Littérature*, n° 39, octobre 1980, pp. 10-18.

Glissant, Édouard, *L'Imaginaire des langues : entretiens avec Lise Gauvin (1991-2009)*, Paris, Gallimard, 2010.

Gnocchi, Maria Chiara, « Du Flurkistan et d'ailleurs : les réactions au manifeste *Pour une 'littérature-monde' en français* », *Francofonia*, 59 automne 2010, pp. 87-102.

Gorp van, Hendrik, Dirk Delabastita, Lieven D'ulst, Rita Ghesquiere, Rainier Grutman et Georges Legros, éds, *Dictionnaire des termes littéraires*, Paris, Honoré Champion, 2005.

Gucht, Daniel Vander, « Figures de l'engagement citoyen de l'artiste : entre activisme politique et art relationnel », dans Sylvain Fagot et Jean-Philippe Uzel, éds, *Énonciation artistique et socialité : actes du colloque international de Montréal des 3 et 4 mars 2005*, Paris, L'Harmattan, 2006, pp. 123-134.

Gyssels, Kathleen, « Sartre postcolonial ? Relire *Orphée noir* plus d'un demi-siècle après », *Cahiers d'Études africaines*, XLV (3-4), n° 179-180, 2005, pp. 631-650.

Habermas, Jürgen, *Le Discours philosophique de la modernité*, Paris, Gallimard, (1985) 1988.

Hamon, Philippe, *Texte et idéologie : valeurs, hiérarchies et évaluations dans l'œuvre littéraire*, 1984, Presses Universitaires de France, coll. « Écritures », 1984.

Heimpel, Rod S., *Généalogie du manifeste littéraire*, University Press of the South, New Orléans, 2001.

Hoffmann, Léon-François, *Haïti : lettres et l'être*, Toronto, Éditions du GREF, coll. « Lieux dits », 1992.

—, *Littérature d'Haïti*, Vanves, EDICEF/AUPELF, coll. « Histoire littéraire de la francophonie »,1995.

—, « Émile Ollivier : romancier haïtien », dans Maryse Condé et Madeleine Cottenet-Hage, éds, *Penser la créolité*, Paris, Karthala, 1995, p. 213-222.

Hovercroft, Barbara, « Modernités », dans Paul Aron, Denis Saint-Jacques et Alain Viala, éds, *Dictionnaire du littéraire*, Paris, Presses Universitaires de France, coll. « Quadrige/Dicos Poche », 2006, pp. 392-394.

Hughes, Langston, *I Wonder as I Wander*, dans Jacques Roumain, *Œuvres complètes*, Madrid, Collection Archivos, 2003, p. 1626-1632.

Illouz, Jean-Nicolas, « Les Manifestes symbolistes », *Revue des Sciences humaines*, 295, 3, 2009, pp. 165-188 (numéro « Préfaces et manifestes du XIXe siècle »).

Jonassaint, Jean, *Le pouvoir des mots, les maux du pouvoir : des romanciers haïtiens de l'exil*, Arcantère/PUM, 1986.

Joubert, Louis, *Édouard Glissant*, Paris, Association pour le développement de la pensée française, 2005.

Jurt, Joseph, « La Théorie du champ littéraire et l'internationalisation de la littérature », dans Bart Keunen et Bart Eeckhout, éds, *Literature and Society : the Function of Literary Sociology in Comparative Literature*, New York, Oxford, Bern, Bruxelles, Francfort sur le Main, Viennes, Peter Lang, 2001, pp. 43-55.

Kauss, Saint-John, *Le Groupe de la Ronde ou la génération de l'occupation (1898-1927)*. En ligne : *potomitan*, potomitan.info/kauss/ronde.php (visité le 23 mars 2010).

—, « Le Spiralisme de Franketienne ». En ligne : *potomitan*, www.poto mitan.info/kauss/spiralisme.php (visité le 14 avril 2011).

Keck, Frédéric, « Le Primitif et le mystique chez Lévy-Bruhl, Bergson et Bataille », Methodos 3, 2003. En ligne : methodos.revues.org/111 (visité le 12 avril 2010).

Kesteloot, Lilyan, *Histoire de la littérature nègre-africaine*, Paris, Karthala, (2001) 2004.

Kundera, Milan, *Les Testaments trahis*, Paris, Gallimard, 1993.

—, *Le Rideau : essai en sept parties*, Paris, Gallimard, 2005.

Kwaterko, Józef, *Dialogi z Ameryką : o frankofońskiej literaturze w Québecu i na Karaibach*, Kraków, Universitas, 2003.

—, « 'Ouvrir le Québec sur le monde' : la revue *Dérives* et la transculturation de la sociabilité littéraire au Québec », dans Yvan Lamonde et Jonathan Livernois, éds, *Culture québécoise et valeurs universelles*, Québec, Presses de l'Université Laval, 2010, pp. 97-110.

—, « Les Fictions identitaires chez les romanciers haïtiens du Québec », *Revue de littérature comparée,* n° 2/2002, pp. 212-229.

—, « Literatura mniejsza : koncept, ideologia, możliwość tekstu », dans Mirosław Loba, Barbara Łuczak et Alfons Gregori, éds, *Literatury mniejsze Europy romańskiej*, Poznań, Wydawnictwa Naukowe UAM, coll. « Filologia Romańska », 2012, pp.13-23.

Laforgue, Pierre, « Le *Cahier d'un retour au pays natal* de 1939 à 1947 (de l'édition *Volontés* à l'édition Bordas) : étude de génétique césairienne. », *Études françaises*, vol. 48, n° 1, 2012, p. 131-173.

Laraque, Paul, « André Breton en Haïti », *Conjonction,* n° 193, avril-mai-juin 1992, pp. 24-32.

Laroche, Maximilien, *Contribution à l'étude du réalisme merveilleux*, Montréal, GRELCA, coll. « Essais », 1987.

—, *Mythologie haïtienne*, Québec, GRELCA, 2002.

—, *La Littérature haïtienne : identité, langue, réalité,* Ottawa, Les Éditions Leméac, coll. « Les classiques de la francophonie », 1981.

Larue, Anne, « L'Art qui manifeste : entre histoire des avant-gardes et exigence de résistance au pire », *Itinéraires et Contacts de Cultures*, vol. 43/2008, p. 7-9 (numéro « L'art qui manifeste »).

« Le soleil du poète Joël Des Rosiers brille de tous ses feux : interview avec Joël Des Rosiers ». En ligne : *Le Nouvelliste*, lenouvelliste.com/lenouvel liste/article/57720/Le-soleil-du-poete-Des-Rosiers-brille-de-tous-ses-feux.html (visité le 11 août 2011).

Lecherbonnier, Bernard, *La Chair du verbe : histoire et poétique des surréalismes de langue française*, Paris, Publisud, coll. « Littératures », 1992.

Leroy, Claude, « La Fabrique du lecteur dans les manifestes », *Littérature*, n° 39, octobre 1980, p. 120-128.

Le Rumeur, Marie Dominique, « Apogée ou déclin du réalisme merveilleux haïtien », *Francofonia*, n° 7, 1998, pp. 207-224.

Lüsebrink, Hans-Jürgen, *La Conquête de l'espace public colonial : prises de parole et formes de participation d'écrivains et d'intellectuels africains dans la presse à l'époque coloniale (1900-1960)*, Québec, Éditions Nota Bene, 2003.

Magloire Saint-Aude, Clément, « Disque sur le surréalisme : extrait », *Conjonction,* n° 193, avril-mai-juin 1992, p. 39.

Maingueneau, Dominique, *Le Contexte de l'œuvre littéraire : énonciation, écrivain, société*, Paris, Dunod, coll. « Lettres supérieures », 1993.

Malela, Buata, *Les Écrivains afro-antillais à Paris (1920-1960) : stratégies et postures identitaires*, Paris, Karthala, coll. « Lettres du Sud », 2008.

Malfan, Henri, *Cinq décennies d'histoire du mouvement étudiant haïtien*, Montréal/New York, Édition Jeune Clarté, 1981.

Mangeon, Anthony, « Miroirs des littératures nègres : d'une anthologie l'autre, revues », *Gradhiva*, n° 10, 2009, pp. 42-63.

« Manifeste Anthophage ». En ligne : *Encyclopédie Itaú Cultural*, www.itaucultural.org.br (visité le 28 août 2010).

Mantoni, Frédéric, « Quelques hypothèses sur les cafés littéraires », dans Nicole Racine et Michel Trebitsch, éds, *Cahiers de l'Institut d'Histoire du Temps Présent*, n° 20, mars 1992, pp. 101-111 (numéro *Sociabilités intellectuelles : lieux, milieux, réseaux*).

Marty, Anne, *Haïti en littérature*, Paris, La Flèche du temps/Maisonneuve & Larose, coll. « Littérature d'Afrique et de la Caraïbe », 2000.

Mateso, Locha, *La Littérature africaine et sa critique*, Paris, Karthala, 1980.

Mbom, Clément, « De l'opacité à la relation », dans Jacques Chevrier, éd., *Poétiques d'Édouard Glissant : actes du colloque international « Poétiques d'Édouard Glissant », Paris-Sorbonne, 11-13 mars 1998*, Paris, Presses de l'Université de Paris-Sorbonne, 1999, p. 245-255.

Mc Murray, Line, « L'OULIPO : ses anti-manifestes et leur mise en jeu », *Études françaises*, 16/3-4, octobre 1980, pp. 147-168.

Michel, Marc, « L'Affaire Batouala : René Maran, écrivain anticolonialiste ou écrivain de l'ambigüité », dans Pierre Guillaume, éd., *Identités caraïbes*, Paris, Éditions du Comité des Travaux Historiques et Scientifiques, 2001, pp. 77-94.

Michel, Jean-Claude, *Les Écrivains noirs et le surréalisme*, Sherbrook, Éditions Naaman, 1982.

Mitterand, Henri, *Le Discours du roman*, Paris, Presses Universitaires de France, coll. « Écriture », 1980.

Moisan, Clément, « Intentions manifestes/cachés : présentations, déclarations et liminaires de revues littéraires. », *Études françaises*, 16/3-4, octobre 1980, pp. 131-146.

Moura, Jean-Marc, *Littératures francophones et théorie postcoloniale*, Presses Universitaires de France, coll. « Écritures francophones », 1999.

Noiray, Jacques, « Manifestes de l'âge naturaliste », *Revue des Sciences humaines*, 295, 3, 2009, p. 149–164 (numéro « Préfaces et manifestes du XIXe siècle »).

Obszyński, Michał, « Entre la tradition et l'avenir : les enjeux sociaux et esthétiques des manifestes littéraires au Québec et dans la Caraïbe », dans Maciej Abramowicz et Joanna Durczak, éds, *Rémanences, espérances et valeurs canadiennes*, Lublin, Wydawnictwa Uniwersytetu im. Marii Curie-Skłodowskiej, 2008, pp. 151-158.

O. Ijere, Martin, « W.E.B. Du Bois and Marcus Garvey as Pan-Africans : a Study in Contrast », *Présence africaine*, n° 89, 1974, pp. 188-206.

Ory, Pascal et Jean-François Sirinelli, *Les Intellectuels en France : de l'affaire Dreyfus à nos jours*, Paris, Armand Colin, coll. « U, histoire », (1987) 2002.

Phelps, Anthony, « *Haïti littéraire* : rupture et nouvel espace littéraire. Exemplaire fraternité ». En ligne : *île-en-île*, www.lehman.cuny.edu/ile. en.ile/paroles/phelps_haiti-litteraire.html (visité le 14 avril 2010).

Picanço, Luciano C., *Vers un concept de littérature nationale martiniquaise : évolution de la littérature martiniquaise au XXe siècle. Une étude sur l'œuvre d'Aimé Césaire, Édouard Glissant, Patrick Chamoiseau et Raphaël Confiant*, New York, Oxford, Bern, Bruxelles, Francfort sur le Main, Viennes, Peter Lang, coll. « Francophone Cultures and Literatures », 2000.

Ponton, Rémy, « Champ littéraire », dans Paul Aron, Denis Saint-Jacques et Alain Viala, éds, *Dictionnaire du littéraire*, Paris, Presses Universitaires de France, coll. « Quadrige. Dicos Poche », 2006, pp. 84-85.

Porra, Véronique, « *Pour une 'littérature-monde' en français* : les limites d'un discours utopique. », *Intercâmbio*, n° 1, 2e série, 2008, pp. 33-53.

Puchner, Martin, *Poetry of the revolution : Marx, Manifestos, and the Avant-gardes*, Princeton/Oxford, Princeton University Press, coll. « translation/transnation », 2006.

Quaghebeur, Marc, « Le Rejet des Francophonies : une approche du manifeste 'Pour une littérature-monde' », dans Marina Geat, éd., *La Francophonie en Europe*, Rome, Éditions Artemide, 2011, p. 25.

Racine, Nicole et Michel Trebitsch, éds, *Cahiers de l'Institut d'Histoire du Temps Présent*, Paris, n° 20, mars 1992 (numéro « Sociabilités littéraires : lieux, milieux, réseaux »).

Ramire, Alain, « Idéologie et subversion chez les poètes de la Ronde », Nouvelle Optique, n° janvier-mars 1972, Montréal, p. 143-161.

Richardson, Michael et Krzysztof Fialkowski, Refusal of the Shadow : Surrealism and the Caribean, Londres, Verso, 1996.

Roumain, Jacques, *La Poésie comme arme*, dans *Œuvres complètes*, Madrid, Collection Archivos, 2003, p. 728-730.

Sadkowski, Piotr, « *L'Énigme du retour* ou le voyage *métasporique* de Dany Laferrière », dans Ewelina Bujnowska, Marcin Gabryś et Tomasz Sikora, éds, *Vers un multiculturalisme critique : dialogues entre les diasporas canadiennes*, Katowice, Agencja Artystyczna Para, 2011, pp. 304-313.

Saïd, Gabrielle, « Créolité, identité et altérité : étude critique d'Éloge de la Créolité », *Interculturel Francophonie*, n° 8, novembre-décembre 2005, pp. 15-38.

Saint-Éloi, Rodney, « Le Premier Manifeste de la condition noire », dans Jean-Price Mars, *Ainsi parla l'oncle suivi de Revisiter l'oncle*, Montréal, Mémoire d'encrier, 2009, pp. 259-270.

Samoyault, Tiphaine , « Traduire pour ne pas comparer », *Acta Fabula*, Vol. 11, n° 1, « Autour de l'œuvre d'Homi K. Bhabha », Janvier 2010. En ligne : ww.fabula.org/revue/document5450.php (visité le 9 août 2011).

Senghor, Léopold Sédar, « Hommage à l'Oncle », dans Coll., *Témoignages sur la vie et l'œuvre du Dr. Jean Price Mars 1876-1956*, Port-au-Prince, Impr. de l'État, 1956, p. 3, www.alliance-haiti.com /culture/littérature /jean-price-mars (visité le 27 mars 2010).

Sheel, Charles W., *Réalisme magique et réalisme merveilleux : des théories aux pratiques*, Paris, L'Harmattan, 2005.

Sinda, Thierry, « L'*Anthologie de la nouvelle poésie nègre et malgache* de Léopold Sédar Senghor : un manifeste de la négritude ». En ligne : www.lenouveaurecueil.fr/Antbhologie%20de%20Senghor.pdf (visité le 25 août 2010).

Smith, Mathew J., *Red & Black in Haiti : Radicalisme, Conflict, and Political Change 1934-1957*, Chapel Hill, The University of North Caroline Presse, 2009.

Spear, Thomas, « Enracinerrant de Notre-Dame-de-Grâce », *Études littéraires*, vol. 34, n° 3, 2002, p. 15-27.

Stansell, Amanda, « Surrealist Racial Politics at the Borders of 'Reason': Whiteness, Primitivism and Negritude », dans Raymond Spiteri et Donald LaCoss, éds, *Surrealism, Politics and Culture*, Burlington (États-Unis), Ashgate Publisching Company Inc., 2003, p. 111-126. En ligne : books.google.pl/books?id=bQkOVGW8FFEC&printsec=frontcover&hl= pl&source=gbs_ge_summary_r&cad=0#v=onepage&q&f=false (visité le 10 juin 2010).

Stegagno Picchio, Luciana, *La Littérature brésilienne*, Paris, Presses Universitaires de France, (1981) 1996, pp. 78-80.

Tadié, Jean-Yves, *Le Roman au XXe siècle*, Paris, Éditions Pierre Belfond, coll. « Les Dossiers Belfond », 1990.

Tomiche, Anne, « Manifestes artistiques : art manifestaire », *Itinéraires et contacts de cultures*, vol. 43, 2008, pp. 23-42 (numéro « L'Art qui manifeste »).

—, « 'Manifestes' et 'avant-gardes' au XXe siècle ». En ligne : *Revue silène*, www.revue-silene.com/images/30/extrait_150.pdf, pp.1-16 (visité le 24 avril 2012).

Tomicka, Małgorzata, *Programmes et manifestes littéraires en France au XIXe siècle*, Wrocław, Éditions de l'Université de Wrocław, 1990.

Todorov, Tzvetan, *Nous et les autres : la réflexion française sur la diversité humaine*, Paris, Seuil, 1989.

Toledo de, Camille, *Visiter le Flurkistan ou les illusions de la littérature-monde*, Paris, Presses Universitaires de France, 2008.

Tortonese, Paolo, « La Préface de *Mademoiselle de Maupin* : entre manifeste et pamphlet », *Revue des Sciences humaines*, 295, 3, 2009, pp. 115-131 (numéro : « Préfaces et manifestes du XIXe siècle »).

Toumson, Roger, *Mythologie du métissage*, Paris, Presses Universitaires de France, 1998.

Trebitsch, Michel, « Avant-propos : la chapelle, le clan et le microcosme », *Cahiers de l'Institut d'Histoire du Temps Présent*, n° 20, mars 1992, pp. 11-21, (numéro « Sociabilités littéraires : lieux, milieux, réseaux »).

Viau, Robert, « La littérature-monde en français : l'historique d'une querelle », dans Cécilia W. Francis et Robert Viau, éds, *Trajectoires et dérives de la littérature-monde : poétiques de la relation et du divers dans les espaces francophones*, Amsterdam-New York, Rodopi, coll. « Francopolyphonies », 2013, pp. 73-110.

Vigneault, Robert, *L'Écriture de l'essai : essais*, Montréal, L'Hexagone, coll. « Essais littéraires », 1994.

Voltaire, Frantz et Stanley Péan, « Contributions dans le secteur de la culture », dans Samuel Pierre, éd., *Ces Québécois venus d'Haïti : contribution de la communauté haïtienne à l'édification du Québec moderne*, Montréal, Presses Internationales Polytechniques, 2007, pp. 345-392.

White, Erdmute Wenzel, *Les Années vingt au Brésil : le modernisme et l'avant-garde internationale*, Paris, Éditions Hispaniques, 1977.

Wilson, Sondra K., *The Crisis Reader : Stories, Poetry, and Essays from the N.A.A.C.P. 's Crisis*, New York, Modern Library, 1999.

Yanoshevsky, Galia, « Three Decades of Writing on Manifesto : the Making of a Genre », Poetics Today, 30, 2009, pp. 257-286. En ligne : poeticstoday.dukejournals.org/content/30/2/257.full.pdf+html (visité le 05 avril 2010).

Zerbini, Laurick, « Sur les traces des arts africains : XIXe et XXe siècles », dans Oissila Saaïdia et Laurick Zerbini, *La Construction du discours colonial : l'empire français aux XIXe et XXe siècles*, Paris, Karthala, coll. « Hommes et sociétés », 2009, pp. 63-88.

Œuvres littéraires (autres que celles du corpus analysé)

Alexis, Jacques-Stephen, *Compère général Soleil*, Paris, Gallimard, 1955.

—, *Les Arbres musiciens*, Paris, Gallimard, 1957.

—, *L'Espace d'un cillement*, Paris, Gallimard, 1959.

—, *Romanceros aux étoiles*, Paris, Gallimard, 1960.

Cinéas, Jean-Baptiste, *Le Drame de la terre*, Port-au-Prince, Éditions Fardin, coll. « Collection du bicentenaire Haïti 1804-2004 », (1933) 2002.

—, *La vengeance de la terre : roman paysan*, Port-au-Prince, Éditions du Collège Vertières, coll. « Bibliothèque Haïtienne », (1933) 1937.

Césaire, Aimé, *Les Armes miraculeuses*, Paris, Gallimard, coll. « Poésie », (1946) 1970.

Chamoiseau, Patrick, *Texaco*, Paris, Gallimard, 1992.

Charles, Jean-Claude, *Sainte dérive des cochons*, Montréal, Nouvelle optique, 1977.

Confiant, Raphaël, *Ravines du devant-jour*, Paris, Gallimard, coll. « Haute enfance », 1993.

Damas, Léon-Gontran, *Pigments*, Paris, Présence africaine, (1937) 1962.

Depestre, René, « Face à la nuit », dans Georges Castera, Claude Pierre, Rodney Saint-Éloi et Lyonel Trouillot, *Anthologie de la littérature haïtienne : un siècle de poésie 1901-2001*, Montréal, Mémoire d'encrier, 2003, p. 114-115.

Durand, Oswald, *Choucoune*, dans Pradel Pompilus, *Poésies choisies d'Oswald Durand : sa vie, son œuvre*, Port-au-Prince, Choucone, coll. « Classiques haïtiens expliqués », 2000.

Fignolé, Jean-Claude, *Les possédés de la pleine lune*, Paris, Seuil, 1987.

Franketienne, *Ultravocal : spirale*, Port-au-Prince, Imprimerie S. I. Gaston, 1972.

—, *L'Oiseau schisophone*, Paris, Jean-Michel Place, 1998.

—, *Les Affres d'un défi*, Paris, Jean-Michel Place, 2000.

Laferrière, Dany, *L'Énigme du retour*, Paris, Grasset, 2009.

Laleau, Léon, *Musique nègre*, Montréal, Mémoire d'encrier, coll. « Poésie », (1931) 2004.

Lalonde, Michèle, *Speak white*, dans Jean Royer, éd., *La Poésie québécoise contemporaine*, Paris/Montréal, La Découverte/L'Hexagone, coll. « Anthologies », 1987, pp. 130-133.

Lespès, Antony, « Nos mains », *La Revue indigène*, n°5, janvier 1928, p. 206.

—, « Poème », *La Revue indigène*, n°5, janvier 1928, p. 207.

Lhérisson, Justin, *Myrtha*, Port-au-Prince, Imprimerie « L'Haïtienne », 1892.

—, *Les chants de l'aurore*, Port-au-Prince, Imprimerie de la jeunesse A. Laforest, 1893.

—, *Passe-Temps : poésies*, Port-au-Prince, Deslis frères, 1893.

—, *La famille des Pitite-Caille : les fortunes de chez nous*, Pétion-Ville, Éditions Fardin, coll. « Nouveaux classiques haïtiens », (1905) 2007.

—, *Zoune chez sa Ninaine*, Port-au-Prince, Éditions Fardin, coll. « Nouveaux classiques haïtiens », (1906) 1993.

Liautaud, André, « Subway », *La Revue indigène*, n°6, février 1928, p. 28 (numéro « Anthologie de la poésie haïtienne 'indigène' »).

Magloire Saint-Aude, Clément, « Paix », dans Georges Castera, Claude Pierre, Rodney Saint-Éloi et Lyonel Trouillot, *Anthologie de la littérature haïtienne : un siècle de poésie 1901-2001*, Montréal, Mémoire d'Encrier, 2003, p. 66.

Phelps, Anthony, *Mon pays que voici : extrait*, dans Georges Castera, Claude Pierre, Rodney Saint-Éloi et Lyonel Trouillot, *Anthologie de la littérature haïtienne : un siècle de poésie 1901-2001*, Montréal, Mémoire d'Encrier, 2003, pp. 123-124.

Roumain Jacques, « Cent mètres », *La Revue indigène*, n°6, février 1928, p. 33 (numéro « Anthologie de la poésie haïtienne 'indigène' »).

Savain, Pétion, *La case de Damballah*, Port-au-Prince, Éditions Fardin, coll. « Collection du bicentenaire Haïti 1804-2004 », (1939) 2003.

Sylvain, Georges, *Cric ? Crac ! – Fables de La Fontaine racontées par un montagnard haïtien et transcrites en vers créoles, édition bilingue français-anglais avec un CD audio*, Paris, L'Harmattan, 2011.

Abstract

This work aims to examine the mutual influences of the ideologies and the poetics worked out in the literary manifestos and other programmatic texts of Haiti and the French Antilles in 20th century. Despite some differences between the two contexts (while Haiti has been an independent state since 1804, Antilles are a French overseas department), the literatures of both spend the 20th in search of affirmation and worldly respect by means of various identity theories. Analyzing the import of ideology on the Caribbean literature in French enables us to observe the development of numerous doctrines and literary movements.

The first chapter covers the questions of genre, structure and style. The main research strategy consist in differentiating the canonical literary manifestos (which usually sport a clear message and display a polemical style), and the 'quasi-manifestos', which include a formally varied array of texts (from introductions to other texts, programmatic declarations in magazines, to essays and poems), which at some point started to be treated as programmatic by the critics. While the 'quasi-manifestos' share the same goal as the literary manifestos, they do not suggest any definite literary program, but opt to present a sketch of novel ways of approaching form and style.

The second chapter concentrates on the manifestos published in Haiti and the French Antilles in the first half of the 20th century. This is a period of radical reevaluation of the perception of the culture of the Blacks, of a fight for recognition of their heritage and tradition. The Haitian and Antillean authors engage by then in movements such as Indigenism and Négritude. An important strategy here is a harsh critique of both the colonialism and Europe's self-proclaimed civilizational and artistic dominance. The manifestos and programmatic texts concentrate on proclaiming the special identity of the Blacks and the Mulattoes and cross-border identity bonds.

The third chapter concentrates on the texts that were published in the second half of the 20th century. In the first stage the discourse of the black intellectuals and writers drifts away from the community-related aspects of the emancipation towards underlining the cultural differences between the various societies. It is in this very trend that we should locate the Realisme merveilleux of the Haitian Jacques-Stephen Alexis or Antillanité of Édouard Glissant. In the last decades of the 20th century and in the first years of the 21st century the main topics are the trans-cultural society, the aesthetic effects of the hybridisation and creolization of cultures, languages, and literary genres. The Haitian and Antillean writers start to disregard the ideology of identity based on the author's racial, national, or ethnic background. Such a tendency is fully displayed in the 'Pour une littérature-monde' manifesto (Paris, 2007).

All through the 20th century, the changes and transformations that appear in the realm of reciprocal connections between the literature and the identity ideologies aim definitively in a well-defined direction. The literary programs of the first half of the 20th century were strongly dependent on the ideology of disalienation of minorities and the political discourse. In the second half of the 20th century this engagement becomes the subject of numerous polemical discussions, from which eventually emerge the more nuanced projects which promote an ever-growing independence of both the writer and the literature itself form their social environment.

Table des matières